사람의 **거짓말**
말의 **거짓말**

사람의
거짓말
말의
거짓말

남재일 지음

천년의상상

지은이의 말

유혹하는 것들에
대하여

세계 인구의 1%가 부의 80%를 소유한다. 그러니 "1%가 99%를 지배한다"는 말이 나온다. 혹자는 같은 현실을 두고 "1%가 99%를 먹여 살린다"고도 한다. 두 말의 정치적 지향은 다르지만, 1%가 나머지를 좌지우지한다는 현실 인식은 같다. 정녕 우리는 부의 소유가 지배로 이어지는 세계, 1명이 99명을 지배하는 세계에 살고 있을까? 만약 그렇다면 99%는 경제적 불평등을 개선하거나 물질의 소유가 아닌 다른 삶의 방식을 향유하는 주체가 될 순 없는 것일까?

1%의 부자가 99%를 지배하려면, 99%가 1%를 욕망하도록 하되, 그 욕망을 좌절시켜야 한다. 간극은 미래에 대한 희망으로 메워야 한다. 삶의 성취는 물질의 소유를 통해서만 가능하다는 확신과

노력하면 된다는 환상 속에 99%를 묶어두어야 한다. 만약 99%가 '1% 되기'의 불가능성을 각성하고 다른 삶의 방식을 꿈꾸면 1%의 지배는 위기를 맞는다. 99%의 잠재적인 정치적 폭력을 예방하려면 99%를 1% 지배에 동의하도록 해야 한다. 부당한 질서에 동의하게 만드는 유혹이 필요해지는 것이다. "부자가 되면 장밋빛 미래가 약속된다." "당신만 노력하면 부자가 될 수 있다", 대중매체가 쏟아내는 수많은 말과 이미지는 이 유혹의 메시지를 은밀히 실어나른다.

백화점 진열장의 명품백은 가난한 여대생에게 이렇게 말한다. "방학 동안 알바를 서너 개 하면 나를 가질 수 있다. 나를 가지면 당신도 대접받을 수 있다." TV에 출연한 '몸짱 아줌마'의 식스팩 복근이 주부들에게 말한다. "매일 윗몸일으키기를 500개씩 하면 당신도 몸짱이 되어 사랑받을 수 있다." 벤츠 광고에 등장한 팔등신 미녀는 속삭인다. "이 차를 사면 당신도 나랑 잘 수 있다." 유혹의 언어는 언제나 'If-Then'의 형태를 취한다. 조건절(If)의 요구만 충족되면 모든 것이 가능하다. 선택은 언제나 자유다. "그러니 선택하라, 주폭이 되어 민폐나 끼치고 살 것인지, 핫식스와 레드불로 일주일을 황소처럼 일하고 살 것인지."

유혹의 언어에 감염된 존재는 물질적 성취와 소비를 통해서만 자신의 정체성을 상상할 줄 안다. 그래서 더 많이 공부하고, 더 많이 일하고, 더 많이 성취해서, 더 많이 누리는 삶의 방식밖에 모른다. 그는 무엇을 상상하든 언제나 물질적 성취를 전제한다. 사랑을 꿈

6

꿀 때조차 사랑 → 성적 매력 → 몸짱 → 피트니스 클럽 → 입회비 → 돈의 경로를 밟는다. 자기를 표현하는 유일한 수단이 돈으로 귀결되는 삶의 방식을 보편적인 삶의 방식으로 오인하기 때문에, 그는 타인의 삶도 자신과 같다고 확신한다. 그래서 타인과 마주할 때도 거기서 자신의 욕망밖에 보지 못한다. 이런 사람들이 주고받는 말의 풍경을 상상해보라.

그들은 서로가 물질적 성취를 경쟁하기 위한 도구로 말을 한다고 믿어서 상대의 말에 귀 기울이지 않는다. "네가 무슨 말을 하려는지, 네 욕망을 알아, 마치 내 것처럼 알아!" 서로가 욕망의 상투성을 확신하기 때문에 말의 진정성을 의심하게 되는 관계 속에서 소통은 불가능하다. 욕망의 동질성을 매개로 한 전략적 제휴가 기대할 수 있는 최상의 관계이다. 이런 관계를 맺으면 서로가 하고 싶은 말은 많아도 듣고 싶은 말이 없다. 기만의 언어로 성취를 경쟁하는 관계 속에서 말은 늘 독백으로 버려진다. 지금은 누구나 세상에 말을 건네지만 아무도 들어주지 않는 기묘한 노출증의 시대가 아닌가. 이렇게 유혹의 정치는 99%의 물질적 생활뿐만 아니라 사람 관계와 개인의 정서까지 망쳐놓는다.

유혹의 정치는 신자유주의 헤게모니 유지를 위한 문화적 전략이다. 궁극적 욕망은 '지배 없는 착취'다. 고용 없는 자본주의의 잉여 노동력을 물리적 지배가 필요 없는 온순한 예비노동력으로 배치하기 위한 전략이다. 정치적 통제나 기업적 관리 같은 지배의 비용조차 필요 없는 가장 경제적인 통제 전략이다. 때문에 유혹의 정치는 1%의 강제력에 의지해서는 결코 작동하지 않는다. 99%의 동의, 묵인, 순응이 뒤따라야 한다. 뒤집어 생각하면 문제 해결의 열쇠는 결국은 99%의 손에 있다. 유혹을 거부하고 반反유혹의 삶을 실천하면 유혹의 정치에서 해방될 수 있다. 적절히 소유하고, 적당히 참여하고, 적게 일하고, 적극적으로 사랑하는 삶 말이다. 애초에 적절한 조건이 주어졌다면 누군들 이런 삶을 꿈꾸지 않았겠는가. 하지만 소유와 소비에 유혹된 사회에서는 이렇게 소박하게 균형 잡힌 삶이 생각처럼 쉽지 않다. 왜 이렇게 평범하고 정상적인 삶이 어려울까? 어떻게 해야 99%가 이런 삶을 향유할 수 있는 길이 열릴까?

지난 몇 년간 내가 몰두했던 생각의 뿌리는 이런 질문들이다. 이 책에 실린 글들은 그 답을 찾고자 한 흔적이다. 다수의 글들이 시의성을 요하는 매체에 기고한 것이어서 일부는 철 지난 얘기가 될 수 있다. 또 그때그때의 사회적 흐름을 좇다 보니 책 전체의 주제가 산만해 보일 수도 있다. 그런 느낌을 가질 독자들을 위해 이 서문을 썼다. 실린 글 전체를 관통하는 일관된 주장이 있다면, 유혹하는 언어의 기만에 맞서 함께 반유혹의 삶을 모색해보자는 거다. 책 제목을 '사람의 거짓말 말의 거짓말'로 붙인 것도 그런 취지다. 1% 지배 체제가 설정한 유혹의 메시지를 '말의 거짓말'로, 유혹된 개인들의 위선과 기만을 '사람의 거짓말'로 명명해봤다. 지금 우리 사회는 '말의 거짓말'과 '사람의 거짓말'이 서로 시너지를 내고 있

다. 그 기만과 위선의 가면을 벗고 남루한 민낯으로 서로를 마주하
는 것이 반유혹의 삶을 실천하는 시작이 될 수 있을 것이다. 거기에
조그만 보탬이 되길 희망하면서, 혼자서 마음으로만 다른 삶을 모
색하는 이들에게 말을 건네는 마음으로 책을 내놓는다.

2014년 여름의 끝자락에

남재일

차례

/ 5부 /

1부

유혹의 정치

나는 자연 다큐멘터리를 즐겨 보는 편이다. 동물의 외양이 강렬한 시각적 쾌락을 주는 데다, 습성을 가만히 관찰하면 뭔가 배우는 것이 있기 때문이다. 점도다리가 팔랑팔랑 헤엄치는 모습이 내게는 꽃보다 열 배 아름답다. 장어가 필리핀 근처 심해에서 태어나 아시아 각지 해안으로 수만 리를 헤엄쳐가는 모습도 만리장성보다 감동적이다. 작은 체구, 단순성, 절실함, 거기에서 비롯되는 지독한 창의성. 횟집에서 한 접시의 단백질로 환원되는 이 작은 생명체에 그런 서사가 있다는 사실의 각성은 감동과 지적 호기심을 동시에 불러일으킨다.

강한 호기심을 느낀 동물들 중에는 사마귀, 거미, 연가시도 포함되어 있다. 이들은 시각적 쾌락을 줄 만큼 아름답지 않다. 당장 보기에 징그럽고, SF영화에서처럼 크기가 갑자기 커진다면 끔찍할 존재이다. 그럼에도 이들이 내 주목을 끈 것은 특이한 생존 방식 때문이다.

이들은 모두 육식성이다. 그러나 먹이를 얻는 방식은 사뭇 다르다. 사마귀는 한자어로 당랑螳螂인데 메뚜기 같은 작은 곤충을 잡아먹고 산다. 그런데 당랑거철螳螂拒轍이라는 말이 유래될 만큼 사마귀는 겁이 없다. 큰 적을 만나면 튀고 보는 보편적 자연의 생존 전략을 위반한다. 도망가라고 조물주가 날개까지 달아주었지만 좀처럼 내빼지 않는다. 대신 낫처럼 생긴 앞발을 들고 전투태세를 취한다. 수레 앞에서 이 포즈를 취하고 있는 광경이 당랑거철이다. 사마귀에게 전투는 숙명이다. 일체의 노동을 거부한 대가로 패배가 예정된 싸움에서도 물러서지 못한다. 여기에 감동받은 중국인들은 '당랑권'이라는 권법을 만들기도 했다. 공격밖에 모르는 호전적 곤충 사마귀가 적과 대면하는 전략은 딱 한 가지, '위협'밖에 없다. 인간 캐릭터로 치면 '조폭'을 닮았다.

거미는 이보다 지혜롭다. 적과의 물리적 충돌을 피하면서 거미줄에 걸려 공격 능력을 상실한 적만 상대한다. 부상당할 염려가 없다. 먹이 섭취 방식도 한결 문명화돼 있다. 즉석 처리도 하지만 거미줄로 말아 한동안 저장하고 육즙만 빨아먹는다. 거미가 적과 대면하는 핵심 전략은 상대가 투명한 거미줄에 걸리도록 하는 것, 즉 '기만'이다. 거미는 적의 거센 저항에 직면할 위험을 겪지 않지만, 그 대가로 몸을 축내 허공에 거미줄을 치는 노고와 하염없는 기다림을 감내해야 한다. 용기 대신 간지奸智와 인내가 필요하다. 거미에 대응하는 범죄자는 '사기꾼'이다.

연가시는 한술 더 뜬다. 지렁이를 닮은 이 원시적 생명체는 공격 무기와 방어 무기 모두 없다. 무방비 상태이다. 그런데 둘 다 필요 없는 고도의 생존 전략을 구사한다. 연가시는 좁쌀 크기의 유충 상태에서 사마귀 같은 곤충의 체내로 들어가 기생한다. 그곳에서 숙주가 애써 먹이를 잡아 씹고 소화시켜 체내로 보내는 영양분을 가로챈다. 식습관이 가장 문명화돼 있다. 성체가 되면 번식을 위해 수중으로 들어가야 하는데, 숙주의 뇌에 화학물질을 분비해 물로 뛰어들게 한 다음 몸을 뚫고 나온다. 숙주는 사망한다. 연가시는 먹고 번식하는 과정에서 그 어떤 노동도 하지 않고 다만 소비할 뿐이다. 이 얼마나 효율적인 생존 방식인가. 연가시가 적과 대면하는 전략은 '조종'이다. 그런데 이 조종은 숙주가 물을 갈망하는 상태, 외부에 있는 어떤 대상에 강력하게 유혹당하는 상황을 연출하는 것이다. 즉 연가시의 조종은 숙주의 눈앞에 갈망의 대상을 배치하는 유혹의 형태로 연출된다. 연가시는 '꽃뱀'의 영업 방식과 흡사하다.

만약 이 셋 중에 하나의 적을 선택해 싸워야 한다면? 이 셋 중에 하나가 되어야 한다면? 연가시가 되어 사마귀를 적으로 두는 편이 현명할 것이다. 가장 용맹한 전사를 노예처럼 부리는 주인의 자리를 차지하는 것이니까. 세 곤충의 습성을 인간세계의 지배의 문법에 비유하면 사마귀는 위협의 정치, 거미는 기만의 정치, 연가시는 유혹의 정치에 해당한다. 위협의 정치는 물리적 폭력으로 피지배자를 제압하는 전근대적 통치 방식이다. 교통통신과 매체의 미발달로 이데올로기적 통치가 불가능했기 때문에 폭력의 스펙터클을 조성해 권력에 대한 공포를 직접적으로 각인시키는 지배의 방식이다. 반역자나 범죄자를 참혹하게 공개 처형하고 훼손된 시신을 전시한 광경을 떠올려보라. 순응을 불러오겠지만 욕망은 오그라들지 않을까?

이런 지배 방식은 근대 산업사회에서는 생산력을 현저히 떨어뜨린다. 근대의 권력은 산업 노동의 의욕을 고취하는 통제, 즉 '생산하는 억압'의 필요성에 직면한다. 권력은 공장 노동에 적합한 '온순한 신체'를 생산하는 임무를 떠맡고, 규율이 수단이 된다. 푸코의 규율사회는 전 시대의 지배 수단이었던 물리적 폭력이 언어적 금지와 강제의 형태로 전환된 사회이다. 이 금지와 강제의 언어가 도덕, 윤리, 법 등의 규범으로 내면화할 때, 생산을 위한 이데올로기적 명령이라는 의식을 못할 때 규율사회의 복종적 주체가 탄생한다. 이 때문에 규율사회의 지배의 관건은 권력이 부과한 규율을 자연스러운 규범으로 믿게 만드는 기만의 기술에 달려 있다. 이 지점에서 '기만의 정치'가 탄생한다.

규율사회의 언어적 금지와 강제는 생산력이 일정한 수준에 도달하면 한계를 드러낸다. 규율은 자발성을 이끌어내지 못하기 때문에 노동 의욕을 끌어올리기 어렵고, 현상 유지를 위해 막대한 관리 비용이 든다. 그래서 강제와 금지 대신 자발성이 생산성 향상을 위한 대체연료로 주입된다. "열심히 하라"는 규율사회의 명령은 "열심히 하지 않아도 좋으니 잘하면 된다"는 통보로 바뀐다. 이제 노동 의욕을 유지해야 하는 책임은 권력에서 개인으로 넘어간다. 개인은 스스로 규율을 부과하는 주체가 되어야 한다. 이 강박적 주체는 규율의 부과가 오로지 나 자신을 위한 것이자 자유로운 선택이라고 확신할 때 안정적으로 재생산된다.

이 지점에서 '기만의 정치'는 '유혹의 정치'로 진화한다. 백화점 진열장에 전시된 명품백은 가난한 여대생에게 말한다. "방학 동안 알바를 서너 개 하면 나를 가질 수 있다." TV에 출연한 몸짱 아줌마는 식스팩 복근을 내밀며 주부들에게 외친다. "윗몸일으키기를 매일 500개씩 하면 당신도 몸짱이 될 수 있다." 벤츠 광고에 등장한 팔등신 미녀는 속삭인다. "이 차를 사면 당신도 나랑 잘 수 있다." 박지성과 김연아는 시청자 앞에서 강연한다. "맨몸 하나로도 뼈를 깎는 노력을 하면 나처럼 될 수 있다." 유혹은 언제나 'If-Then'의 형태를 취한다. 조건절의 요구만 충족하면 원하는 모든 것을 가질 수 있다. 그 내용을 채우는 것은 전적으로 개인의 자유다. 그러니 "자, 선택하라. 술에 찌든 주폭이 되어 민폐나 끼치고 살 것인지, 핫식스와 레드불로 일주일에 6일을 황소처럼 일하고 주목받는 승자가 될 것인지."

《피로사회*Mudigkeitsgesellschaft*》의 저자 한병철은 현대사회는 권력 작동의 패러다임이 '규율사회'에서 '성과사회'로 이행했다고 단언한다. 성과사회는 '온순한 신체' 대신 '욕망하는 신체', '복종적 주체' 대신 '자발적 주체'를 생산한다. '성과주체'는 자유롭다는 확신 하에 끊임없이 성과를 위해 스스로를 착취하는 존재이다. '성과주체'의 자기 착취 상태를 지속적으로 유지하려면 성과가 약속하는 장밋빛 미래를 제시해야 한다. 그것이 무엇이든.

돈, 권력, 명성, 건강, 성적 매력 등의 소유 대상을 스펙터클하게 배치하는 것이 일차적 유혹이라면, 거기에 행복, 자유, 사랑, 사회적 인정, 배려, 봉사 같은 가치를 단단하게 고정시키는 것이 이차적 유혹이다. 이런 식으로 성과와 보상 체계를 자본의 이해관계에 따라 고정시켜, 정형화된 판타지를 생산하는 권력 작동 방식이 '유혹의 정치'이다.

유혹당한 '성과주체'는 사랑 → 성적 매력 → 몸짱 → 피트니스 클럽 → 입회비 → 성과라는 경로를 통해 언제나 성과로 귀환한다. 그는 스타일을 현실과 동일시하기 때문에 다른 방식의 사랑을 상상하지 못한다. 자유를 상상할 때조차 그는 성과로 돌아온다. "출퇴근에서 벗어나 해외여행을 다니며 하고 싶은 걸 하려면 역시 돈이 있어야 한다. 더 벌어야 한다." 성과주체는 꿈꾸는 삶을 실현하기 위한 유일한 수단이 성과로 설정된 스타일 속에 감금돼 있다. 시선은 언제나 더 세련된 스타일과 유능한 자신만을 향한다. 그는 외부와의 소통을 철저히 단절한 나르시시즘적 개인이다. 동지도 적도, 주체도 타자도, 소통도 적대도 없는 자기증식의 세계 속에서 산다. 이 때문에 외부 현실이 전하는 어떤 메시지도 스타일로 사물화한다. 그는 일당 10불을 받는 스리랑카 어린이들이 만든 1000불짜리 유기농 직물을 친환경적이고 인간적이라는 이유로 기꺼이 소비한다. 동물의 권리를 주장하며 값비싼 채식을 하고 삼겹살 먹는 육체노동자를 야만적이라 비난하는 것도 서슴지 않는다. 그는 모든 것을 볼거리로 여기는 세계의 영원한 관광객이다.

그리하여 성과주체는 분노하지 않고 짜증낸다. 분노는 적을 향하지만 짜증은 자신의 무능을 향한다. 적대하지 않기 때문에 새로운 상황을 창조할 기회를 갖지 못하고 능력에 대한 강박과 무능에 대한 자각으로 지친다. 이 상태가 우울이다. 모든 것이 열려 있는데 능력이 모자라다는 자각이 드는 순간 우울증이 찾아온다. 허무Nihil가 성취의 방법은 알지만 동기부여가 안 되는 상태라면, 우울은 동기부여가 과도해 방법을 찾지 못하는 상황이다. 허무가 규율사회의 소수 탈주자가 겪었던 마음 사태라면, 우울은 피로사회의 다수가 직면하는 심리적 현실이다(하루 43명에 이르는 OECD 최고 자살률. 절망 살인, 야동과 성폭행의 만연, 힐링 열풍 등이 분주한 성과사회 한국의 우울한 증상들이다).

'유혹의 정치'는 고용 없는 자본주의의 지배 형태다. '유혹의 정치'가 궁극적으로 욕망하는 것은 '지배 없는 착취'다. 노블레스 오블리주와 같은 지배 비용조차 필요 없는 가장 저렴한 착취. 그것이 과연 가능할까? 뒤집어 말하면 우리는 유혹에서 벗어날 수 있을까? 유혹자를 물리칠 수 있을까?

이 질문에 대한 장 보드리야르Jean Baudrillard의 답변은 '예스'다. 그에 따르면 "유혹은 이야기에서 의미를 제거하는 것이자 이야기를 진실로부터 벗어나게 하는 것"이다. 보드리야르는 유혹에 대한 처방으로 해석을 내놓았다. 해석만이 가상(스타일)에 의해 제거된 의미와 진실(메시지)을 복원할 수 있기 때문이다. 이런 생각의 기저에는 유혹을 기만의 결과로 보는 사태 인식이 깔려 있다. 즉 속고 있다는 사실을 깨달으면 유혹에서 깨어난다는 전제이다. 이런 생각은 "이데올로기의 허위를 깨달으면 그들이 움직이리라"는 좌파들의 오랜 믿음을 공유한다.

하지만 독일 철학자 페터 슬로터다이크Peter Sloterdijk는 이런 생각을 조롱한다. 유혹된 존재는 이야기의 의미와 진실("당신은 정치적으로 속고 있다")을 익히 들어 알고 있지만 움직이지 않는 '냉소적 주체'라고 진단한다. 해석의 메시지가 전달되어도 정치적 태도를 바꾸지 않는다는 것이다. 이 주장은 기만이 아니라 유혹 그 자체가 문제라는 생각을 깔고 있다. 즉 유혹된 존재는 유혹자의 기만에 속은 것이 아니라 동의했다는 뜻이다. 여기에 대한 슬라보이 지제크

Slavoj zizek의 견해는 "동의의 형태로 기만당했다"이다. 지제크는 대중이 이데올로기에 순응하는 것은 단순히 속아서가 아니라, 이데올로기가 제시하는 판타지 속에서 자신의 욕망을 실현할 가능성을 보기 때문이라고 말한다.

유혹이 기만의 결과가 아니라 어떤 형태든 동의의 결과라면 해석만으로는 불충분하다. 동의를 철회시키려면 새로이 향유할 스타일을 제공해야 한다. 이는 해석이 아니라 반反유혹이다. 즉 이데올로기적 판타지와 전혀 다른 삶의 스타일로 유혹해야 한다. 성과주체는 지금 당신은 속고 있다고 해봐야 움직이지 않고, 전혀 다른 삶의 방식이 향유되는 모습을 봐야 동의를 철회하기 때문이다. 재산을 노린 팜파탈의 치명적 매력에 유혹된 남성을 상상해보라. 그는 돈을 노린다는 사실을 모르고 숭고한 사랑의 판타지에 빠진다. 나중에 누군가 이 사실을 귀띔해주었을 때 남성은 관계를 접을 수도 있다. 하지만 그렇게 되면 여인을 통해 얻던 쾌락이 사라진다. 그는 이 사실을 애써 부인하려 할 것이고, 그녀가 고백을 한다 해도 피해를 감수하며 관계를 유지하려 할 수 있다. 이 상황에서 그의 쾌락을 해치지 않고 유혹에서 벗어나게 하는 방법은 여인의 기만을 폭로하는 동시에 더 매력적인 착한 여성을 시켜 유혹하게 하는 것이다. 따라서 '유혹의 정치'에 저항하는 주체는 '애인을 두고 나쁜 팜파탈과 경합하는 착한 팜파탈'이어야 한다. 즉 유혹하는 시스템의 기만과 싸우는 정치적 주체이고, 유혹을 뿌리치는 윤리적 주체이며, 동시에 반유혹의 스타일을 진정으로 향유하는 미적 주체여야 한다.

물론 모든 개인이 이런 완벽한 주체가 되기는 어렵다. 유혹된 성과사회에서 이러한 개인은 소수일 수밖에 없다. 그래서 결국 실천의 관건은 어떤 전략을 통해 소수의 윤리-정치적 개인을 '유혹의 정치'에 맞서는 다수의 정치적 주체로 정립할 수 있느냐는 것이다. 보드리야르의 '적의 계보학'과 알랭 바디우Alain Badiou의 '진리 사건과 충실성의 주체' 개념은 이 질문에 맞춤한 통찰을 제공한다.

보드리야르에 따르면 시스템에 침투하는 적은 늑대 → 쥐 → 해충 → 바이러스 네 단계로 출현한다. 늑대는 외부에 있는 가시적 적으로서 물리적 힘으로 침투한다. 외부 침략이나 집단적 폭동 및 시위 형태가 여기에 해당한다. 이를 물리치기 위해서는 요새를 짓고 울타리를 둘러 접근을 차단하면 된다. 쥐는 지하에서 활동하는 보이지 않는 적이다. 먹이를 치우거나 쥐덫을 놓는 등의 위생학적 조치로 물리칠 수 있다. 선전 선동을 일삼는 지하조직과 같다. 해충은 양식을 위협하는 다수의 작은 적이다. 물리적 수단으로 퇴치가 불가능하기 때문에 살충제의 위험성에 인체를 노출시켜야 한다. 피아의 경계를 흐리는 적이다. 네티즌들의 정치적 담론 행위가 여기에 해당한다. 검열과 단속은 표현의 자유에 대한 시비를 불러오면서 사이버공간 전체를 경색시켜 시스템을 손상한다. 최후의 모습으로 나타나는 바이러스는 시스템 내부의 심장부를 파고드는 보이지 않는 적이며, 마땅한 치료제도 없다. 물리치기도 쉽지 않고 시스템을 현저하게 파괴할 수 있는 가장 위험한 적이다. 내부 고발 사이트 위키리크스의 설립자인 줄리안 어샌지Julian Assange나 미 국가안보국NSA의 불법 개인정보 수집을 폭로한 에드워드 스노든Edward J. Snowden, 삼성 비리를 폭로한 김용철 변호사 같은 인물이다.

여기서 늑대는 '위협의 정치', 쥐와 해충은 '기만의 정치', 바이러스는 '유혹의 정치'에 침투하는 적이다. 신자유주의는 '유혹'이 중심이 되지만, '기만'과 '위협'이 보완되는 시스템이다. 비유하면 꽃뱀이 주연하고 사기꾼이 연출하고 조폭이 돈을 댄 영화와 같다. 역할 분담이 매우 이상적인 드림팀이다. 그만큼 상대하기 쉽지 않다. 늑대로 출현하면 조폭만 만나고, 바이러스로 출현하면 꽃뱀만 만나게 된다. 시스템 전체를 상대하려면 바이러스에서 해충과 쥐로, 다시 늑대 무리로 변신해 침투해야 한다. 그래야 '정치적 사건'이 발생한다. 위키리크스에 실린 내부 고발 문서가 아랍의 민주화 운동에 촉매 역할을 한 과정은 권력자와 정권의 비리 폭로 → 인터넷상 공론화 → 해당사회에서의 공론화와 시위 → 물리적 충돌 과정을 거쳤다. 정치적 주체가 바이러스에서 늑대로 모습을 바꾼 것이다. 내부 고발자의 폭로가 거대한 정치적 시위로 확산되는 과정을 바디우식으로 보면 '진리사건'(역사가 어디로 가야 올바른지 대중에게 각성시키는 사건)에 '충실성의 주체'(진리사건에 헌신하는 개인)들이 형성되어간 것으로 볼 수 있다. 바디우는 다양한 진리사건(예컨대 십자가에 못 박힌 예수)에 헌신하는 충실성의 주체(예컨대 평생 포교 활동을 펼친 사도 바울)에 의해서만 역사가 발전한다고 본다.

바디우의 관점을 빌리면 바이러스적 적의 형태로 출현한 진리 사건에 헌신하는 충실성의 주체들로부터 '유혹의 정치'에 대한 저항이 시작될 수 있다. 이 윤리－정치적 주체들의 충실성이 유혹된 존재의 동의를 허물어가며 바이러스에서 해충으로, 해충에서 쥐로, 쥐에서 늑대로 변신할 때 시스템을 해체하는 정치적 사건이 도래할 수 있다. 바이러스는 네트워크를 통해 증식과 변이를 거듭해 늑대 무리로 진화할 수 있다. 그 방식은 정치적 구호 아래 깃발을 꽂고 유혹된 주체들의 '우리'를 구성하는 방식이 아니라, 유혹을 떨쳐 버린 '나'가 복수의 '나들'로 구성되는 것이다.

'나들'로 모인 윤리－정치적 주체는 어떤 인간인가? 혹은 어떤 인간이어야 하는가? 윤리와 정치가 분열된 사회, 스타일이 현실을 대체한 성과사회에서 그들은 매우 기이한 모습으로 출현한다.

그는 진사와 천사의 차이를 모른다. 그에게 가장 깊은 사랑은 존재가 스스로 탄환이 되어 적의 심장에 가 박히는 것이다. 그에게 가장 치열한 전투는 십자가에 못 박혀 죽은 사람을 우리 몸처럼 사랑하자고 평생을 이웃에게 속삭이고 다니는 것이다. (알랭 바디우)

그는 짜증내지 않고 분노한다. 그는 위선과 위악의 차이를 모른다. 둘 다 가면이기 때문이다. 그에게 위선의 반대말은 외설이다. 외설이야말로 진실에 가장 근접하다고 생각한다. 그래서 법정에서 판사에게 욕을 하고 감옥으로 사라저버린 꽃뱀은 정치범에 해당된다. 그는 기도할 때도 "주여 저 X자식을 용서하소서"라는 문장을 애용한다. 그가 가장 좋아하는 영화감독은 〈피에타〉를 연출한 김기덕이다. (슬라보이 지젝)

그는 앉은뱅이에서 도적으로, 도적에서 반란군으로 1인 3역을 한다. 성적 취향도 특이해 팜파탈을 보면 살의를, 성녀를 보면 성욕을 느끼는 나쁜 남자다. (김기덕)

피로사회의 성과주체는 모든 행동이 가능한 듯 착각하지만 사실 어떤 사유도 불가능한 존재다. 윤리-정치적 주체는 지금 당장 아무런 성취도 불가능해 보이지만 그 어떤 행동도 가능한 창의적 존재다. 삶을 바꾸고 사회를 바꾸는 건 후자다. 2012

낙태를 반대하는 쪽은 프로라이프, 찬성하는 쪽은 프로초이스라 부른다. 우리말로 친생명, 친선택 정도쯤 된다. 둘 사이에 무슨 주장이 오갔는지 모르는 사람들에게 집에서 기르는 애완견 이름으로 둘 중 하나를 고르라면 어떤 결과가 나올까? '친생명'이 '친선택'보다 압도적으로 많지 않을까? 생명과 친하겠다는데 누가 시비를 걸겠나. 그런데 선택과 친하겠다면 무슨 선택인지 설명을 덧붙일 수밖에 없다. 명명에서 이미 프로라이프가 가산점을 안고 들어간다.

또 다른 언어게임을 해보자. 어느 후보가 '경제가 중요하다'라는 구호를 선창했다면, 경쟁자는 아니라고 말하기 어렵다. 경제는 모든 삶의 토대이니까. '성장이 중요하다'고 하면 약간 반박의 틈새가 보인다. 분배도 중요하니까. 하지만 성장과 분배는 반대 개념이 아니다. 성장과 분배의 우선성을 주장하는 정치적 입장 때문에 반대 개념처럼 들릴 뿐이다. 그래서 '성장보다 분배가 중요하다'라는 반박을 하려면 스스로 성장과 분배를 반대 개념으로 가정해야 한다. 그러나 분배는 분배할 대상이 있어야 한다. 그 대상을 성장이 만든다고 사람들이 생각하면 싸움은 성장의 승리로 돌아간다. 이것이 무서워 '분배도 중요하다'고 주장하면 분배는 스스로 주변적 가치임을 고백하는 꼴이 된다. 성장과 분배의 싸움은 이미 불공정한 게임이다.

보수주의자는 '기업 편을 들겠다'를 '분배보다 성장이 중요하다' → '성장이 중요하다' → '경제가 중요하다'라는 식으로 말한다. 또 '낙태 금지'는 '생명이 중요하다'라고 이야기한다. 정치적 쟁점을 피하면서 국가, 생명, 경제, 가족, 법 같은 공유 영역을 선점하고 자신들만의 것인 양 주인 행세를 한다. 그러면서 진보 담론이 마치 이 공유 영역을 부정하는 것처럼 객으로 만들어버린다. 보수주의 정치 담론의 전략은 공유가치의 선점을 통해 정당한 이의제기를 원천 봉쇄하는 것이다.[1]

천안함 사태를 보자. 천안함 침몰 직후 정부는 조사 결과를 지켜보겠다며 신중한 자세를 취했다. 보수 언론은 파편적 사실을 근거 삼아 북한 소행이라는 추측 보도로 일관했다. 조사는 매우 더뎠고, 그사이 전사한 장병의 장례식이 국민들의 애도 속에 치러졌다.

이 애도는 꽃다운 젊음이 스러진 데 대한 무구한 슬픔의 표현이었을 테지만, 보수 언론은 국가주의 영웅 신화의 프레임으로 추모했다. 말 없는 전사자에게 자신들의 이념을 투사하고, 희생의 가치를 자신들의 영토로 귀속시키면서 '장병들의 희생=국가=보수 정권'이라는 현기증 나는 등식을 만들어냈다. 졸지에 국가 사랑을 입으로 부르짖는 다수의 병역미필자 보수 지배 집단이 숭고한 국가의 애국적 주인이 돼버린 것이다.

난감하지 않은가? 장병들의 희생과 국가 안보라는 공유가치 뒤에 숨어버린 이 정치적 탐욕을 지적하려면 희생자 유족의 상처를 건드리는 무례한 인간이 되거나 국가 안보를 부정하는 '좌파'로 매도당하기 십상이니 말이다. 이렇게 전사 장병과 유족에 대한 군과 정부의 불편한 입장이 정리됐다. 그리고 지방선거에 때맞춰 조사 결과가 발표됐다. 강경한 대국민 담화도 이어졌다. 이번엔 전쟁기념관을 무대로 썼다. 민족의 집단적 상흔으로 남아 있는 역사를 보수의 역사로 또 날치기 독점한 게다. 모든 정보와 해석과 공유가치를 독점했는데 조사 결과에 어찌 반박을 할 수 있겠는가. 절차상 독점에 문제제기를 해도 '친북'이 되는데 말이다.

예나 지금이나 한국의 보수는 더 많이 가지려는 탐욕이 공유가치의 등 뒤에 숨어서 상처받은 자의 공포와 불안을 동원해 굴러간다. 탐욕이라는 목적어에 기만이라는 형용사를 갖다 붙이고 폭력이라는 술어로 마침표를 찍는 것! 이것이 한국 보수의 기본 문법이다.

북풍이라는 허풍으로 선거에서 시세 차익을 노린 지금 당장의 얄팍한 정치적 저의보다 더 위험한 것은 보수의 문법 그 자체이다. 말의 진정성을 죽이고 공유가치를 훼손하면서 소통의 기저를 좀먹는 문법. 북풍 한파에도 꿈쩍 않고 역풍으로 맞선 이번 선거의 표심은 보수의 문법에 대한 도저한 시민적 거부의 시작이 아닐까? 2010

불안의 정치학

'안정 속 개혁'과 '개혁 후 풍요'를 슬로건으로 건 대선 후보가 맞붙으면 어떻게 될까? 다른 모든 변수를 논외로 하고 이 두 구호만 맞대결을 붙인다면 말이다. 안정된 삶을 누리는 사람보다 그렇지 않은 이들이 훨씬 많음에도 불구하고 선거에서는 '안정 속 개혁'이라는 슬로건이 이상한 위력을 발휘한다. 왜일까? 두 슬로건이 지시하는 구체적 내용보다 표현 자체가 가진 마법적 힘 때문이 아닐까?

'안정 속 개혁'이라는 표현은 현재 내가 가진 것에다 대가 없이 작은 무언가를 보태줄 것 같은 느낌을 준다. 그 의미 작용의 비결은 이렇다. '안정 속 개혁'이라는 표현은 이미 안정과 개혁을 대립적 의미로 전제한다. 이 대비를 통해 개혁은 안정의 반대인 불안의 의미로 자리매김된다. 대개의 사람들은 뭔가를 새로 얻고자 하는 성취 욕구보다 지금 가진 것을 지키려는 안전 욕구를 우선시하기 때문에 이 대립 구도에서 강조되는 일차적 의미는 개혁의 불안이다.

　이 불안은 안전 욕구를 자극한다. 이 상태에서 '안정'과 '개혁'이 공존 가능한 것처럼 조합되면 반사적으로 '안정'에 끌린다. 현재의 내 것을 축내지 않는다 하니 일단 줄을 서게 되는 게다. 여기에 '개혁'이라는 별책부록이 붙으면서 뭔가 새로운 것까지 준다 하니 귀가 솔깃하지 않을 수 없다. 이에 비하면 '개혁 후 풍요'는 내 것을 가져가서 나중에 돌려주겠다는 미심쩍은 구두계약처럼 들린다. 그러니 '안정 속 개혁'을 좇는 것은 일견 지혜로운 선택처럼 보인다. 과연 그럴까?

　인간 욕구의 보편적 구조를 연구한 심리학자 에이브러햄 H. 매슬로Abraham H. Maslow에 따르면 인간의 욕구는 생리적 욕구 → 안전 욕구 → 소속감과 애정 욕구 → 사회적 인정 욕구 → 자아실현 욕구 5단계로 진화한다. 진화 원칙은 1단계 욕구부터 차례로 충족시켜나간다는 것. 낮은 단계일수록 생존에 우선적이지만 가치가 낮고 높은 단계는 그 반대이다. 그렇다면 한국사회의 집단적 욕구는 이 5단계의 어디쯤에 와 있을까? 아마도 2, 3, 4단계가 복잡하게 얽혀 있다고 봐야 하지 않을까? 그중에서도 안전 욕구가 나머지 욕구의 성격을 좌우하는 양상이 두드러진다고 봐야 하지 않을까?

　예컨대 명문대 간판 밝히기는 사회적 인정 욕구이지만, 사회적 안전망이 부재한 상황에서 조기에 생존경쟁의 안정적 고지를 확보하겠다는 안전 욕구를 바탕으로 발현된다. 또 수많은 향우회와 동지회, 동문회 등으로 나타나는 유별난 집단주의는 소속감과 애정 욕구이지만 이 역시 안전 욕구를 모태로 한다. 합리적 시스템이 빈약한 상태에서 집단에 소속되지 않았을 때 겪게 될 불이익을 피하기 위해 소속감을 찾기 때문이다.

순수한 인정 욕구라면 사회적 인정을 받는 대가로 자신의 명예를 그 자체로 둘 줄 알아야 한다. 하지만 그런 사람이 주변에 몇 명이나 있던가? 대부분 뇌물, 탈세, 이권 개입, 기밀 누출 같은 탈법은 물론 공익을 위해 부여된 권리와 그 결과로 얻은 경력과 인기를 자본에 매도하는 탈규범적 '환전 절차'를 거치지 않던가! 환전 행위가 끊이지 않는 건 돈으로 환산되지 않는 사회적 인정은 쓸모없다는 인식이 한국사회의 속내를 지배하고 있다는 사실을 말해주는 것 아닌가. 도대체 이 뻔뻔함은 어디에서 오는 걸까?

소속감과 애정 욕구도 마찬가지다. 무구한 소속감은 집단의 결속을 위해 구성원들끼리의 공감을 연료로 쓸 줄 알아야 한다. 하지만 한국의 배타적 집단주의는 연대를 위해 타자를 향한 적의를 동력으로 쓴다. 이 사나움은 어디에서 오는 걸까?

나는 이 뻔뻔함과 사나움의 진원지가 불안이라고 본다. 그리고 이 불안의 뿌리는 불신이 아닐까 싶다. 사회적 합의가 부재하고 개인끼리의 공감과 소통이 결핍될 때 경쟁은 불신을 낳고, 불신은 불안을 낳게 마련이다. 불안은 배타적이고 공격적으로 안전 욕구를 호명한다. '안정 속 개혁'이 여기에 맞장구친다. 실체 없는 보수의 광풍이 인다. 가진 것이 별로 없어 상실의 불안이 없을 법한 사람조차 넘어간다. 불안이 깊어 영혼이 잠식당했기 때문일까? 2007

오늘에 살라

내가 그를 처음 안 건 대학 시절 교련 수업 때였다. 학과가 달라 평소 수업을 같이 듣지 않았지만, 교련 수업은 단과대학별로 수강했기 때문에 일주일에 한 번 그를 봤다. 자주 얼굴을 부딪치다 보니 졸업할 때쯤에는 인사말 건네는 정도의 사이가 됐다. 졸업 후 신문사에 기자로 취직을 하고 출입처에 나갔는데 다른 신문사의 기자가 된 그를 또 만났다. 그렇게 5년 정도 같은 출입처를 나갔다. 입사 10년이 지나 내가 사표를 내고 모교 대학원에서 공부를 하고 있을 때 그가 연락해 다시 보았다. 당시 그는 경찰 출입기자들의 우두머리인 '시경 캡'을 하고 있었는데 대학원에 다니고 싶다고 했다.

이듬해 그는 나와 같은 대학원에서 한 학기 수업을 함께 들었다. 그리고 곧바로 미국으로 유학을 떠났다. 그가 기자직을 그만두고 공부를 시작한 건 딱히 학문에 대한 열정이 있어서도, 대단한 사회적 성취를 위해서도 아니었다. 다만 불안하게 흔들리는 현재의 자리보다 조금 안정적으로 공부하고 글 쓰며 가족을 부양할 수 있는 자리를 마련하기 위해서였다. 이 자리를 위해 그는 많은 비용을 지불했다. 십수 년간 열심히 쌓아온 기자 경력을 버렸고, 물려받은 유산 없이 월급으로 모은 재산의 상당 부분을 썼으며, 공부하는 내내 불투명한 미래에 대한 불안과 싸웠다.

그 덕분에 5년 뒤 박사학위를 받고 귀국 후 한 명문대학에 교수 자리를 얻을 수 있었다. 그리고 3년 동안 재임용을 위해 논문 집필과 강의 준비에 매진했다. 지난해 가을 그는 재임용을 통과했다. 그 무렵 오랜만에 그를 만났을 때 내게 "이제 한시름 놓았다"고 했다. 좀 더 안정적인 자리를 위해 불안과 싸우며 7, 8년을 보낸 뒤의 일이었다.

하지만 삶은 그리 호락호락하지 않았다. 지난해 연말 나와 공동연구를 하던 그는 잦은 두통과 언어장애를 호소했다. 병원 진단 결과는 뇌종양 말기였다. 치료를 위한 수술이 불가능한 상태였다. 그동안 자신을 돌볼 틈이 없어 보험도 들어놓지 못했다. 늦게 낳은 아들은 이제 막 말을 배우기 시작했다. 자신이 꿈꾸던 안정을 누리는가 싶은 순간 생애 가장 불안한 상황 속으로 미끄러졌다.

그 사실을 현실로 받아들이기까지 불과 두어 달 사이에 그가 겪은 지옥 같은 마음의 풍경을 내가 다 헤아릴 순 없다. 종종 그는 억울해했고, 타인과 자신을 비교했다. 더러는 안정을 위해 매진한 자신의 삶을 회한 어린 눈길로 바라보기도 했다. 병을 물리쳐야 할 적으로 간주하고 투병 의지를 불태우는가 하면 이내 더불어 가야 할 친구로 생각하고 마음을 달래기도 했다. 하지만 언제부턴가 그는 세상 밖으로 향하던 시선을 거두어 자기 자신을 조용히 응시하기 시작한 것 같았다. 방사선 치료와 항암 치료가 한창 진행될 때쯤이었다. 그는 방사선 치료가 끝나면 공기 좋은 조용한 시골에 들어가 마음을 다스리며 지내야 할 것 같다고 말했다.

나는 그의 일이 남의 일 같지 않았다. 우리 대부분은 미래의 안정을 위해 현재를 희생하는 삶의 방식에 익숙해져 있다. 노후를 위해 저축과 연금을 들고, 투병을 위해 암보험을 들고, 더 안정적 직장을 위해 대학원에 등록하고, 자녀의 안락한 삶을 위해 교육에 조기투자하고……. 여기에 들어가는 비용을 위해 자신의 노동생산성을 쥐어짜고, 스트레스를 풀기 위해 음주와 흡연을 하고, 피로를 씻기위해 헬스클럽에 등록하고……. 그렇게 살다 보니 주변의 인간관계를 도구적으로 이용하고, 소통 없는 내면은 황폐해지고, 정서적 충족을 위해 불륜까지 몽상하고……. 끝내 다시 회귀하는 불안을 잊으려 안정이라는 고지를 향해 지속적으로 전진하는 이 단성생식의 삶! 한국사회의 중년, 누가 여기서 완전히 자유로울 수 있을까?

안정의 고지를 구축하는 데 매진하는 삶은 불안정할 수밖에 없다. 안정의 고지는 다가가면 멀어지는 신기루이며, 부재의 대상은 욕망할수록 불안이 깊어지기 때문이다. 나는 불안을 극복하는 다른 삶의 방식을 아직 잘 모른다. 아마도 나눔이 아닐까 하는 심증은 있다. 불안이 내가 가진 것 혹은 갖고 싶은 것에 대한 상실의 공포에서 비롯된다니 먼저 나눠주면 상실의 대상 자체가 없어져버리지 않겠는가. 그것이 무엇이든 간에 말이다. 그런데 이 단순한 형식 논리를 우리는 왜 실천하지 못하는 것일까? 2007

눈물은 이제
어디로 가야 하나

고객낙루顧客落淚. 고객이 눈물 흘릴 때까지 감동을 주어야 한다는 최신 마케팅 구호다. '고객만족'보다 한발 더 나아간 개념이다. '고객만족'이 소비자의 흐뭇한 미소로 상품의 우수성을 전했다면, '고객낙루'는 소리 없이 흐르는 한 방울 눈물로 호소한다. 눈물을 불러오기 가장 쉬운 것 역시 눈물이기 때문이다. 지난 16대 대선 때 '노무현의 눈물' 광고는 눈물 한 방울의 위력을 여지없이 보여주었다. 이 순간, 노무현 후보가 흐뭇한 미소를 짓고 있었다면 어떻게 되었을까? 아마 대통령 노무현은 불가능하지 않았을까?

언제부턴가 광고는 메시지를 전하는 미디어로 눈물을 불러들였다. 그 전까지 '고객만족'의 상징으로 들이밀었던 미소가 '내 호주머니를 털어가려는 가식'쯤으로 인식되면서 진심을 입증할 만한 무언가가 필요했기 때문이다. 맞다. 모든 눈물이 다 진심을 담고 있는 건 아니지만, 적어도 미소보다 연기하기 힘든 건 사실이다. 그래서 우리는 지금까지 눈물을 그 사람의 진심으로 받아들이는 데 별다른 거부반응을 나타내지 않았다. 하지만 눈물이 메시지를 전하는 전략적 도구로 활용되는 상황을 거듭 경험한다면 사람들이 눈물을 대하는 태도는 어떻게 변할까? 누군가 나의 눈물을 상업적 목적으로 훔치려 하고, 누군가는 자신의 눈물을 전략적으로 전시한다면? 아마도 가식적인 미소보다 더한 배신감으로 상처받지 않을까? 그리하여 급기야 일상생활 속에서 마주하는 눈물에 대해서도 거부반응을 보이게 되지 않을까?

이미 진심을 연출하는 수단으로 눈물이 이용되면서 타인의 눈물은 진위를 감정해야 할 대상이 되었다. 특히 정치인이나 연예인들이 매체 노출을 목적으로 공개적으로 흘리는 눈물은 '악어의 눈물' 여부를 감별해야 하는 지경이 됐다.[2] '악어의 눈물'이라는 표현이 관용구가 되었다는 것은 그만큼 '악어의 눈물'이 많아졌고, 그에 대한 의심도 깊어졌다는 방증이다. 이렇게 되면 진짜 울고 싶은 사람일지라도 타인 앞에서는 꺼리게 된다. 울며 진심을 드러내는 순간을 부정당하는 만큼 불쾌하고 비참한 것도 드물기 때문이다. 이미 사람들은 좀체 울지 않는다. 타인 앞에서는 더욱 그렇다. 울어도 주로 혼자, 그것도 영화나 드라마를 보면서 운다. 왜 사람들은 타인

앞에서 울지 않는 걸까? 상대의 마음을 불편하게 하고 싶지 않은 예의바름 때문에? 괜히 속마음을 보여주는 것 같은 쑥스러움 때문에? 아니면 약점을 드러내면 공격당할 것 같아서?

사회학자 장 보드리야르의 진단은 이렇다. 고도로 합리화된 사회에서 눈물은 합리성으로 계산되지 않는 낯선 점액질이다. 이 물질은 생산의 효율을 위한 '쿨한' 계약관계를 해치는 사적 관계를 조장하면서 생산성을 떨어뜨릴 위험이 있다. 그래서 생산의 이름으로 눈물은 억압당하고, 억압당한 눈물은 미디어를 소비하면서 분출된다. 현실의 슬픔에 울지 못하고 미디어를 통해서만 눈물을 흘리는 이 '감정의 추상화'를 그는 현대적 조건으로 봤다. 눈물은 이미 현대사회의 생산 영역에서 배척될 수밖에 없는 운명인 것이다.

그렇다면 눈물은 어디로 흘러가야 하는가? 공적 영역에서 추방됐으니 은밀한 사적 영역으로 흘러갈 수밖에 없지 않은가. 하지만 거기마저 막혀버렸다면, 가족과 애인 그리고 친구마저 '남자는 태어나서 꼭 세 번 울어야 한다'거나 '여자의 눈물은 믿을 게 못 된다'는 생각을 한다면……. 컴컴한 극장 안이나 화장실 변기 위에 쪼그리고 앉아 혼자 눈물을 훔치거나 미디어 앞에 앉는 수밖에 없다. 하지만 미디어마저 생수 파내듯 고객의 눈물을 채취하려는 고객낙루의 공격적 마케팅에 점거당한다면 눈물은 이제 어디로 가야 할까? 급증하는 우울증 환자를 보라. 혹시 그에게는 흐르지 못한 눈물이 고여 썩어가고 있는 것은 아닐까? 어느 날 문득 돌풍처럼 나타난 힐링 열풍도 같은 맥락에서 생각해볼 수는 없을까?

눈물마저 믿지 못하는 인간관계는 의심과 적의로 가득해 진심을 드러내면 오히려 약점 잡히기 쉽다. 그래서 남의 결점을 들추며 자신의 진심은 꼭꼭 숨기는 행동 방식이 효율적인 처세술로 자리잡는다. 하지만 지나친 자기 억압은 생존에 도움이 될지언정 타인과 관계 맺기를 불가능하게 만들어 결국 자신을 깊은 내면적 고독으로 몰고 간다. 고독으로 인한 삶의 무의미와 공허가 임계점에 달하면, 있는 그대로의 자신을 드러내어 누군가와 관계 맺고 싶은 충동 또한 극한에 이른다. 하지만 자신을 있는 그대로 보여주고 이해받고 사랑받을 수 있는 대상이 없다면, 혹은 용기가 없다면? 돈을 주고 안전하게 그 역할을 잠시 임대해야 한다. 힐링 산업은 자신을 인정해줄 타자의 결여를 대체하는 위안의 서비스업이다. 관계 맺기의 두려움을 상처로 여기는 소아병적 정서를 따뜻하게 상처로 인정해주는 대가로 돈을 받는 것이다. 그런 점에서 힐링 열풍은 그 자체가 하나의 병적 증상이다. 병든 것은 사회적 관계이고, 치유는 타자를 먼저 인정하고 보듬는 주체적 행위를 통해 가능한데 현실은 거꾸로 가고 있기 때문이다. 모두가 병든 자는 자신이라며 남이 치유해주기를 바라는 객체의 자리를 고수하고 있는 게다. 이들은 진정 무엇을 원하는 것일까?

고객낙루의 마케팅 전략이 눈물을 도구화한다면 힐링 산업은 상처를 애완화하는 것이다. 둘의 공통점은 부재하는 진심의 존재를 꾸며대는 것이다. '악어의 눈물'이 내 말의 진심을 믿어달라는 연기라면, 힐링이 필요한 상처의 제시는 내 삶의 진정성을 믿어달라는 엄살이다. 나는 의심과 적대로 가득한 사회관계를 연출한 장본인이 아니라 거기에서 상처받은 순수한 사람이라는 것이다. 그렇다면 삭막한 사회관계는 누가 만들었는가? 힐링할 상처가 없는 사람들, 내가 상처받은 환경에서 상처받지 않은 사람들이 만든 것이 된다. 그들은 그 환경을 원해서 연출한 사람, 삭막하고 순수하지 못한 사람들이 된다.

과연 그런가? 이 문제를 정치적 관점에서 바라보자. 힐링할 상처가 없는 사람은 힐링 산업을 소비할 돈과 시간이 없는 사람들이다. 상처가 일상의 생존 조건인 사람들은 상처라 말하지 않는다. 그들에게 지금의 사회관계는 상처가 아니라 현재적 고통이다. 반면 힐링 산업을 소비할 여유가 있는 계층은 자본축적의 이종격투기에서 승리한 사람, 생존을 위한 물질적 자원을 확보한 사람, 이제 그 상태를 고착시키고 싶은 사람이다. 평화를 가장 절실하게 원하는 자들은 약자가 아니라 약탈을 마치고 이제 막 피 묻은 손을 씻고 난 자들이다. 힐링 열풍은 폭력적 근대화 과정을 통해 축적된 자본이 과거의 기억을 지우고, '인간의 모습을 한 자본'으로 변신하고자 하는 열망이 소비주의의 행태로 나타난 것일 수 있다. 그것이 가장 적은 비용으로 가장 오랫동안 자본 소유를 유지하는 방법이니까.

자본의 축적과 소유의 영속화를 위한 요즘의 각종 전략들은 감정과 상처까지 도구화하면서 '감정 환경'을 황폐화하고 있다. 눈앞의 이익만을 노린 각종 개발이 생태계를 파괴하듯, 눈물마저 의심하고 상처마저 연출되는 곳에서 무슨 진지한 내면적 교감이 일어날 수 있을까? 눈물이 받아줄 임자를 만날 때까지 제 갈 길을 찾아 흐르게 할 순 없을까? 상처를 치유하지 않고, 상처와 상처가 교감하고 연대하는 사회관계는 불가능한 것일까? 아마 그 관계는 슬픔을 부끄러워하지 않고 상처를 두려워하지 않을 준비가 된 개인들로부터 시작될 것이다. 그들은 나의 감정과 상처까지도 내가 규정한 것이 아니라는 사실을 눈치챘을 테니까. 어떤 정치적 인식을 하느냐에 따라 슬픔이 분노가 되기도 하고, 상처가 영예가 되기도 한다는 사실을 알고 있을 테니까. 2007

두 종류의 책이 꾸준히 팔리고 있다. '돈 버는' 책과 '돈 없이 행복하게 사는' 책. 이 두 종류의 책은 전혀 다른 유형의 욕구를 반영한다. 하지만 상반된 종류의 책이 동시에 잘 팔린다는 것은 그 둘 사이에 어떤 관계가 있다는 뜻 아닐까? 예컨대 이런 경우가 가능하다. 행복의 첫째 조건이 돈이라는 가정하에 충분한 돈을 벌기 매우 어렵다는 현실 인식이 뒤따를 경우, 돈 버는 책 두 권을 사면 행복하게 사는 책 한 권을 사는 태도가 나올 수 있다. 돈 버는 법은 행복을 위한 예금으로, 돈 없이 행복하게 사는 법은 보험으로.

이 가정이 맞다 치고 돈이라는 물질적 조건을 정신적 태도보다 우위에 두는 최근의 행복 투자 전략의 효율을 따져보자. 평가의 잣대를 마련하기 위해 랜덤하우스의 웹스터 인용사전에서 'happiness'를 검색해봤다. 작가와 철학자들이 던져놓은 행복에 관한 100여 개의 생각들이 나열돼 있다. 이 중에서 우선 행복의 구성 요건에 관해 언급한 것부터 살펴보자.

돈을 행복의 최우선 조건으로 꼽은 사람은 아주 드물다. 영국의 소설가 제인 오스틴Jane Austen은 "내가 지금까지 본 가장 믿을 만한 행복의 보증수표는 많은 수입이다"라는 말을 남겨놓았다. 평생 발표한 6편의 소설 거의 모두에서 물질문명에 물들어가는 젊은 남녀의 연애 세태를 날카롭게 풍자했던 그녀가 행복의 첫째 조건으로 돈을 꼽은 것은 개인적으로 의외였다. 어쩌면 공부는 많이 했지만 평생 미혼으로 지내며 안정적 수입이 부족해 가족과 친지에 의존해야 했던 자신의 삶을 그만큼 불편해했다는 역설로 읽을 수 있으리라. 어린 시절을 지독한 가난 속에서 보냈으나 소설가로 대성해 중년 이후에는 부자가 된 찰스 디킨스Charles Dickens는 "수입이 20파운드인데 지출이 19.96파운드면 행복하고, 그 반대면 불행하다"고 했다. 돈의 액수 자체가 아니라 돈과 욕구의 관계가 행불행을 결정한다는 것이다. 디킨스의 이런 통찰 역시 가난했지만 꿈이 있던 어린 시절과 돈은 많이 벌었지만 가정에서는 불행했던 중년 이후 삶의 체험에서 비롯된 것 아닐까.

대체로 행복과 돈의 관계를 보는 다른 현인들의 시각도 디킨스와 비슷하다. 돈의 양 자체가 행복을 보증한다고 단언하는 사람은 오스틴밖에 없다. 나머지는 하나같이 돈을 행복의 사소한 조건으로 자리매김한다. 실제로 그들이 그렇게 생각했는지 아니면 속내를 감추고 우아한 말을 했는지는 알 수 없지만, 현대 자본주의사회에서 돈이 행복한 삶에 끼치는 영향은 이들의 생각보다 큰 것 같다. 적어도 요즘은 돈이 있다고 자동적으로 행복해지진 않지만, 돈이 없으면 불행해지는 것은 시간문제가 아니던가. 그래서 돈 쓰는 재미보다 돈 버는 재미가 크고, 돈 버는 재미보다 빚 갚는 재미가 더 크다는 말까지 있지 않은가.

돈이 그 자체로 행복을 보증하지 못한다면 행복해지기 위해 무엇이 더 필요할까? 신중한 경험론자인 영국의 철학자 버트런드 러셀Bertrand Russell은 행복의 요건을 네 개로 제시했다. 건강, 원만한 인간관계, 욕구를 채우기 위해 필요한 충분한 수단, 직업적 성공이다. 대체로 요즘 사람들이 수긍하는 조건이다. 건강하고 가족이 화목하고 인간관계 원만하고 적당한 재산을 보유하고 직업적으로 성공하면 행복하다는 것이다. 신앙심이 깊은 사람은 마음의 평화를 덧붙일 수 있겠다. 어쨌거나 현실론자인 러셀의 행복 요건 중에서도 돈은 '욕구를 채우기 위해 필요한 수단'으로 부분적인 도구적 가치만 인정받는다.

하지만 100여 개의 명언 중 행복을 외부적인 조건으로 규정하고자 하는 것은 많지 않다. 그중에서도 행복의 조건으로 돈을 직접 언급한 것은 10%도 안 된다. 절반 이상이 어떤 형태든 양심과 도덕을 강조한다. 나아가 행복은 결핍을 채우는 행동을 통해 얻을 수 있는 것이 아니라고 가정한다. 그렇기 때문에 행복의 요건은 그 자체로서 성립하지 않는다. 영국의 공리주의자이며 자유주의 사상의 거목인 존 스튜어트 밀John Stuart Mill은 "행복을 생각하는 순간 인간은 불행해진다"는 역설을 남겼다. 20세기 초 이미 《멋진 신세계Brave New World》에서 미래를 디스토피아로 그린 영국의 작가이자 문학비평가 올더스 헉슬리Aldous Huxley는 "행복은 의식적으로 추구해서는 얻을 수 없고, 다른 행동의 부산물"이라고 했다.

그런데 이 '다른 행동'으로 많은 사람들이 거론한 것은 선행이다. 더러 열정을 말한 이도 있다. 조르주 상드Georges Sand는 "삶의 행복은 오직 한 가지, 사랑하고 사랑받는 데만 있다"고 했다. 프리드리히 니체Friedrich Wilhelm Nietzsche는 "모험적으로 사는 것, 벼랑 끝에 자신의 왕국을 건설하고 지도에 없는 바다로 항해를 나서는 것"을 삶의 가장 큰 기쁨이라 했다. 행복으로 가는 길은 각자 달라도 행복을 목적지로 정한 길은 행복의 길이 아니라는 것이 이들의 공통된 지적이다. 그러니 이들의 말을 종합해 최근의 행복 투자 전략에 대한 평가를 내리면 이렇다.

행복하기 위해 돈에 매진하는 것은 무모한 짓이다. 행복을 목적하는 자체가 이미 틀린 접근 방식인 데다, 그나마 돈이라는 아주 사소한 행복의 필요조건에 몰입하는 까닭에 행복이 성취될 확률이 거의 없기 때문이다. 그럼 돈 없이 행복하게 사는 법을 찾는 것은 어떠한가? 아마 더 한심한 짓 아닐까? 행복 추구하기가 이미 틀린 데다, 사소한 돈까지 없으니 말이다. 결국 두 종류의 베스트셀러가 행복과 무관한 이유는 그 본질이 '이 한 몸 잘 살아보자'는 어리석은 이기심의 전략이기 때문이리라. 우리에게 부재하는 것은 행복을 좇는 효율적 전략이 아니라 행복을 초대하는 삶의 철학인데 말이다. 그러니 조금이라도 행복할 생각이 있거든 두 종류의 책은 사보지 않는 게 낫겠다.

그 누구도 행복으로 가는 길을 자신할 수는 없다. 하지만 베르톨트 브레히트Bertolt Brecht의 다음 말은 현재 행복에 조갈 나 있는 우리에게 의미심장한 무언가를 줄 것 같다. "그대 행복만을 향해 달려가라. 하지만 너무 많이 달리지는 마라. 모든 사람이 그렇게 하니까. 행복은 그대들 뒤에서 달려간다." 2007

존재자본

행복하기 위해 뭐가 필요할까? 사람들은 오래전부터 이 질문을 던진 것 같다. 그런데 아직도 명쾌한 답을 찾지 못하고 있는 것은 왜일까? 행복의 조건을 채우는 일이 밑 빠진 독에 물을 채우는 일과 닮았기 때문 아닐까? 그래서 어떤 경험주의자는 "무엇을 할 것인가?"라는 질문은 정답이 너무 많고 합의도 잘 안 되니 차라리 "무엇을 하지 말 것인가?"라고 질문해야 한다고 했다. "불행하지 않기 위해 무엇을 하지 말아야 할 것인가?" 이렇게 말이다. "밑 빠진 독을 어떻게 채울 것인가?"가 아니라 "밑 빠진 독을 어떻게 틀어막을 것인가?" 이렇게 말이다.

요즘은 이 '행복의 도가니'를 채우기 위해 밑바닥을 돈으로 막아야 한다고 생각하는 사람이 부쩍 많아진 것 같다. 돈이 얼마큼 있으면 가장 행복할까? 언론은 심심찮게 이런 질문을 던진다. 얼마 전 영국의 한 잡지에서 "행복을 보장하는 최적의 자본은 20억 원"이라는 기사를 실었다. 4인 가족을 기준으로 설문 조사를 해보니 행복도가 가장 높은 그룹의 평균 재산이 20억 원 정도라는 것이다.

두 가지 궁금증이 생겼다. 왜 2천억 원이 아니고 20억 원일까? 그리고 월급쟁이가 20억 원을 축적하기 위해 몇 년이 걸릴까? 첫 번째 궁금증은 기사가 친절하게 해결해주었다. 20억 원까지가 돈이 생활의 질과 직접적으로 연결되는 액수이고, 그 다음부터는 한계효용이 급격히 체감한다는 것이다. 그럴듯했다. 로또에 당첨돼 갑자기 부자가 되면 졸지에 자신의 일상이 무의미해져 불행해지는 사람들이 종종 있지 않던가.

서울에서 20억 원이면 10억 원짜리 아파트에 살면서 10억 원을 여유 자금으로 굴릴 수 있다. 졸지에 직장을 잃어도 뭔가 시작할 자본이 되고, 임금과 투자소득을 합하면 부모 봉양하고 자녀 사교육비 지출하고도 종종 휴가 때 편하게 해외여행 다닐 정도가 되지 않을까? 돈 자체가 권력은 되지 않아도 일상을 풍요롭게 해주는 윤활유가 되는 액수!

나는 20억 원을 모으는 데 얼마나 걸리는지 임금노동자의 계산법을 사용해봤다. 연 5천만 원씩 모으면 40년 뒤에 원금이 20억 원이 된다. 부부가 뛰면 20년 걸린다. 물론 평균적 투자소득을 감안하면 그 기간은 훨씬 단축될 것이다. 하지만 인플레이션을 고려하면 '행복의 액수'는 한결 늘어날 것이다. 이런 부수적 조건을 제외하고 임금의 총액으로만 보면 더블로 20년, 싱글로 40년을 연 5천만 원씩 모아야 한다. 그래서 결론은 이렇다. 최소한 연봉을 7천만~8천만 원 받는 사람이 도중에 사고 안 치고 성실히 적립하면 백발을 휘날리며 행복 고지를 점령한다.

그러니 누가 이 계산법을 택할 것인가. 좀 더 축적 기간이 짧은 주식, 부동산, 기타 등등 재테크에 눈을 돌리는 것은 당연지사이고, 더러 모험가들은 경마, 경륜, 로또, 블랙잭 등 국가를 상대로 도박을 벌일 생각까지 하는 것 아닌가. 대부분의 사람들이 '행복의 액수'에 미치지 못하니 행복을 위해 일단 돈에 올인하는 것은 참으로 논리적이다. "불행하지 않기 위해 얼마의 돈이 필요할까?"로 질문을 바꾸기 전까지는 말이다.

피에르 부르디외Pierre Bourdieu는 자본을 경제자본, 문화자본, 사회자본, 상징자본(혹은 육체자본) 등 네 유형으로 나눴다. 경제자본은 돈이고 문화자본은 학벌이나 자격증 같은 것이며 사회자본은 인맥 등이다. 그리고 상징자본은 말투나 걸음걸이 같은 신체에 각인된 계급적 취향을 말한다. 물론 이 네 유형은 궁극적으로 돈으로 환산되는 생산과 관계된 자본이다. 한국사회도 요즘은 육체 산업, 매너 학교 등이 생겨나면서 상징자본을 자본으로 인식하는 수준으로 자본주의 재생산 메커니즘이 진화한 것 같다.

하지만 어차피 주관적 느낌인 행복은 생산이 아니라 생산된 재
화를 소비하는 과정과 더 밀접하게 연관돼 있다. 그러니 행복은 결
국 자본 자체보다 자본을 행복감으로 돌리는 다른 계산기의 연산
결과이다. 계산법을 바꾸면 20억 원이 아니라 10억 원을 갖고도 더
높은 행복지수가 나올 수 있다.

나는 이런 계산 능력도 행복의 자산이라고 봐야 할 것 같아서
자기만의 계산법을 결정하는 다양한 자질에 '존재자본'이라는 이름
을 붙이면 어떨까 싶다. 자족의 능력, 낙천적 심성, 해맑은 섹슈얼리
티, 공간의 점유가 아니라 장소의 장식을 통해 일상을 가꾸는 감수
성, 비교우위가 아니라 수평적 교감을 통해 타자와 소통하는 능력
그리하여 자아의 서사를 재산으로 간주하는 존재감각 등등. 존재자
본은 세금도 없고 투자했다 말아먹을 일도 없다. 문제는 존재자본
을 예치해주는 은행이 아직 없다는 것이다. 어찌하랴! 당분간 존재
자산가들끼리 금융거래를 트고 사는 수밖에. 2006

죽음을 다루는
네 가지 방식

모든 인간이 가장 피하고 싶은 것은 죽음일 것이다. 그런데 역설적으로 죽음은 모든 생명체의 가장 확실한 미래다. 가장 절실하게 피하고 싶지만 가장 분명하게 도래하는 미래의 사건. 죽음은 가장 증오하지만 결코 이길 수 없는 적과 같다. 이 적과 한집에서 동거해야 하는 난감한 상황이 삶이라면 어떻게 해야 하나?

불로초를 구하러 신하들을 세계 곳곳으로 보냈다는 진시황은 죽음을 물리칠 때까지 결사적으로 싸운 인물이다. 물론 그는 졌다. 이 무모한 태도는 영생이 생물학적 생명 위에서만 가능하다는 확신에 기초한다. 어쩌면 그는 지속되는 삶을 적극적으로 욕심낸 것이 아니라 지독한 공포심 때문에 죽음의 순간을 그저 유예하려 한 것일지 모르겠다. 18세기 유럽의 한 의사는 "생명은 죽음을 피하려는 맹목적 의지에 불과하다"고 정의했다. 내가 본 생명에 대한 정의 가운데 가장 군더더기 없이 정확하다. 하지만 이런 생각은 삶을 생물학적 목숨과 동일시하는 지독한 자연주의의 한 행태이다.

그러나 인류의 역사는 이보다 지혜로워 삶은 자연적 생명을 장식하는 행위이지 단순한 죽음의 회피가 아니라는 상상력을 발휘했다. 덕분에 죽음과 싸우는 대신 구슬리고 달래 동행하는 기술을 개발할 수 있었다. 죽음으로 중단되는 삶에 연속성을 부여하는 다양한 정신적 장치들을 발명한 것이다. 지금까지 인류가 만들어낸 이 정신적 장치들은 네 개의 유형이 있는 것 같다.

첫째, 천당과 극락 같은 죽음 이후의 세계를 상상하는 것이다. 이 방식은 개체의 생명이 내세로 이월된다고 가정하기 때문에 소멸의 공포에 맞서는 가장 확실한 예방주사가 될 수 있다. 하지만 아득한 우주의 먼지 속에 낙원을 지으려면 얼마나 고단한 마음의 노동이 필요할 것인가. 환상을 실체로 믿느냐 마느냐는 오로지 신앙이라는 마음 노동의 강도가 결정한다.

둘째, DNA를 존재의 유일한 실체로 물신화하는 것이다. '나＝자식'으로 종의 연속성을 삶의 연속성으로 상상하는 이 방식은 자연적인 인간성에 기초해 손쉽게 접근 가능한 이점이 있다. 그런데 이 방식에 충실하려면 산란과 더불어 개체가 죽음을 맞는 문어처럼 자식을 위해 소멸을 감내하는 희생을 각오해야 한다. 하지만 DNA

는 자식이 부모를 통해 종의 연속성을 상상하도록 내버려두지 않기 때문에 부모는 버림받기 쉽다. 그래서 현실은 희생 대신 자식을 통제하려는 부모의 권리 주장과 탈주하려는 자식의 자유의지의 투쟁으로 점철되지 않는가.

셋째, 인간과 우주의 살아 있는 만물에 동일한 가치를 부여하는 범신론적 상상력이다. 거대한 자연의 순환 속에 '나'를 위치시켜 삶의 고유한 개별성을 약화시키고, 이를 통해 죽음의 공포를 희석하는 방식이다. 자아를 버림으로써 죽음을 우주 삼라만상의 일부로 되돌아가는 것이라 상상할 수 있다면 공포는 희열이 될 수도 있을 것이다. 이런 태도는 고대와 중세에는 다수가 공감하는 보편적 태도였지만, 이성적 자아를 주체로 가정하는 요즘은 일부 원시부족과 수도승들에게서나 찾을 수 있다. 이 방식은 봄날 어린 새싹들과 교감하는 상상력 하나만으로 죽음을 잊게 하는 신묘한 효능이 있지만, 과용하면 삶의 즐거움마저 앗아가는 금욕주의 증상을 보일 수도 있다. 쓰라린 환부의 통증을 달래기 위해 놓은 주사가 성감대를 못 쓰게 만들어버리는 것이다. 그래서 쉬이 흉내 내기 어려운, 고도의 마음 수양이 필요한 장르다.

넷째, 세 번째의 상상력을 사회적으로 각색한 성숙한 무신론자들의 방식, 곧 공동체 의식이다. 우주 삼라만상이 더불어 존재한다는 발상을 사회 공동체 속 구성원으로 제한하고 그곳에서 삶의 연속성을 찾고자 하는 것이다. 공동체 의식은 지금 현재 내 삶이 타자의 삶과 깊이 연관돼 있음을 확신하는 사회의식과 내 삶은 공동체의 집단적 삶을 통해서만 연속성을 확보할 수 있음을 확신하는 역사의식을 말한다. 간단히 말해, 공동체 의식의 소유자는 죽음 이후 자기 삶의 의미를 공동체에 남긴 궤적을 통해 상상하는 인물이다. 그는 현재의 공동체 구성원들과 관계 맺음으로써 자신의 존재가 성립하고, 과거와 미래 구성원들과의 관계를 상상하면서 삶의 연속성을 느낀다. 이 방식은 가장 쉬워 보이지만 사실 가장 어렵다. 적대하는 인간과 인간의 숲 속에 난 좁은 길을 헤쳐가야 하기 때문이다. 세 번째 방식이 평화로운 먼 산길을 홀로 걸어가는 것이라면, 이 방식은 짧은 길이지만 적의 집중포화가 쏟아지는 능선을 기어가야 하는 것과 같다.

그래서 이 네 유형 중 가장 대중적인 방식은 2번을 예금으로, 1번을 보험으로 드는 것이다. 자식을 통해 삶의 연속성을 상상하지만 미진해서, 내세가 있다면 스스로 영생하겠다는 판타지를 보충하는 방식! 그런데 이 방식은 사실 죽음을 가장 두려워하는 자들이 철저하게 고립된 개인적 차원에서 이기적으로 죽음을 다루는 방식이다. 어느 사회건 이 방식이 지배적이지만, 우리 사회는 특히나 많은 것 같다. 부모-자식 관계와 교주-신도 관계의 지독한 의존성이 그걸 말해주리라. 그래서일까? 삶이 힘겹고 무서워 죽음을 자청하는 이가 세계에서 가장 많은 현실에도 사회가 이토록 무덤덤한 것은. 나의 생명에 대한 애착과 타자의 죽음에 대한 무심함의 낙차가 이렇게 유별난 것은.

오래전부터 현자들은 죽음을 대면하는 방식을 바꾸면 삶이 바뀐다고 말해왔다. 죽음 자체는 어차피 어떤 방식으로든 극복할 수 없다는 것을 우리 모두가 이미 알고 있다. 그럼에도 대부분은 이 사실과 직면하기를 꺼린다. 미국의 자연주의자 스콧 니어링Scott Nearing은 죽음을 받아들이고 대면하는 방식을 바꾼 흔치 않은 사람이었다. 그는 보통 사람들과는 전혀 다른 방식으로 죽음에 접근했다. DNA를 잊고 내세를 기대하지 않으면서 범신론적 상상력과 공동체 의식을 무기로 죽음과 대면했다. 평생 숲 속에서 노동하며 자급하는 삶을 살면서도 사회적 약자에 깊은 관심을 보인 그는 노년에 아내가 지켜보는 가운데 단식으로 생을 마감했다. 그의 삶이 던지는 메시지는 이런 역설이 아닐까? 우주 속 피조물과 타자의 생명에 대한 관심이 나의 죽음을 잊는 가장 좋은 방법이라는 것. 타자를 통해 자기 삶의 연속성을 상상하는 이가 많아지면 우리 삶의 풍경도 바뀌지 않을까. 2013

어릴 때 옆집 전파사에서 흘러나오던 남진과 나훈아의 노래
를 너무 열심히 따라 불렀기 때문일까? 나는 모든 노래를 뽕짝으
로 편곡해서 부르는 습관이 있다. 부활의 〈사랑할수록〉도 남진의
〈빈 잔〉처럼 부른다. 아마 첫 순정을 주었던 대상이 뽕짝이라 노래
의 준거가 돼버린 탓일 게다. 그런데 독서를 할 때도 이와 비슷한
독해 습관이 있었다. 거의 모든 책을 마지막에는 도덕철학서로 해
석하는 이상한 버릇이 한동안 계속됐다. 도덕철학서라는 표현이 부
담스러우면 자기계발서라 해도 무방하다. 읽는 책마다 무의식적으
로 '차카게 살자' 같은 행동강령을 뽑아내는 데 혈안이 돼 있었다는
얘기다. 그래서 표도르 도스토옙스키Fyodor Mikhailovich Dostoevskii

의 《죄와 벌*Prestuplenie i Nakazanie*》은 '죄지으면 벌 받는다', 앙드레 지드*Andre Gide*의 《지상의 양식*Les Nourritures Terrestres*》은 '지구 위의 식량은 모자라서 나눠먹어야 한다', 어니스트 헤밍웨이*Ernest Hemingway*의 《노인과 바다*The Old Man and the Sea*》는 '늙어도 제 밥벌이는 스스로 해야 한다'로 읽었다. 이런 독법 역시 어릴 때 '바른 생활' 책을 지나치게 열심히 외운 나머지 철저한 권선징악 프레임이 내면화됐기 때문에 나타난 현상이지 싶다. 어쩌면 어린 나이부터 팍팍한 세상에 살아남아야 한다는 생존 강박이 모든 상징을 강령으로 해석하게 만들었는지 모르겠다.

대학 2학년 때 니체의 《인간적인 너무나 인간적인*Menschliches, Allzumenschliches*》을 집어든 동기도 비슷했다. '인간적이기 위해 필요한 행동강령을 뽑아내자'는 자기계발의 투지로 충만한 상태에서 책장을 넘겼다. 어라! 근데 이게 뭔가? 인류의 고전으로 분류되는 이 책에 담긴 말들은 '바른생활', '국민윤리' 등등의 도덕교과서를 통해 배운 내용과 어쩜 그렇게 다를 수가 있는가. 존경하던 목사님은 인간이 동물과 다른 점은 잘못을 하고도 반성하는 양심이 있는 것이라고 했는데, 이 책은 "양심의 가책을 느끼는 것은 개가 돌을 무는 것과 같은 어리석은 짓"이라고 하지 않는가. 게다가 "양심의 내용은 유년시절에 우리들이 존경하거나 두려워했던 사람들이 이유 없이 규칙적으로 요구했던 모든 것들"이며 "양심은 인간의 가슴속에 있는 신의 목소리가 아니라, 인간 속에 있는 몇몇 인간들의 목소리"라고 하지 않는가.

나는 당시 이 책을 읽고 사실 좀 놀랐다. 교과서에 비록 "미쳐 죽은 철학자"로 소개돼 있었지만, 명색이 세계적인 철학자가 이렇게 삐딱한 생각으로 일관할 수 있는지 의아했다. 하지만 한편으로 대학은 바로 이런 책도 마음 놓고 볼 수 있는 곳이라 생각해 가슴 뿌듯하기도 했다. 그래서 전공 공부는 별로 하지 않았지만, 니체의 책은 열렬히 사 모았다. 개중 읽은 책은 일부이고, 그나마 극히 일부 내용을 이해한 듯싶다. 그럼에도 나는 예나 지금이나 니체를 잘 알고 있는 것 같은 착각 속에 산다. 그 착각은 이런 느낌에서 비롯된다. 내가 니체의 책에 나오는 대목들을 밑줄 쳐가며 해석할 자신은 없지만, 그리고 니체의 저작들이 서양철학사에서 어떤 위치를 차지하는지 학술적 언어로 정리할 자신은 없지만, 그가 세상에 대해 무슨 말을 하려는지 느낄 수 있다는 감정 말이다. 이는 내가 그에게 공감했다는 얘기고, 어느 한순간 강한 영향을 받았다는 얘기다.

나는 니체를 통해 정치학과 심리학을 배웠다. 대학을 졸업할 때까지 나는 '정치'라는 말에 부정적이었다. 니체는 정치가 싫다고 피할 수 있는 문제가 아니라는 것을 가르쳐주었다. 왜 선한 인간이 늘 패배하는지도 그가 가르쳐주었다. 도덕은 약자들의 심리적 불안을 달래주는 생존 전략일 뿐이라고, 선한 것이 패배하는 것이 아니라 약한 것이 패배하는 것이라고. 그의 방식대로 삶을 바라보면 우리가 생각하는 올바름과 아름다움은 위선적인 환상에 불과하다. '인간적인 너무나 인간적인' 모든 것은 살아남고자 하는 생존의지, 나아가 자신의 힘을 펼치고자 하는 권력의지에 뿌리박고 있다. 이런 삶의 조건에 대한 이해가 없는 착한 마음들 그리고 이를 실천하기 위한 다짐과 행동강령들은 결국 실체가 없는 공포탄이 될 수밖에 없다는 것, 결과적으로 자기기만으로 귀결될 수밖에 없다는 것이다.

그러니 삶을 이해하고 변화시키려면 삶의 뿌리를 이해하고 거리로 다가서라는 니체의 책은 얼마나 훌륭한 자기계발서인가. 성가신 요구들을 쏟아내며 변화를 독려하지만 사실은 삶의 겉가죽을 핥아대는 변죽밖에 없는 요즘의 싸구려 자기계발서들에 비하면 말이다.

실질적 변화는 근원적인 발상의 전환에서 시작된다. 사랑받고 싶어 안달이 난 청춘들에게 니체는 이렇게 말한다. "사랑받고 싶어 하는 욕구는 자만 중에서도 가장 큰 자만"이라고. 독자는 왜 그게 자만이냐고 반문하지 않을 수 없다. 모두가 서로 사랑하면 되지 않느냐고? 그런데 그렇게 세상이 돌아간 적이 없다는 단순한 사실에 주목한다면 왜 사랑받고 싶은 것이 자만인지 질문하게 되고, 이 질문은 인간 존재의 조건에 대한 숙고를 요구한다. 이 숙고의 결과로 사랑받고 싶은 욕구는 사랑하고자 하는 의지로 진화할 수 있다. 에리히 프롬Erich Fromm이 "애정결핍은 사랑받으려는 갈망을 통해서는 결코 채워질 수 없고, 역설적으로 타인을 사랑하는 행위를 통해서만 치유될 수 있다"고 한 것도 아마 그런 숙고의 산물이리라.

《인간적인 너무나 인간적인》에 나오는 수백 개의 아포리즘은 낡은 가치와 믿음에 대한 창조적 파괴의 축제 속으로 독자들을 초대한다. 니체는 위선의 가면을 찢고 악덕을 파괴하는 데 각별한 재주가 있다. 하지만 그 다음에 이루어져야 할 건설 작업에는 별 재능이 없다. 그는 종종 폐허와 평화를 구분하지 않고, 선함과 약함을 분별하지 못한다. 그래서 열정으로 가득 찬 인간들에게 그의 책은 독이 될 수도 있다. 스스로 미덕으로 가득한 삶을 사는데도 뭔가 공허해 자기기만을 의심하는 자의식 강한 사람들에게 그의 책을 권하고 싶다. 니체는 자의식을 열등한 힘이 세계와 관계 맺는 방식으로 생각했지만 말이다. 가슴이 답답해 자신을 뒤집어보고 싶은 청춘들에게 특히 일독을 권한다. 2009

동지애,
박애 그리고
연애

요즘처럼 소통하기 좋은 시대는 없었다. 누구나 글을 알고 미디어는 넘쳐난다. 수많은 말과 글이 전자신호의 형태로 허공을 날아다닌다. 이런저런 연구에 따르면 인간관계는 교류가 많을수록 대체로 호전되는 것으로 알려졌다. 인간은 타인과 소통하면서 안정되고 깊어지기 때문이리라. 그런데 어쩐 일인지 외로움을 호소하는 사람들이 가장 많은 것도 이 시대다. 가파르게 치솟는 자살률은 사라짐을 통해 깊은 고독감을 단 한 번 세상에 전하고자 한 이들의 흔적이리라. 어쩌면 우리는 너무 많은 말을 해서 세상을 듣지 못하고, 너무 쉬이 말을 섞어 마음을 통하지 못하는지 모른다.

고독감을 잊기 위해서는 누군가와 서로 맞닿아 있다는 확신이 필요하다. 그런 느낌은 진실한 마음을 주고받는 관계, 즉 진정성이 소통되는 관계를 통해서만 얻을 수 있다. 그런데 어느 시대건 일상적 수다로 진심을 통하기는 쉽지 않다고 생각했는지, 시대마다 진정성을 소통하는 각기 다른 특별한 방식을 만들어냈다. 고대 그리스인들은 시민으로 정치에 참여하면서 맺는 관계를 가장 중시했다. 폴리스Polis의 공적 의제를 토론하고, 전장에 함께 나가면서 맺어진 관계를 가장 진정한 관계로 여겼다. 공공성을 통해 맺어진 관계가 순수한 사적 관계보다 진정성을 소통하는 데 적합하다고 생각했기 때문이다. 이런 사고는 현대인의 관점으로 이해하기 쉽지 않다. 공적 영역과 사적 영역을 분리하고, 공적 영역의 사무적이고 정략적인 관계보다 친밀성의 세계인 사적 영역에서 이루어지는 관계가 진심을 주고받는 데 더 적합하다 생각하는 것이 현대적 통념이다. 그런데 그리스인들은 왜 정치적 참여를 진정성을 소통하는 출발점으로 생각했을까? 왜 현대인이 가장 진정한 관계라고 믿는 남녀관계와 가족관계를 '자연적으로 존재하지만 사회적으로 중요하지 않은 관계'로 평가절하했을까?

답은 그리스인이 생각한 '정치'의 의미에 있다. 그리스의 정치 형태는 직접민주주의이다. 시민이 광장에 모여 폴리스의 중대사를 직접 결정한다. 현대사회의 정치 형태는 대의민주주의이다. 선거를 통해 대리인을 선출해 통치를 위임한다. 그리스인들은 직접 정치에 참여해 국가의 중대사를 결정했고, 그에 따라 실행된 제도들을 본인들이 향유했기 때문에 정치를 '스스로 삶의 형식을 결정하는 행위'로 여겼다. 삶의 성격은 사회적 조건에 따라 결정되고, 사회적 조건은 정치적 참여를 통해 제 힘으로 만들어나갈 수 있다고 믿었던 것이다. 그러니 자기 삶의 성격을 결정하는 정치적 참여야말로 가장 진정한 관계를 맺는 계기로 생각할 수밖에 없지 않았을까? 아리스토텔레스Aristoteles가 "인간은 정치적Political 동물이다"라고 말한 것도 '폴리스적' 동물, 폴리스에 모여 정치적 참여를 통해 관계 맺는 존재라는 의미이다. 하지만 이 당시 시민은 '재산이 있는 성인 남성'으로만 구성돼 있었다. 여성과 미성년은 시민의 범주 밖에 있었다. 그래서인지 그리스 시민들에게 남녀관계나 가족관계는 운명적으로 휘둘릴 수밖에 없지만 의미 없는 본능적 관계로 평가절하됐다. 반면 전장에 나간 시민 전사들끼리의 동성애는 공공성을 통해 맺어진 사적 관계로 진정성이 높은 관계로 생각됐다. 간단히 말해 그리스인들이 생각하는 진정한 관계를 현대사회에서 찾자면, 정치적 동지애와 학문적 동료애가 적당히 버무려진 관계이다.

기독교가 지배했던 중세 서구는 신과의 내면적 만남이 진정성을 소통하는 지배적 방식이었다. 그들에게 인간의 진심은 신과의 대면을 통해서만 드러나는 것이었다. 따라서 사람들끼리의 진정한 관계도 신과 대면한 두 사람이 신의 뜻에 따라 사랑으로 관계 맺는 것을 의미했다. 이때 사랑은 이웃으로 서로 이타적 관계를 맺는 것을 의미했다. 남녀 간 열정적 사랑은 '다행히 지속 기간이 짧은 정신병의 일종'으로 배척됐다. 사랑은 주는 것인데 남녀 간 사랑은 서로 많이 받기를 갈망하는 정념에 다름 아닌 것으로 생각되었기 때문이다. 이런 사고 역시 현대인들에게는 그리 익숙하지 않다. 아마 지금 누군가 중세적 사고를 통해 재산을 신께 헌납하고 일상의 대부분을 신을 생각하고 있다면 "종교에 미친 거 아니야?"라고 의심받을 개연성이 크다. 현대인은 자유로운 개인 사이의 관계 속에서만 진정성이 소통된다 믿고, 주로 남녀관계나 가족관계 속에서 찾는 경향이 있기 때문이다.

그래서인지 현대인들이 고독감을 잊기 위한 독보적 관계로 연애를 상상한 것은 어제오늘 일이 아니다. 현대 핵가족을 지탱하는 이데올로기인 '낭만적 사랑'을 연구한 재클린 살스비Jacqueline Sarsby에 따르면 두 남녀가 사랑으로 만나 결혼을 통해 가족을 이룬다는 생각은 18세기부터 보편화되었다. 요즘은 결혼을 전제하지 않고 단지 정서적 결핍을 메우는 종합영양제로 연애를 상상하는 사람들이 점점 더 늘고 있다. 간단히 말해, 현대인은 연애를 상상하지 않고는 진정성이 소통되는 진실한 관계를 좀처럼 생각해내지 못한다. 지금의 한국사회를 보라. TV 드라마는 진정성이 소통되는 관계를 하나같이 연애로 설정하고, 최근에는 연애 컨설턴트라는 직업과 연애 학원까지 등장하지 않았는가. 이 정도면 연애가 진정성을 소통하는 유일한 형식이 된 것이라 해도 과언이 아니다. 그런데 과연 연애는 그리스인의 동지애나 중세인의 박애보다 진정성을 소통하는 더 나은 방식일까?

　적어도 연애 초기에는 성욕이라는 강력한 천연 접착제로 관계의 결속을 유지한다. 하지만 관계의 결속 자체가 진정성의 소통을 보증하지는 않는다. 결속의 내용과 양상이 진정성의 소통 여부를 결정한다. 만나서 서로 정신적으로 깊어지고 그 만남이 사회에도 좋은 울림을 주느냐가 관건이다. 성욕은 여기에 양날의 검으로 작용한다. 정신적 노고 없이 외형적 관계를 강화해주지만 오히려 내면적 관계가 형성되는 기회를 박탈한다. 쾌락이 교환되면서 진심이 소통되는 것을 방해하기도 한다는 뜻이다. 서로 사랑했고, 그 사랑은 진지했다고 자부하는 남녀일수록 성적 쾌락의 교환을 진정성의 소통으로 오인하기 쉽다. 평균적인 연애가 '그림 같은 오솔길에서 쉽게 만나 시궁창 같은 진창길에서 어렵게 헤어지는 것'도 이와 관련 있다. 상대에게 받기를 기대하던 성적 환상이 깨지면 그 자리에 남는 남루한 현실에 대해 서로 책임을 묻는 과정을 겪기 때문이다. 진정성이 소통되는 관계는 대개 반대의 경과를 보인다. 성적 환상에 의해 순간적으로 맺어지는 것이 아니라 실제적 생활을 통해 점진적으로 구축되기 때문이다. 따라서 처음 관계 맺기는 어렵지만 일단 만들어지면 오래간다. 그런데 이런 관계는 헤어지기는 오히려 쉽다. 관계가 투명하고 호혜적이어서 마음의 빚이 없다면 헤어지는 상황에 둘 다 동의하고 승복하기 때문이다.

　내 생각에 연애는 사회적 공공성으로 매개된 동지애나 신성으로 이어진 박애보다 진정성의 소통 방식으로 훨씬 불안정하다. 동시에 저열하다. 성적 교환을 진정성의 소통으로 오인하는 충동적 정서 이외에 관계를 통해 보장되는 것이 아무것도 없기 때문이다. 연애에 대한 의존이 깊은 사회일수록 고독감이 깊어지고 포르노가 넘쳐나는 것도 이 때문이지 않을까 싶다. 어쩌면 현대인은 자연환경은 극복했지만 성적 본능이라는 자기 안의 자연을 극복하는 데는 오히려 더 퇴보하고 있는지 모른다. 성적 본능을 매개하지 않고는 진정성을 소통하는 관계를 상상조차 못하니까 말이다.

진정성이 소통되는 상태를 사랑이라 하면 그리스인이나 중세인이 현대인보다 훨씬 사랑으로 충만했던 것 같다. 개인 간 사랑도 사회정의에 대한 열망과 타인에 대한 배려와 헌신을 매개할 때 깊어진다는 것을 알고는 있었으니까. 인간은 애초에 사회적 공동체에 소속되고 신성으로 은유된 가치의 공유를 통해서만 온전한 존재가 될 수 있다는 사실을 깨닫고 있었으니까. 프랑스 철학자 알랭 바디우의 말처럼 "사랑은 둘이 만나 하나가 되는 것이 아니고 더 나은 둘로 사회적으로 존재하는 것"인지도 모른다.

그렇다면 이 시대에 진정성이 소통되는 관계를 열망하는 사람은 과연 어떤 형상으로 출현할까? 연애를 진정성을 소통하는 유일한 형식으로 상상하며 연애 학원에 등록해 기량을 연마하는 사람일까? 아니면 한강에 투신한 성재기 씨를 찾다 우연히 발견된 익명의 시체에 마음을 주고, 민주주의의 기본이 유린된 국정원 사태에 분노하며 항거하는 사람일까? 왜 드라마에는 사랑해서 결혼하는 것이 아니라 사랑하기 위해 결혼한다고 믿고, 타인을 위한 일상적 헌신과 정치적 참여로 두 사람의 관계를 채워가는 커플이 단 한 번도 나오지 않는 걸까? 왜 우리는 성과 핏줄로 연결된 애인이나 가족보다 스승이나 친구 같은 사회적 관계에 더 헌신하면 뭔가 손해 보고 있다는 느낌을 갖게 되는 걸까? 이 사회가 동성 간 결혼을 극구 반대하는 이유도 결국 자연적인 성적 교환과 혈연관계를 만들 수 없는데 대한 거부감을 공유하고 있기 때문 아닐까? 만약 그렇다면 그것은 사랑을 단지 핏줄을 늘리기 위한 촉매제로 여기는 원시 상태의 상상력에 머물러 있다는 얘기에 다름 아니다. 2013

지제크식
이웃 사랑

"네 이웃을 사랑하라!" 예수님 말씀이다. "원수를 사랑하라!" 이 역시 예수님 말씀이다. 말은 쉬운데 행동은 참 어렵다. 혹자는 원수까지는 몰라도 이웃은 이미 사랑하고 있다 할지 모르겠다. 일손이 부족하면 가서 도와주고 명절이면 음식을 나눠먹고 상을 당하면 함께 울어준다고……. 그렇다고 치자.

그런데 이웃의 경계는 어디까지인가? 누가 한번 선을 그어보라. 그 경계 안에 몇 명이나 있는가? 나머지 사람들은 사랑하지 말자는 얘기인가? 박애주의자인 예수님이 그런 명령을 했을 까닭이 없지 않은가? 네 이웃을 사랑하라는 말이 보편적인 윤리적 명령이 되려면 이웃의 특정한 경계를 가정해서는 안 된다. 각기 다른 이웃

사랑이 충돌해 원수로 만날 수도 있을 테니까. 그러면 어쩌라고 예수님은 이런 말씀을 하셨을까?

윤리를 정치적 관점에서 해석하는 철학자 슬라보이 지제크의 견해를 참조해보자. 지제크는 윤리의 관건을 '이웃 사랑'이라고 단언한다. 그에게 이웃은 물리적으로 가까운 거리에 사는 존재가 아니라 각자의 삶이 가장 가깝고 절실하게 관계 맺는 사람들이다. 자본주의사회에서 그런 관계는 자본을 둘러싸고 투쟁하고 타협하고 협력하는 사람들 사이에서 맺어진다. 즉 이해관계로 얽힌 경쟁하는 존재들의 관계가 바로 이웃인 것이다. 주차 공간을 다투는 상가 주민, 승진을 겨루는 입사 동기, 임금 문제로 실랑이를 벌이는 노사가 모두 이웃이다. 가장 직설적인 삶의 현실이 존재하는 곳에서 관계 맺고 있기 때문에 싫든 좋든 가까이 있어야 하는 사람들이 바로 이웃인 것이다. 그래서 이웃은 원수가 되기 쉽고, 바로 그 때문에 이웃 사랑이 윤리의 핵심이라는 얘기다. 결국 '이웃 사랑'은 가장 적나라한 삶의 진실이 드러나는 생산의 장에서 이루어져야 한다는 뜻이다.

이런 식의 '이웃 사랑'은 쉽지 않다. 대개는 거꾸로 간다. 대기업 회장이 노동자를 폭행한 최철원 사건을 떠올려보자. 그는 자신이 경영하는 회사에 대한 불만을 담은 내용으로 1인 시위를 하는 노동자를 맷값을 주고 야구방망이로 구타했다. 그런 그가 모교인 대학에는 15억 원의 장학금을 기부했다. 진짜 이웃은 원수로, 남은 이웃으로 생각한 것이다. 이 사례는 극단적이지만 유사한 행태는 흔하다. 임금을 대폭 삭감해 얻은 이윤으로 교회의 불우이웃돕기에 기부한 경우를 가정해보자. 임금 삭감의 이득은 다수의 이웃에게 고통을 주지만 가치중립적인 '경제적 행위'로 치부되면서 윤리적 비판을 피해갈 수 있다. 반면 이렇게 남은 이득의 일부를 기부하면 선행으로 칭송받으며 단번에 윤리적 영예를 가질 수 있다. 계산에 밝은 인간이라면 어찌 이 방법이 가진 효율의 유혹을 뿌리칠 수 있겠는가.

지제크는 이런 행태, 다수의 이웃을 괴롭혀 남에게 조금 집어주고 윤리적 행위의 영예는 자신이 갖는 것을 '물신주의적 부인'으로 규정하며 강도 높게 비판했다. 희생과 헌신의 제스처만을 윤리적 행동인 것처럼 떠받들면서 이웃의 진정한 고통은 없는 듯 부인하고 있다는 것이다.

이 지점에서 예수님이 "이웃을 사랑하라"는 명령에 "원수를 사랑하라"고 친절하게 각주까지 붙인 이유를 생각해볼 수 있지 않을까? 진정한 이웃은 원수의 모습을 하기 쉬우니 남을 끌어들여 이웃을 외면하는 잔머리를 경계하기 위함이 아니었을까? 다시 말해 희생과 헌신의 제스처를 받아주는 맞춤한 존재만 이웃으로 경계 짓지 말고 상처받은 타자의 얼굴을 마주보라는 요구가 아니었을까?

해마다 연말이면 어김없이 불우이웃돕기 구호가 등장한다. 소녀가장이나 독거노인 같은 존재들이 그 대상이다. 자선의 효과가 가장 가시적으로 드러나는 '맞춤형 자선'의 대상이다. 표를 찾아다니는 정치인들은 이들과 함께 사진 찍기를 좋아한다. 대중의 눈높이에 맞춰 자신을 연출하는 정치인들이 그렇게 한다는 것은 대개의 사람들이 행하는 이웃 사랑을 비슷한 방식으로 상상하고 있다는 것이다. 사실 우리는 (감전사고 등으로) 사지를 잃은 장애자가 길바닥에 엎드려 들이미는 동냥냄비보다 구세군의 자선냄비에 적선하길 더 좋아한다. 그 이유는 다를 수 있다. 혹자는 눈앞에서 구걸하는 장애자의 뒤에 '앵벌이 조직'이 있다고 의심할 수 있다. 또 다른 이는 가장 도움을 필요로 하는 이웃을 구세군이 가장 잘 판단해주리라 믿을 수 있다. 단지 '직거래'보다 '중개상을 거치는 것'이 안전하고 효율적인 기부 행위라 생각할 수 있다는 것이다. 하지만 어떤 경우든 이런 이유는 기부를 단지 물질적 증여로만 생각하고, 공여자와 수여자가 마음을 나누고 관계 맺을 수 있다는 사실을 간과한다. 여기서 자문해봐야 한다. 우리는 가장 명백한 자선의 대상이 눈앞에 있는 것보다 멀리 가상으로만 있는 쪽을 더 편안해하는 것은 아닌가? 기부를 통해 '적선의 대상'이 나를 쳐다보는 것보다 '다수의 사람'이 '적선하는 나'를 바라봐주기를 더 원하고 있는 것은 아닌가?

자선에는 두 가지 형태가 있는 듯싶다. 자기만족적 자선은 자선의 대상에 별 관심이 없다. 대상을 고르더라도 상대가 얼마나 도움이 필요한가보다 도움이 얼마나 가시적 효과를 나타내는지가 기준이 되기 쉽다. 그래서 치유가 어려운 불치병 환자보다는 공부 잘

하는 소녀가장이 더 적합한 자선의 대상이 될 수 있다. 자선을 통한 사태의 변화를 직접 느낌으로써 보다 더 분명하게 자선의 즐거움을 향유하고 싶기 때문이다. 자기만족적 자선은 상대의 불우함이 무능이나 운명적 불운 때문이라고 전제하는 경향이 있다. 모든 약자는 '사회적으로 만들어진 약자'가 아니라 '개인적으로 타고나거나 스스로 처지를 자초한 실존적 약자'로 간주되는 것이다. 그래서 자선 행위는 상대에 대해 어떤 부채도 없는, 유능하거나 운이 좋은 자의 순수한 도덕적 결단의 산물이다. 이 경우 자선은 언제나 '시혜적 자선'의 성격을 띨 뿐, 물질의 증여를 통해 이웃과 관계 맺고자 시도하지 않는다. 물질은 주어도 마음을 직접 내주지는 않는 것이다. 이런 식의 '이웃 사랑'은 이웃을 돕는 이벤트로 불우한 이웃의 존재를 가리고, 나아가 이웃을 불우하게 만드는 불평등한 사회적 조건마저 가린다.

타자 지향적 자선은 자기만족적 자선의 이 모든 경향과 반대다. 모든 약자는 기본적으로 사회적 약자이므로 사회구성원은 어느 정도 자선의 의무를 갖는 것을 전제한다. 이 때문에 불우한 처지에 있는 타자와 관계 맺기를 거부하지 않고, 가시적인 자선의 효과에 집착하지 않으며, 자선을 바라보는 타인의 시선을 의식하지 않는다. 무엇보다 타자 지향적 자선은 불우해지기 전에 이웃을 돕는 것, 이웃의 정당한 권리를 인정하는 것을 가장 바람직한 자선의 형태로 간주한다. 그것이 자선의 대상이 가장 많은 것을 얻으면서, 자선의 주체가 생색내지 않는 최초의 이웃 사랑이기 때문이다. 지제크가 말하는 이웃 사랑의 방식도 결국은 원래 대상의 권리를 빼앗아 일부를 돌려주면서 생색내지 말고 그들의 정당한 권리를 처음부터 인정하라는 것에 다름 아니다. 2010

2부

윤리-
정치적 주체:
소크라테스,
예수, 브루노

소크라테스Socrates는 서양철학의 비조로 4대 성인 중 한 사람
으로 꼽힌다. 학교교육을 통해 얻은 소크라테스에 대한 내 기억은
딱 두 가지다. 대단한 철학자이지만 아테네 법정에서 사형을 선고
받고 독배를 마셨다는 것. 준법을 매우 강조해 죽는 순간에도 "악법
도 법이다"라는 말과 함께 "이웃에게 빌린 닭 한 마리 갚아달라"는
유언을 남겼다는 것. 물론 내 기억이 수정되는 데는 그리 오래 걸
리지 않았다. 대학에 들어가 들춰본 이런저런 철학서에 따르면 소
크라테스는 "악법도 법이다"라고 말한 적이 없고, 그가 저작권자처
럼 유통되던 "너 자신을 알라"도 델포이 신전에 새겨진 말이었다.
그가 사형당한 죄목은 불경죄로 젊은이를 현혹하는 새로운 종교로

끌어들인다는 것이 처벌의 표면적 이유였다. 하지만 실질적 속사정은 당시 귀족계급과 민주주의 세력의 권력 다툼에서 소크라테스가 귀족을 옹호한 데 대한 민주주의 세력의 정치적 보복 성격이 강했다.

이런 상황에서 감옥에 있는 소크라테스는 무슨 생각을 했을까? 정말 자신에게 사형선고를 내린 법을 지켜야 된다고 생각했을까? 아니면 '악법은 악이다'라고 생각했을까? 그의 심사를 우리가 알 수는 없지만 독배를 마시는 마지막 순간을 준법정신의 발로로 해석하는 것은 세계 철학 야사에 길이 남을 우스개다. '악법도 법이다'라는 말을 설령 소크라테스가 했을지라도 그것을 '악법도 법이니 지켜야 한다'로 해석하는 것은 무리가 있다.

'악법도 법이다'는 전혀 다른 두 가지 의미를 함축한다. 우선 '악법도 일단 지켜야 된다'는 의미가 있다. 여기에 대해서는 '악법은 악이다'로 반론할 수 있다. 그런데 '악법은 법이다'나 그 반론인 '악법은 악이다'는 특정 실정법(조항)의 정당성을 둘러싼 논란이다. 문제의 법(조항)을 개정하거나 폐지하면 사태는 해결된다. 정상적인 민주사회라면 쉽게 해결할 수 있는 문제다. 그러니 악법이 법이니 악이니 논쟁하는 시간에 그냥 고쳐버리는 게 낫다.

그런데 '악법도 법이다'는 특정 법조항의 문제가 아니라 법 자체가 지닌 한계를 지시하는 의미로도 해석할 수 있다. 즉 법은 어떤 법이든 그 자체로 악법의 소지를 갖고 있다는 뜻이다. 왜냐하면 악법도 법으로 제정되면 법으로서 효력이 생기는데. 그게 특정 법조항의 힘이 아니라 법 자체의 형식에 내재하는 힘이기 때문이다. 법은 그 내용의 정당성과 무관하게 강제하는 의지가 본성이므로, 악도 법의 형식 속에 편입되면 법이 되는 것이 특수한 예외가 아니라 법의 보편적 속성이라는 얘기다.

그러니 생각해보라. 만약 소크라테스가 "악법도 법이다"라고 말했다면 어떤 의도로 했을지. 두 번째 의미로 추론하는 것이 앞뒤가 맞는 해석 아닐까? 그리고 이 지점에서 "빌린 닭 한 마리 갚아 달라"고 유언한 취지를 생각해보라. 법에 대한 존중이 아니라 법에 대한 외면 내지 경멸의 발로가 아니었을까? 법은 '이웃에게 빌린 닭 한 마리를 갚으라'고 직접 명령하지 않는다. 만약 소크라테스가 닭을 갚지 않은 데 분개한 이웃이 소송을 하면 그때 채무이행을 강제하거나 처벌한다. 그런데 소크라테스는 죽음을 앞두고 있기 때문에 빌린 닭을 갚지 않아도 법은 실질적 제재를 가할 수 없다. 자신의 존재를 증명할 수 있는 길이 없는 상황에 놓인 것이다. 소크라테스는 그 사실을 알고 있다. 그럼에도 그가 굳이 닭 한 마리 갚아달라고 자신의 의지를 유언으로 강조한 것은 준법 행위가 아니라 법과 무관하게 자신이 설정한 윤리를 실천하려는 행위로 봐야 하지 않을까? 이를 통해 소크라테스는 법과는 무관하게 윤리적 행위가 가능하다는 것, 법은 윤리적 행위와 무관하다는 것을 보여줌으로써 법의 무용성을 드러내려 했던 것이 아닐까?

소크라테스의 삶을 요약하면 자신의 철학에 따라 윤리적 삶을 산 사람, 이 때문에 법의 심판을 받고 사형당한 사람, 가장 윤리적으로 시작해 가장 정치적으로 끝난 사람이다. 그는 내가 아는 한 역사에 기록된 최초의 윤리-정치적 인간이다. 윤리-정치적 인간은 윤리적 실천을 정치적 행위로 간주하는 인간, 정치를 스스로 삶의 형식을 결정하는 과정으로 보는 사람이다. 그런데 서구 문명의 최고 발명품인 민주주의의 원조 그리스에서 법의 심판을 받은 사형수가 최초의 윤리-정치적 인간이라는 사실은 무엇을 말하는가? 소크라테스의 윤리적 삶이 그 시대의 통치와 충돌한다는 뜻이고, 곧 통치의 준거인 아테네 법에 반윤리적 속성이 있다는 사실을 말하는 것 아닐까? 그런데 그 법의 반윤리성이 당시 아테네 법정의 특수한 사정일까? 다만 특정 법조항의 내용 혹은 적용이 후진적이어서 그런 사태가 벌어진 것일까?

서구 문명이 그리스의 철학과 민주주의를 정신의 원형으로 자랑한다면, 로마의 법과 건축은 생활의 원형으로 뽐낸다. 그런데 그 서구인들이 지금까지 가장 열렬히 숭배하는 인물인 예수는 바로 로마법에 따라 십자가형에 처해졌다. 예수가 처형된 배경에 대해 복음서에 기초한 종교적 해석과 문헌에 기초한 역사적 해석이 차이를 보인다. 종교적 해석은 예수가 '하느님의 아들', '유대인의 왕'을 자처하는 데 분노한 유대인이 로마 총독 빌라도Pontior Pilatos에게 예수를 모함해 처형하도록 했다는 것. 그래서 예수가 처형된 십자가에 걸린 공식 죄목은 '유대인의 왕 나사렛 예수'라는 것이다.

역사적 해석은 예수가 유대 군중을 선동해 로마의 통치에서 벗어나기 위한 혁명을 선동하다 사형당했다는 것이다. 어느 쪽이든 예수가 처형된 배경에 관한 사실 해석은 중요하지 않다. 어차피 그 사실은 기록자의 시각으로 각색된 부분적 사실일 개연성이 크기 때문이다. 그래서 성서를 통해 알려진 예수의 행적으로부터 처형된 이유를 추론하는 것이 오히려 더 설득력 있지 않을까 싶다.

예수는 하느님의 아들을 자처했지만, 이 사실을 하느님을 믿지 않는 똑똑한 유물론자 로마인들이 황제에 대한 반역으로 간주했을 리 없다. 예수가 로마 권력을 부정하는 정치적 반역 행위를 했을 수도 있지만 입증할 수 없으니 논외로 하자. 그렇다면 예수의 처형 배경을 둘러싼 설득력 있는 이해를 얻기 위해 우리가 할 수 있는 것은 복음서에 기록된 예수의 사상과 행적이 반역죄가 될 만한 것이었는지 따져보는 일만 남는다. 그의 사상과 행적은 성서에 기록되어 비교적 분명하게 알려졌기 때문에 방대하고 무한한 해석의 가능성이 있다. 하지만 여기서는 슬라보이 지제크의 견해를 빌려 예수 사상의 요체는 "네 이웃을 사랑하라"는 한마디로 압축된다고 가정해보자. 그렇다면 어떻게 이웃 사랑을 설파한 이가 사형수 정치범이 될 수 있는지 의문이 든다. 그런데 로마의 판관들은 '이웃 사랑=반체제'의 등식을 이끌어냈다. 요즘의 법률 상식으로 보면 우스개 같은 이 논리가 심오한 정치적 결단이라는 사실은 정신분석학자 줄리아 크리스테바Julia Kristeva의 생각을 엿보기만 하면 알 수 있다.

크리스테바는《사랑의 역사Histoires d'amour》에서 모든 정신병의 뿌리는 한 가지, '사랑의 결핍'이라고 주장한다. 그에게 인간 본성은 사랑인 것이다. 정상적인 삶을 위해 필요한 것은 충분한 사랑이라는 애기다. 권력은 부족한 사랑을 채우는 사회적 보충물이다. 권력은 사람을 곁에 잡아둘 수 있지만 마음을 얻기는 어렵다. 목숨을 바칠 정도로 충성스러운 신하가 있을 수 있다. 이 순간 권력자는 잠시 마음이 흡족하다. 하지만 순간이다. 이런 신하는 드물다. 지속적인 충성이 뒤따르지 않으면 권력자의 결핍은 채워지지 않는다. 그래서 늘 고독하고 만성적 애정결핍에 시달린다. 이 때문에 스스로 결핍을 메우기 위해 자신과 타인의 비교우위에 몰입하는 나르시시즘에 함몰되기 쉽다. 나는 있고 타인은 없는 바로 그것! 권력의 크기를 최대한 부풀려 결핍을 메우고자 많은 타인을 불러들여 상주고 벌주는 퍼포먼스를 벌인다. 그리하여 권력자는 여기에 호응하는 두 종류의 인간, 권력을 욕망하는 자(아첨꾼은 권력자에게 만족감을 선물한다)와 죄짓는 자(반역자는 권력자의 존재를 정당화한다)를 가장 사랑한다.

권력자는 자신의 초대에 응하지 않는 무구한 자, 권력 없이도 행복한 자족적 인간에게 극히 분노한다. 그들은 권력의 무용성을 온몸으로 고발한다. 그런데 그들이 다름 아닌 서로 사랑하는 자들

아닌가. 사랑은 서로의 결핍을 채워준다. 비교해야 할 타자도 희생시킬 타자도 필요하지 않다. 간단히 말해 권력 자체가 필요 없다. 그래서 권력자가 진정으로 갖고 싶지만 결코 갖지 못하는 것이 사랑하는 자의 내면이다. 이를 파괴함으로써 열등감을 극복하려는 충동은 권력자에게 거의 본능적인 것이다.

이 지점에서 "네 이웃을 사랑하라"는 말의 의미를 생각해보자. 이웃의 경계는 어디까지인가? 가족? 같은 아파트 단지? 그 단지 안 사람에게 단지 밖에 사는 친구는 이웃이 아닌? 그 친구의 이웃과 그 이웃의 이웃이 연결되면 사실상 이웃의 경계는 사라진다. 그러니 네 이웃을 사랑하라는 말은 '모든 인간을 경계 없이 사랑하라'는 의미이다. 인간 본성을 사랑으로 인식하고 집단적으로 이 꿈을 실현하라는 명령이자, 권력의 문법을 경멸하라는 유혹에 다름없다.

로마 판관의 논리는 과한 것이지 틀린 것이 아니다. 어쨌거나 예수도 소크라테스처럼 윤리적으로 시작해 정치적으로 끝난 인간이 되고 말았다. 그렇다면 그를 십자가형에 처한 로마법이 반윤리적 법이었다는 논리가 가능하지 않을까? 이러한 결과 역시 단지 당시 로마법 특정 조항의 후진성 때문이라고 재단할 수 있을까? 혹시 소크라테스나 예수를 사형에 처하도록 한 악법성이 법에 내재하는 어떤 보편적 속성은 아닐까? 적어도 윤리-정치적 인간에게는 말이다.

이 같은 추론을 뒷받침하는 또 다른 역사적 사건은 1600년 이탈리아 로마에서 일어난 조르다노 브루노Giordano Bruno의 사형이다. 이탈리아 르네상스기의 자연철학자이자 유물론자인 브루노는 스콜라철학과 가톨릭교회에 반대했다는 죄목으로 종교재판에 회부돼 화형에 처해졌다. 그는 니콜라우스 코페르니쿠스Nicolaus Copernicus의 지동설에 자극받아 세계는 우주의 법칙에 따라 운행된다는 범신론적 사상을 설파했는데, 이것이 신을 부정하는 행위로 비친 것이다. 현대인의 관점에서 보면 지극히 상식적 주장을 했는데 사형당한 셈이다. 그런데 그를 사형에 처한 교회법은 바로 예수의 사상을 숭배하는 가톨릭교회의 법 아닌가? 예수를 사형에 처했던 로마인의 사고는 브루노의 사상에 가깝다. 그리스 자연철학을 계승하고 유물론적 사고를 했다. 이 사고 틀이 법이 되자 이웃 사랑과 하느님에 대한 복종을 설파하는 예수를 사형에 처했고, 예수의 사상이 법이 되자 자연철학과 유물론을 설파하는 브루노를 화형에 처했다. 이것이야말로 아이러니 아닌가?

자신이 설정한 진정성에 따라 실정법을 위반하고 윤리적 실천을 하는 인간을 흔히 '안티고네형 인간'이라 부른다(그리스신화에 등장하는 안티고네는 왕의 명령을 어기고 오빠의 장례식을 치른 뒤 스스로 목숨을 끊었다). 그런데 이런 유형의 인간은 20세기에도 지속적으로 출현했다. 최근 현대사만 톺아봐도 법의 심판을 받고 '존경받는 범죄자'가 된 인물이 한둘이 아니지 않은가. 이때 법은 도대체 무엇인가? 우리는 흔히 법을 '최소한의 윤리'라고 상상한다. 그렇다면 어떻게 현재 우리가 윤리적 인간이라 인정하는 소크라테스나 예수, 브루노 같은 인물이 법의 이름으로 처형될 수 있는가? 단지 당대 실정법의 후진성 혹은 재판관의 잘못된 법 적용 탓으로 치부할 수 있는가? 그렇다면 그 이후 지속적으로 출현하는 윤리 – 정치적 인간이 어떤 형태든 법의 이름으로 심판받는 상황은 어떻게 설명할 수 있는가? 그들의 공통점은 당대 지배 권력의 논리에 반대하는 사상을 설파했거나 행동했다는 것뿐이다. 그렇다면 법은 어떤 시대든 권력의 논리를 표상하는 형식이며, 법의 본성은 실정적 내용과 무관하게 강제하는 형식 자체에 있다고 보는 것이 타당하지 않을까?

이탈리아 정치철학자 조르조 아감벤Giorgio Agamben은 《호모 사케르Homo Sacer》에서 법 구조에 대한 분석을 시도하는데, 요체는 '효력을 갖지만 의미는 없는 형식적 구조'라는 것이다. 쉽게 말해 법은 '하라!'고 명령할 뿐 무엇을 하라고 구체적으로 지시하지는 않는다는 것, 법의 본성은 강제하는 형식에 있지 그 실정적 내용에 있지 않다는 것이다. 혹자는 '그러면 법조문에 구체적으로 명시된 항목들은 다 뭐냐'고 질문할 수도 있다. 법의 실정적 내용을 구성하는 법조문은 '하지 마라'는 금지 항목들뿐이다. 이 금지 항목들을 다 지킨다 해서 무엇을 해야 하는지 우리는 절대 알 수 없다. 아무것도 하지 않고 허송세월하는 인간을 상상해보라. 그보다 더 준법적인 인간이 어디 있겠는가. 법은 자식에게 잔뜩 기대를 하면서 무엇을 기대하는지는 말하지 않고 자식이 하는 것마다 못마땅해 잔소리하는 부모와 같은 존재이다. 그럼 이 자식은 어떤 태도를 보일까? 부모가 진정으로 원하는 것이 무엇인지 알기 위해 이런저런 시도를 해보다 결국 좌절하지 않을까? 이 지점에서 그는 어떤 감정을 느낄까? 부모에게 버림받았다는 감정과 부모의 강한 속박을 동시에 느끼지 않을까? 아감벤은 이 상태를 법과 인간(벌거벗은 생명)이 관계 맺는 고유한 방식으로 보았다.

그리고 이러한 법의 형식과 대응하는 삶의 형식이 무엇인가 질문한다. 유효하지만 의미 없는 법에 복종하는 삶이란 어떤 삶인가? 아감벤의 답변은 "무고한 몸짓 또는 잠시의 방심조차도 극히 끔찍한 결과를 유발할 수 있는 예외 상태의 삶"이다. 그것은 허무주의의 삶이며 전체주의를 잉태한 광기의 삶이기도 하다. 부모와 자식 관계에 비유하면, 알 수 없지만 집요한 부모의 기대를 충족시키기 위해 착란상태에서 어떤 일이든지 벌이는 삶이다. 이 노예적인 상황을 벗어나려면, 부모의 기대와 무관하게 스스로 삶에 의미를 부여하는 인격체로 독립해야 한다. 마찬가지로 인민은 법과의 관계를 벗어나 스스로 삶의 형식을 만들어나가야 한다. 아감벤은 이러한 행위를 정치의 고유한 의미로 봤다. "정치란 달리 말해서 인민의 생명에 일정한 형식을 부여하는 것"이다. 삶의 형식을 스스로 결정함으로써 효력은 있지만 의미가 없는 법의 공백을 메워나가는 것이 정치라는 얘기다.

이렇게 보면 법은 권력의 논리가 관철되는 절차적 과정으로 상대화되며, 결국 우리가 주시해야 하는 것은 법의 실정적 내용을 형성하는 권력 자체의 성격이다. 그런데 권력은 본성상 사랑하는 자의 삶, 즉 윤리적 삶을 억압한다. 윤리적 인간은 필연적으로 권력과 충돌한다. 그래서 윤리적 삶을 사는 인간은 결과적으로 윤리-정치적 인간이 될 수밖에 없다. 윤리-정치적 인간은 삶을 인간과 인간 간 사랑의 교환으로 가정하고, 법을 그 관계에서 행위를 여과하는 최소한의 장치로 생각한다. 한마디로 강제하는 법의 형식을 거부하고 실정적 내용의 정당성을 질문하면서 자신이 무엇을 해야 하는지 고민한다. 반면 법과 윤리를 동일시하는 준법적 인간은 법의 명령에 복종하는 것을 행위의 목적으로 삼는다. 그는 강제하는 법의 형식을 실정적 내용으로 오인한다. 그의 윤리는 텅 빈 공백으로 남으며, 정치는 법제도적 질서 속에서만 상상된다. 여기에는 스스로 삶을 변화시킬 어떤 단서도 없다. 그의 삶은 타자와의 대면으로 나아가지 못하고, 법과 거기에 복종하는 자신에 대한 응시로 끝날 뿐이다. 사회현상을 보는 두 시각의 차이를 보자.

흡연에 대한 최근의 정책 기조는 강력한 규제다. 금연 장소를 늘리고 담뱃값 대폭 인상을 추진하고 금연 계몽 활동을 펼친다. 취지는 흡연자의 '피울 권리'와 비흡연자의 '피할 권리'를 동시에 보장하는 것이다. 그런데 왜 법은 유독 담배 파는 자의 권리에는 손을 안 대는 것일까? 담뱃값을 높여서 담배를 끊게 하는 것보다 담배 파는 자에게 엄청난 세금을 매겨 폐업하도록 만드는 것이 더 확실하지 않을까? 파는 자의 이익을 보장하면서 흡연자에게 세금까지 거두는 정책을 과연 국민 건강이라는 이름으로 시행해도 되는 걸까? 지금 흡연을 규제하는 방법은 마지막까지 흡연자를 쥐어짜는 일종의 착취 아닌가?

도박은 개인이 하면 범죄이지만 국가가 카지노를 만들면 산업이 된다. 외국인이 한국에서 하면 산업이고 내국인이 해외에서 하면 범죄가 된다. 강원랜드 주식을 사면 투자고 그곳에서 도박을 하면 못난 짓이 된다. 고객을 사실상 범죄자로 만드는 유일한 합법적 산업인 셈이다. 고객을 처벌하려면 그보다 더 무겁게 업자와 투자자를 처벌하는 것이 맞지 않는가? 도박 정책 역시 카지노 자본의 이윤을 보장하는 과정에서 발생하는 사회적 문제를 도박 중독자에게 전가하는 것 아닌가?

윤리-정치적 인간이 이렇게 질문하는 동안 준법적 인간은 담배회사와 카지노에 투자해 얻는 이윤의 정당성을 확신한다. 동시에 흡연자에게 세금을 거둬 사회적으로 유익하게 쓰는 것, 도박 산업으로 번 국부 증대를 공리의 증대로 확신한다. 준법적 인간은 그것이 다수의 '상황적 강자'가 소수의 '상황적 약자'를 착취하는 구조라고 생각하지 않는다.

둘은 《심청전》을 감상하는 방식도 다르다. 즉각적인 규범적 교훈을 찾아 헤매는 준법적 인간은 심청전의 스토리를 직설로 받아들여 효심에 관한 계몽적 소설이라 여긴다. 반면 현실적 맥락에서 타자의 삶을 이해하려는 윤리-정치적 인간은 조선시대 어느 성매매 여성의 인생역전 드라마로 해석한다. 그는 조선시대 사람들이 해저 용궁을 믿었다고 생각하지 않는다. 그 대신 《심청전》의 작가가 스토리를 구성하는 과정에 다음과 같은 사연이 있지 않을까 상상할 줄 아는 인물이다.

작가는 양반의 서얼 출신으로 출세가 좌절된 울분을 풀기 위해 기방을 드나들던 인물이었다. 그곳에서 아버지의 병을 고치려 300냥에 팔려온 어느 기생의 이야기를 듣게 된다. 기생을 직접 면담한 그는 기생의 입에서 터져 나온 이 한마디를 듣는다. "아버지 눈이 중요하지 그까짓 정조가 뭐 그리 중요해요." 당대 규범을 단박에 뭉개버리는 이 불온한 진정성과 서얼의 정치적 저항의식이 스파크를 일으키고 둘은 사랑에 빠져 즉각 둘만의 혼례를 올린다. 남자는 러브스토리를 소설로 쓰고 싶어 몸이 달 대로 달았지만, 직설로 쓰면 목이 달아날 것 같아 기막힌 알레고리를 생각해낸다. 기방은 물살 거친 인당수로, 인신매매를 일삼는 건달패거리는 뱃사람으로, 심청이를 구원한 자신은 용왕으로 꾸며낸다. 결국 윤리-정치적 인간에게 《심청전》은 효심이라는 당대 규범을 넘어서서 타인을 위해 자신을 헌신한 진정성의 서사로도 읽을 수 있다.

그가 가족의 생계를 위해 노동으로 생각하며 스스로 성매매에 뛰어든 여성에 대해 어떻게 생각할지 상상해보라. 이 여성을 처벌하는 현행법의 논리 역시, 통념상 멸시받는 성매매 여성이라는 소수 상황적 약자를 다수 상황적 강자의 성의식(성은 절대 상품화돼서는 안 되는 고귀한 것이라는 관념)을 지키기 위한 희생양으로 삼는 것은 아니냐고 질문하지 않을까?

윤리-정치적 주체가 된다는 것은 사회구조적 약자와 상황적 약자를 동시에 의식한다는 의미이다. 권력의 문법으로 구조화된 일상에서 윤리-정치적 실천은 쉽지 않다. 권력구조에 편입된 구조적 강자와 다수 상황적 강자의 저항을 동시에 받기 때문이다. 그 저항은 더러 법의 처벌이라는 공공연한 방식을 띠기도 한다. 예수가 십자가에 못 박힌 것도 그 때문 아니었을까? 그럼에도 윤리-정치적 실천에 대한 꿈을 꿔야 하는 것은 그것만이 삶을 권력 대신 사랑으로 조직하는 근본적 변화의 유일한 방법이기 때문일 것이다. 2013

사이버 폭민과
애국주의

　요즘 학교 폭력은 다수가 한 명을 집중적으로 괴롭히는 집단 따돌림 형태가 많다. 이런 형태의 폭력은 피해자의 고통과 가해자의 가책 사이에 심각한 괴리가 있다. 피해자는 엄청 괴로운데 가해자는 별다른 죄의식을 느끼지 못한다. 대개 가해자들이 가해의 책임을 서로에게 전가하는 집단 속에 파묻혀 있는 데다, 그럴듯한 가해 명분까지 공유하고 있기 때문이다. 그래서 가끔은 가해행위가 가해 집단 안에서는 대의명분을 실행하는 헌신으로 해석되기도 한다. 상황이 이렇게 되면, 피해자의 고통에 대한 공감의 자리를 가해의 쾌락에 대한 도취가 대신한다. 이런 유형의 폭력, 즉 '대의명분의 등 뒤에 숨은 집단 폭력'은 폭력 중에서도 가장 위험하다. 만취 상태로 도로를 질주하는 음주운전자처럼 자신이 무엇을 하는지 전혀 모르거나 폭주에서 쾌락까지 느끼기 때문이다.

이런 형태의 폭력이 역사적 사건으로 돌출된 대표적 사례가 나치 체제 같은 전체주의다. 알다시피 전체주의는 대의명분을 앞세운 대중운동이 국가의 비호 아래 무수한 희생자를 초래한 정치적 폭력이다. 어떻게 인간 이성에 대한 믿음이 확고한 20세기에 가장 이성적이어야 할 국가가 중심이 되어 집단적 폭력을 자행할 수 있단 말인가? 이 질문을 아주 심각하게 던진 사람 중 한 명이 한나 아렌트Hannah Arendt다. 아렌트는《전체주의의 기원The Origins of Totalitarianism》에서 전체주의가 가능한 제1조건으로 '잉여 인간'을 꼽는다. '잉여 인간'은 20세기 대중사회가 출현하면서 등장한 '조직되지 않은 대중, 절망적이고 증오로 가득 찬 개인들의 집합', '모든 계급의 실패자', '어떤 공동체에도 속하지 않는 잉여 집단'이다.

잉여 인간이 '게르만족의 정복은 자연법칙'임을 천명하는 대중운동의 도그마를 만나면 '폭민mobs'이 된다. 전체주의는 폭민의 조직화이며 '폭민의 정권'에 다름 아니라는 것이 아렌트의 분석이다. 자아 존재감이 극히 낮은 잉여 인간을 대중운동의 주체로 가담시키려면 문턱이 낮아야 한다. 어느 보험사의 광고 문구처럼 "묻지도 따지지도 않고 가입"시켜야 한다. 히틀러의 나치즘은 역사의 주체가 되는 조건이 단지 '게르만 혈통'이었다. 게르만이면 누구나 운동의 주체가 될 수 있었다. 쓸모없는 잉여 인간이 하루아침에 숭고한 운동의 주체로 등극했던 것이다. 이 지위를 잃지 않기 위해 폭민은 도취 상태에서 운동의 도그마가 지시하는 사명에 목숨을 건다. 유대인 학살 같은 만행은 이 지점에서 발생한다. 다시 잉여 인간으로 추락할지도 모른다는 불안 때문에 양심의 가책 따위는 잊어버리는 것이다.

북한의 대남 선전 사이트 '우리민족끼리' 회원 가입자에 대한 사이버 신상 털기 운동을 보면서 전체주의의 징후를 느끼는 것은 나쁜일까? 수사를 통해 진실이 밝혀지기 전에 범죄자 낙인을 찍어 신상을 유포하고, 애국주의를 내세워 분노와 증오를 선동하는 행태가 인민재판이 아니고 무엇인가? 애국주의 도그마에 헌신하는 폭민과 국가에 헌신하는 애국적 시민을 분간하지 못하는 것이야말로 스스로 잉여 인간임을 고백하는 꼴이 아닌가?

북한의 도발 위협으로 한반도에 군사적 긴장이 팽팽한 현 정세에서 애국하는 길이 무엇인지 질문해보자. 정부가 대화를 통해 긴장을 완화하도록 시민 각자가 할 수 있는 일을 하는 것이 정답 아닌가. 애국은 결국 국민 전부의 삶을 사랑하는 것이어야 하고, 그렇다면 전쟁의 위험을 줄이는 것이 맞지 않는가. 그럼에도 남북 대결 국면에 편승해 애국이란 명분을 내세우고 마녀사냥에 몰입하면서 외부의 긴장을 내부로 끌어들이는 이들은 누구인가. 그들이 누구든 간에 그 행위의 본질은 실질적인 애국 행위가 아니라, 다만 애국주의라는 도그마에 매몰된 폭민의 폭력이라는 점을 구별할 필요가 있겠다.

　민주주의 발전에 두 개의 적이 있다. 위에서 억압하는 독재 정권과 아래서 뿌리를 좀먹는 폭민의 성장이다. 현대사회는 후자의 위험이 더 크다. 아렌트가 경고했듯이 전체주의는 과거형이 아니라 현재진행형이다. 크고 작은 문화적 전체주의 성향들이 해소되지 않으면 언제든지 전체주의 정권이 도래할 수 있다. 사이버 폭민의 마녀사냥은 전형적인 전체주의 행태다. 폭민의 성장을 억제하는 것은 주체적인 시민의식이다. 현재 한국사회에서 시민의식의 성장을 지연시키고 폭민을 유발하는 가장 결정적인 사회병리는 무지와 증오와 애국의 요란한 결합이 아닐까 싶다. 2013

불량한 경험

한 대학에서 기말시험 감독을 하다 겪은 일이다. 한 학생이 답
안지를 제출하면서 할 말이 있는 듯 우물쭈물했다. "무슨 일이냐?"
묻자, 학생은 낮은 목소리로 "선생님, 제 앞자리 두 명이 시험 시작
부터 커닝 페이퍼를 보고 있어요"라고 했다. 나는 학생이 알려준 자
리를 주시했다. 과연 그랬다. 한참 관찰하다 현장을 덮쳐 '범행 도
구'를 압수했다. 그런데 문제의 페이퍼에 깨알처럼 박힌 활자는 논
술식 문제에 도움이 안 되는 한심한 내용이었다. 그래서였을까? 나
는 범인에 대한 분노보다 제보자의 인정머리 없음이 오히려 더 씁
쓸했다(이런! 선생이란 사람이 평가의 공정성을 위한 주옥같은 제보를 그
렇게 삐딱하게 보다니!).

24년 전 같은 학교 한 강의실에서 나는 비슷한 마음 상태를 경험한 바 있다. 학과 공부와 거리가 먼 대학 첫 학기를 보내고 '정치학 원론' 기말시험을 맞은 나는 앞자리의 친구에게서 '비급'이 날아오기를 초조하게 기다리고 있었다. 감시가 삼엄한 탓인지 친구는 매우 느린 속도로 시험지를 메워나갔고, 약속했던 '비급'은 끝내 오지 않았다. 전날 나는 다른 과목의 답안을 복사하듯 날려줬는데, 그는 공정거래 혹은 경제정의 개념이 전혀 없는 인간이었다. 그날 이후 한 학기 동안 쌓은 우리의 우정은 재가 됐다(어머나! 대학생이 커닝이라는 범법 행위의 공범 여부로 우정의 깊이를 판단하다니!).

사회에 나와서도 '불량한 경험'은 계속됐다. 대학 졸업 후 신문사 기자로 있을 때 기자 10여 명이 모 방송국 드라마 촬영현장을 취재하러 갔다. 홍보 담당자가 아직 촬영도 시작하지 않은 드라마를 "잘 봐달라"며 '생활 보조금'이 든 봉투를 돌렸다. 집이 부유하거나 마음이 부유한 몇은 돌려주었고, 푼돈을 소중히 여기는 나머지 몇몇은 받았다.

며칠 뒤 한 통의 전화를 받았다. 평소 알고 있던 언론노동조합 회보의 기자였다. 그는 누가 돈을 받았는지 확인하고 싶어 했다. 내가 돈을 받지 않았다고 얘기하자, 그는 당시 상황을 얘기해달라고 요구했다. 나는 취재에 응하는 대신 두 가지 조건을 내세웠다. 실명 인용을 말아달라는 것과 받은 기자의 이름을 밝히지 말라는 것이었다. 그는 이 조건을 수락했다. 이틀 뒤 기사는 "몇몇은 돌려주고 몇

몇은 받았다"는 표현 수위에서 더 나아가지 않았다.

나는 그 기자가 돈 받은 기자 명단을 끝내 확인 못한 것인지 실명 거론이 가혹하다고 생각한 것인지는 모르겠다. 하지만 분명한 것은 그때 내가 거의 반사적으로 '기사 취지는 좋지만 돈 받은 기자를 밝히는 데 협조해서는 안 된다'는 생각을 했다는 것이다(이를 어째! 사회정의를 실현하는 기자가 동료의 비리를 덮어주는 조폭적인 생존 전략을 의리로 생각하다니!).

가만히 생각해보니 이런 '불량한 경험'이 한두 번이 아니다. 그런데 그것이 꼭 나만의 문제도 아닌 것 같다. 한겨레신문에 현직 검사의 몸으로 "수사 제대로 받는 법"이라는 글을 실었다 검찰 내부에서 '경고'를 받은 금태섭 검사 관련 기사를 읽다 그런 생각이 들었다. 이 글은 법률 지식이 없고 변호사 수임료도 없는 서민들에게 법에 명시된 최소한의 권리를 챙겨주는 친절한 가이드에 불과했다. 검찰이 고객감동경영 기법을 도입하면 나올 법한 화끈한 대국민 서비스였다. 그런데 왜 그게 검찰 내부에서 '경고' 거리가 되지? 혹시 검찰 내부에서 금 검사에게 '커닝 제보 학생 이미지'를 투사하고 있는 건 아닐까?

나는 종종 '커닝 제보 학생 이미지'가 한국 집단주의의 깊은 내면적 불안을 드러내는 전형적 상징이 아닌가 한다. 한국의 집단주의는 내집단의 강한 연대와 외부에 대한 강한 경계심이 꼬리를 물고 서로를 강화한다. 이 구도에서는 집단으로부터의 단순한 일탈도 내부 고발 위협으로 과장되기 쉽다. 그러니 내부 결속은 다시 강화되어야 하고 과도한 결속은 쉬이 공적 영역의 준칙을 위반하는 밑거름이 된다. 그리하여 '공범의식'만이 집단을 지켜주는 최고의 규범적 가치로 공유되며, '배신'은 최악의 일탈이 된다.

어떤 집단이 시민사회를 대하는 뻔뻔함과 불손함은 거기서 나온다. 누가 뭐래도 결국 밥 먹여주는 것은 '패밀리'밖에 없더라는 확신! 한국사회는 하나의 반도가 아니라 무수히 많은 배타적 집단의 섬으로 구성된 군도 같다. 오늘 잠들기 전 내가 몇 개의 폭력 조직에 조직원으로 등록돼 있는지 헤아려봐야겠다. 2006

남자 둘

남자 둘이 영화를 보러 가는 경우는 드물다. 다른 전시회나 공연장도 마찬가지다. 찜질방도 남자 둘은 찾기 어렵다. 함께 여행하거나 공원을 산책하며 대화를 나누는 경우는 더욱 보기 어렵다. 여자 둘은 이보다 한결 유연하다. 두 여자가 영화를 보거나 여행을 함께 가는 것은 일상적이다.

왜 그런가? 혹자는 남성은 원래 목적 지향적이고 여성은 관계 지향적이기 때문이라고 한다. 그렇다고 치자. 그렇다면 남성이 둘이 있는 이 세상의 모든 풍경은 유사해야 한다. 과연 그런가? 와인 한 병을 시켜놓고 서너 시간을 노닥거리는 파리의 두 남자. 그들에게 술은 대화의 안주이다. 반면 같은 시간을 버티려면 최소한 소주 두어 병을 비워야 하는 서울의 두 남자. 그들에게 대화는 술안주이다. 분명 차이가 있다.

'남자 둘'의 관계는 한 사회의 사적 소통의 정도를 나타내는 지표적 성격이 있다. 남녀관계는 성적 관심, 여자 둘의 관계는 피지배자의 연대감이 개입한다. 하지만 원래가 경쟁적이라는 '남자 둘'의 관계는 그런 변수가 없기 때문에 개인적 소통의 정도를 가늠하는 잣대로서 훨씬 예민한 리트머스 시험지일 수 있다. 특히 서로 모르는 성인 남자 둘의 관계, 예컨대 우연히 바에서 옆자리에 앉은 두 남자의 관계는 개인적 소통의 정도를 가늠하는 확실한 지표가 될 수 있다.

나는 소설이건 영화 속이건 이런 상황에서 자연스럽게 대화를 나누는 관계 설정을 거의 본 적이 없다. 한국에서 가장 일반적인 '남자 둘'의 풍경은 사회적 관계로 얽힌 두 남자가 업무나 정치 얘기를 하면서 술을 마시는 것이다. 개인적인 대화를 나누는 경우는 흔치 않다. 한국 남자들은 단둘이 마주하는 걸 유난히 불편해한다. 그건 사적 소통에 익숙지 않다는 것이다. 그래서 대개의 술자리는 셋 이상이고, 그나마 주로 업무로 맺어진 사람들끼리 모인다. 일의 긴장과 권력관계는 고스란히 유지된다. 상사를 중심으로 발언권이 분배되고, 같은 주종의 술잔이 개인의 주량과 무관하게 동일한 횟수로 돌아간다. 업무상 긴장을 순식간에 풀어놓기 위해 다량의 알코올을 투입해야 하기 때문이다. 술잔을 거부하거나 중간에 자리를 뜨면

단합을 방해하는 직무유기로 간주되기 십상이다. 그러니 마음도 약하고 주량도 약하면 괜한 미안함을 느껴야 한다.

이 술자리 풍경의 본질은 직장의 직급이라는 생산 영역의 역할이 권력화되어 개인의 사적 생활까지 폭력적으로 통제하는 것 그 이상도 이하도 아니다. 더 서글픈 것은 이 사태를 초래하는 주체가 술자리의 좌장 격인 모모한 인격체가 아니라 그 등 뒤에 있는 '보이지 않는 손'이라는 점이다. 그 '보이지 않는 손'을 가장 선명하게 느낄 수 있었던 술자리 체험 하나!

한동안 뜸했던 것이 허전했던지 부장이 한마디 한다. "저녁에 한잔할까? 어제 폭탄 돌렸는데 간단하게 한잔만 하지." 부원들이 곁눈질을 하며 눈치를 살피다 그중 하나가 "그러죠"라고 바람을 잡자 다들 한마디씩 거든다. 이렇게 성립된 술자리에 앉은 대여섯 명의 남자들의 반응은 시큰둥하다. 마지못해 누군가가 말을 꺼내면 대화는 툭툭 끊어지고……. 침묵의 불편함을 지우기 위해 빠른 속도로 폭탄주가 돌고……. 그러다 양주병이 바닥나자 자리를 털고 일어났다. 아무도 원치 않았던, 제안자조차 사실은 가고 싶지 않았던 기묘한 술자리. 나는 이날 내가 술을 마신 건지 '보이지 않는 손'이 음주 기계에 술을 갖다 부은 건지 분간하기 어려웠다.

"한국 성인 남자는 여가의 절반을 술을 마시는 데 사용하고 나머지 절반은 술을 깨는 데 사용한다"는 우스개가 있다. 술꾼들을 우스운 남자로 만드는 '보이지 않는 손'의 몸통은 이런 게 아닐까? 사적 공간에 혼자 있을 때 느끼는 배척의 불안, 술이 취해 망가져야 비로소 정을 느끼는 퇴행적 온정주의, 그 동전의 뒷면에 아로새겨진 합리적 삶에 대한 집단적 피해의식!

이 심리 상태는 매 맞고 자란 미성숙한 소년의 내면 풍경이다. 상처로 연대하고 위계로 조직하며 폭력으로 표현하는 사나운 노예 근성의 세계! 우리는 참 힘들게 일하듯 술 마신다. 연애하듯 가볍고 퇴폐적으로 마실 순 없는 걸까? 사적 개인의 자격으로만 술자리에 앉을 순 없는 걸까? 국민 복지를 위해 진정으로 사라져야 할 것은 알코올로 연대를 이어가려는 이 소아병적 남성 문화다. 2007

나쁨과 못남

두 인물이 여론의 뭇매를 맞고 있다. 웬만한 샐러리맨 열 배 정도의 돈을 벌면서 도박으로 출연료까지 압류 들어오게 한 신정환과 몸에 걸친 명품이 4억 원이 넘는다고 떠벌려 화를 자초한 '명품녀'. 이들은 어떤 사람일까? 나쁜 사람일까 못난 사람일까?

나쁜 사람이 되려면 타인에게 직접적 위해나 손실을 입혀야 할 것 같은데, 둘은 어리석음으로 자신에게 치명타를 입힌 경우이기 때문에 못난 사람에 가까울 듯하다. 여기에 하나 덧붙이자면, 둘 다 그 지독한 어리석음에도 불구하고 돈복이 많은 행운아라는 것이다. 이런 사람 유형을 '복 많은 못난 사람'이라고 해두자.

길거리에 버려진 아이로 성장해 여중생을 살해한 김길태는 어떤 사람인가? 나쁜 사람이고 동시에 못난 사람이다. 김길태에 비하면 강호순은 범행 수법이 훨씬 치밀하고 잔혹해 '못났다'보다 '나쁘다'는 인상이 강했다. 강호순은 그냥 '아주 나쁜 사람'이라고 하자. 이 둘에 대해 여론은 엄혹했다. '나쁜 사람'에 대해 여론이 흥분하는 것은 당연하다. 한 사회의 도덕적 감정이 살아 있다는 표시이기 때문이다. 그렇다면 과연 우리 사회의 도덕적 감정은 제대로 작동하고 있는 것인가? 적어도 명백하게 나쁜 사람에 대해 흥분한다는 것은 그렇다는 증거로 보인다.

그렇다면 못난 사람, 그것도 특히 '복 많은 못난 사람'에 흥분하는 것은 도덕적 감정의 발로로 볼 수 있는가? 혹자는 신정환의 도박은 불법이고, 여론의 뭇매는 여기에 대한 반응이라고 한다. 만약 그렇다면 언젠가 마카오에서 익명의 재벌 2세가 하룻밤에 수십억 원을 잃었다는 기사가 나갔을 때 여론은 왜 그리 잠잠했을까? 익명이니까 그랬을 수도 있다. 하지만 진정 분노했다면 왜 익명이 실명이 되도록 조사하라고 촉구하는 여론이 조성되지 않았을까? 결국 신정환이 여론의 표적이 된 것은 도박 행위 자체의 나쁨보다 집이 저당 잡히고 출연료가 압류되는 지경까지 간 못남이 더 큰 이유가 아니었을까? 말하자면 약자의 처지가 되니까 뭇매가 쏟아진 것 아니었을까?

'명품녀'의 경우도 불법 증여 혐의가 있다고 주장할 수 있다. 하지만 훨씬 심각한 사회적 범죄인 재벌의 불법 증여가 밝혀졌을 때 여론은 그렇게 흥분했던가. 화가 난 이유가 불법 증여가 아니라 명품 소비 그 자체 때문은 아닌가? 만약 그렇다면 심심찮게 보도되는 연예인들의 명품 소비에도 마찬가지로 흥분했던가? 결국 명품녀가 대중을 화나게 한 것은 명품을 쓸 능력이 없어 보이는 '못난 인간'이 부모가 준 용돈으로 샀기 때문 아니겠는가. 장동건과 고소영의 명품이 문제가 안 되는 것은 소비로 보기 때문이고, 명품녀의 명품이 문제가 되는 것은 과소비로 보기 때문이다. 과소비는 못남의 문제이지 나쁨의 문제는 아니다.

'복 많은 못난 사람'에 대한 과민함과 극단적 대조를 이루는 것은 '조금 나쁘고 잘난 사람'에 대한 둔감함이다. 사회적 지위나 권력, 지식을 이용해 갖은 부당이득을 챙기다 발각되면 변명하는 기술도 있는 사람들에 대해 여론은 지극히 관대하다. '나쁨'은 축소되고 심지어 나쁨이 '현실적 유능함'으로 은밀히 해석되기까지 한다. 이들에 대한 둔감함은 현실적으로 할 수 있는 것이 없다는 좌절감의 발로일까, 아니면 그들을 닮고 싶다는 욕망의 발로일까?

임마누엘 칸트Immanuel Kant는 도덕적 삶의 가장 큰 적을 선악과 행불행, 선악과 미추를 혼동하는 것으로 보았다. 악함보다 못남을 더 적대시하는 것이 문제라는 의미이다. 진정한 도덕적 감정은 표면에 나타나는 못남보다 기저에 흐르는 나쁨에 더 강한 분노를 느낄 줄 알아야 한다. 비록 그 나쁨이 유능한 자의 작은 나쁨이라 할지라도. 신정환과 명품녀를 질타하는 여론의 도덕적 감정은 나쁨보다 못남에 주목한다는 의심에서 떳떳할 수 있는가? 약자의 부도덕에 특히 민감하다는 비판에서 자유로울 수 있는가? 2010

여자는
사주풀이에서
합리성을 본다

압구정동에 사주카페가 성업 중이라고 한다. 고객 대부분이 대학 교육을 받은 20~30대라고 한다. 점치는 성향은 대략 학력과 반비례하는 것으로 우리는 알고 있다. 하지만 꼭 그렇지도 않은 모양이다. 내가 아는 한 역술인에게 들은 얘기로는 한국에서 가장 점을 안 치는 부류는 농부들이다(어부나 광부도 마찬가지일 게다). 가장 점을 자주 보는 사람은 사업하는 사람들이다(정치가나 연예인도 여기 속하지 않을까?). 그에 따르면 점치는 성향과 관계된 결정적 변수는 학력이 아니라 직업의 성격이다. 나는 이 경험적 통찰에 전적으로 동의한다.

농부가 점을 안 치는 건 칠 이유가 없기 때문이다. 농사는 절기에 따라 해야 할 일이 정해져 있고, 노동의 성패는 자신의 성실성에 달려 있다. 변수가 있다면 돌발적인 기상 상황이다. 이 사태는 농부 개인의 힘으로 예방이 어렵다. 그래서 농부는 미래를 알고자 하는 대신 좋은 미래를 무작정 기원한다. 기우제는 일종의 기도이다. 하지만 사업가나 정치가는 노동의 성패가 외부적 요인에 의해 더 많이 좌우된다. 부침 또한 심하다. 당연히 불안감이 상존할 수밖에 없다. 게다가 자연에 의지하는 농사와 달리 사회관계에 의지하는 생업의 속성상 자신의 처신이 미래의 사태를 결정한다는 확신을 갖기 쉽다. 역설적이지만 나의 처신이 미래를 결정한다는 확신이 강할수록 최적의 처신에 대한 강박이 깊어지고 실패에 대한 불안도 깊어진다. 그러니 안개 자욱한 교차로에서 효율적 처신의 길을 묻는 사업가가 점괘를 갈구하는 건 당연한 일 아닌가. 사업가에게 점은 수정 가능한 미래를 내 손으로 기획하고자 하는 계산에서 비롯된다.

하지만 점집을 찾는 모든 사람이 사업가처럼 현실적 지침을 찾는 것은 아니다. 박사학위 소지자인 아줌마 Y양은 건강검진 받는 빈도보다 좀 더 자주 점집을 찾는다. 그녀는 점집을 옮겨 다니며 과거에 대한 해석과 미래의 전망을 탐문해왔다. 그녀가 자주 점집을 옮기는 것은 사주풀이의 진실성에 대한 비교 확인의 동기도 있지만, 자신이 들은 스토리의 수준이 양에 차지 않아서이다. 그녀가 듣고 싶은 '풀 스토리'는 그간의 불운을 팔자로 환원하고 미래의 희망을 설득력 있게 제시해주는 해피엔딩 드라마이다.

나는 그녀의 비합리성에 대해 힐난조로 말한 적이 있다. 그녀의 대답은 이랬다. "내가 사주풀이를 하는 것이 내 미래에 아무런 도움이 되지 않는다는 것을 안다. 하지만 현재의 나에겐 도움이 된다. 듣고 싶은 얘기를 타인의 입을 통해 듣는 대가로 돈을 지불한다. 사주풀이는 나 자신을 포함해 아무도 해치지 않는다. 남자들이 폭탄주 돌리는 것보다 훨씬 사회적으로 무해하다." 일단 그녀에게 점은 위안의 해석학이다. 그리고 그녀는 한 걸음 더 나아간다.

"내 주변에는 간혹 점집을 찾는 여자 박사들이 꽤 있다. 그들은 평소에 지극히 이성적이고 합리적이다. 같이 일하는 동료 남자 박사들 중에는 박사학위까지 받고 점집을 찾는다는 사실 하나로 여성들을 생래적으로 비합리적 존재로 간주하는 사람도 있다. 나는 그들이 오히려 합리주의라는 단순한 생각을 숭배하는 미신에 빠져 있는 것 같다. 여자 박사들이 점집을 찾은 것은 여자라는 이유만으로 교수 임용에서 수차례 불이익과 상처를 받아 답답한 마음을 풀기 위해서다. 비합리적 행동이 아니다. 여성을 차별하는 비합리적 사회에서 어쩔 수 없이 살아가야 하는 사람의 애환이자 지혜다. 차별받기 때문에 점집을 찾는다. 흑인들이 비이성적이기 때문에 차별받는 것이 아니라 차별받기 때문에 비이성적으로 보이는 것처럼. 사주풀이는 차별하는 중심과 차별받는 주변이 따로 없고 자신이 해석할 수 있는 여지가 많다. 그게 여성의 정체성과 잘 맞다. 사주풀이를 통해 여성들은 배제된 자가 아닌 주인공의 지위로 자신의 삶을 스스로 재해석하는 기회를 가져보는 거다." 그녀에게 사주풀이는 차별하는 남성들의 합리적 언어로 규정된 자신의 정체성을 해체하고 자기 언어로 스스로를 재정립하는 일종의 정체성 장치이다.

사주카페에서 차를 마시는 '88만원 세대'도 어쩌면 비슷한 생각을 하고 있지 않을까? 무한 스펙을 요구하며 언제나 하나의 역할과 기능으로만 자신을 호명하는 세상에서 자신을 주인공으로 한 이야기에 잠시 귀를 기울이는 것, 그건 마치 할리우드 스튜디오의 영화 세트에서 사진을 찍으며 잠시 영화의 주인공이 돼보는 즐거움과 유사한 것이 아닐까? 여기서 한 걸음 더 나아가 '88만원'으로 노동자를 고용하려는 기성세대의 그 잘난 합리성을 사주풀이로 야유하는 젊은이들도 있을 수 있겠다.

한참 전에 사주카페에 드나드는 젊은이들을 한심한 삶의 태도를 가진 사람으로 단정하는 신문 칼럼을 읽은 적이 있다. 나는 사주카페를 드나드는 것보다 그 사실 하나로 모든 젊은이를 비합리적 인간으로 매도하는 편협한 사고가 더 위험해 보인다. 그 글이 말하는 합리성은 효율적 생산을 위한 도구적 가치이지 삶을 위한 가치가 아니다. 그럼에도 도구적 합리성을 인간 삶의 전부를 지배하는 본원적 가치로 전제하는 것은 아마도 고용자의 시선으로 사람을 보기 때문일 것이다. 고용자의 눈에 사주카페를 드나드는 청춘들은 효율적 생산을 위해 합리성으로 자신을 무장해야 할 시간을 탕진하고 있는 것처럼 보일 게다. 고용자의 눈은 애초에 제도 속의 인간이 아니라 제도의 효율적 작동에 고정돼 있기 때문이다. 고용자도 아니면서 고용자의 눈을 가진 사람들, 어찌 보면 그들이야말로 세상의 다양한 의미와 아름다움을 다 놓쳐버리는 가장 가련한 외눈박이일지 모른다. 사주카페를 차디찬 합리성의 세계에서 얼어붙은 마음을 잠시 녹이는 화로로 봐주는 사소하고 따뜻한 눈길이 많아졌으면 좋겠다. 2007

채동욱과
윤리적 폭력

채동욱 총장의 사표가 수리됐다. 지체 없이 퇴임식이 거행되고, 조선일보에 대한 정정보도 청구 소송도 취하됐다. 채 전 총장은 "유전자 검사 결과가 나오면 강력한 법적 대응을 하겠다"고 했다. 이제 대중의 모든 관심이 유전자 검사로 쏠리게 됐다. 하지만 유전자 검사 성사 여부는 불투명하다. 만약 유전자 검사가 불발되면 모든 것이 의혹으로 파묻힌다. 그리되면 채동욱 사태는 단지 공직자 개인의 윤리적 문제로만 정리되면서 사태를 잉태한 다른 윤리적 문제는 삭제될 공산이 크다. 문제의 숲은 사라지고 고사 직전의 나무 한 그루만 남는 것이다. 그렇기에 이 지점에서 채동욱 사태가 언론의 보도윤리, 권력의 통치윤리, 시민주권의 윤리가 모두 연루된 문제라는 것을 상기할 필요가 있겠다.

먼저 의혹을 제기한 조선일보의 보도윤리부터 보자. 조선일보
는 미확인 사실을 단정적으로 보도했다. 정보 수집 과정도 '고급정
보 제공에 원하는 논조로 화답하는 정·언 유착'의 의심을 받고 있
다. 조선일보는 과거에 여당 인사가 혼외자 문제로 곤경에 처했을
때 "공직자의 사생활과 직무 수행은 별개"라고 주장했다. 이번에는
당시 주장을 완전히 뒤집어버렸다. 이런 사정 때문에 정권이 의도
한 정치적 책략에 동조해 무리수를 둔 것이 아니냐는 추측이 나돈
다. 만약 문제가 단지 사실 확인의 부실뿐이라면, 직업적 태만일 수
있다. 하지만 세간의 풍문대로 정·언 유착의 산물이라면, 시민의 발
언권을 위임받아 권력을 견제하는 언론의 사명에 대한 전면적 부정
이다. 내막이 어찌됐건 조선일보의 추측 보도는 친자 여부와 무관
하게 자체로 이미 보도윤리의 경계를 한참 넘어갔다.

정권의 통치윤리도 엇비슷한 수준으로 사태와 얽혀 있다. 정권
은 정책 홍보를 위해 언론에 정책의 합리성을 설명하고 공감을 추
구할 수 있지만, 강압이나 회유로 조종하면 안 된다. 정권 내부의 누
군가가 비공식적으로 정보를 흘렸다면, 공직윤리 확립을 위해 정책
합리성을 언론에 설명하는 정당한 방식으로 보기 어렵다. 특종을
열망하는 기자들의 직업의식에 맞춤한 미끼를 던져 보도를 유도한
회유로 봐야 한다.

그런데 정권은 왜 이런 강도 높은 언론플레이를 할 수밖에 없

었을까? 공직윤리를 명분으로 채 전 총장 한 명만을 사찰하는 행정 조치를 취하면 정치적 보복이라는 의심을 받을 수 있으니 시작을 언론의 우연적 폭로로 가장하고 정권은 적절한 조치를 취하는 모양 새를 생각했던 것 아닐까? 언론이 조장한 여론 재판의 위세를 등에 업고 보다 손쉬운 정치적 보복을 기대했던 것 아닐까? 만약 사실이 라면 그것은 통치윤리의 심각한 훼손이다. 위임받은 권력을 사유화 해 정치적 보복에 동원하면서 마치 공적 정책의 과정인 양 유권자 를 속이는 것이기 때문이다.

그래서 채동욱 사태의 문제 설정은 공직자 윤리를 넘어 언론윤 리와 통치윤리로 확장돼야 한다. 친자 여부 확인이 여론의 핵이 되 면 나머지 윤리적 문제는 실종된다. 보도 사실이 허위임을 스스로 밝히지 못하면 미담으로 가득했던 채동욱의 인생은 오명으로 얼룩 지게 될 처지에 있다. 왜 그가 입증책임을 져야 하는가? 최초의 입 증책임은 의혹을 제기한 언론에 있는 것 아닌가? 시민들조차 입증 책임을 채동욱에게 묻는다면, 정치적 보복일 수도 있는 가혹행위에 동조하는 셈이 된다. 그리되면 채동욱 사태는 한 편의 정치포르노 로 막을 내릴 것이다. 제작자와 연출자의 악덕을 보지 못하고 무력 하게 노출된 주연 여배우에게 비난이 집중되는 포르노 말이다.

미국의 여성 철학자 주디스 버틀러Judith Butler는 도덕의 이름 으로 가해지는 집단 폭력을 '윤리적 폭력'으로 명명하고, 최악의 폭 력으로 꼽았다. 피해자가 사회적 권리는 물론이고 인격까지 몰수당하기 때문이다. 버틀러는 이런 폭력에 대중이 폭넓게 공감하는 현상을 현대사회의 심각한 윤리적 문제로 부각시켰다. 윤리적 폭력은 표면적인 도덕적 명분에 대중이 현혹되어 피해자를 향해 냉소를 뿜어낼 때 발생한다. 한 사회의 구성원들이 서로 관계 맺지 못하고 파편화될수록, 고립된 개인들을 동원하려는 국가주의적 통치 이데올로기가 강할수록, 그래서 사람들이 타자의 처지를 이해하고 공감하는 능력이 떨어질수록 발생할 확률이 높다.

채동욱 사태의 경과를 보면 윤리적 폭력의 징후가 농후하다. 정치권력에 대한 대중의 불만이 공직윤리라는 명분을 경유해 엉뚱하게 채동욱 개인을 향한 냉소로 폭발할 기세다. 그래서 친자 여부의 파편적 사실보다 더 주목해야 할 것은 공직윤리를 내세워 윤리적 폭력을 연출하는 몇몇 언론과 통치권력의 부도덕이다. 그것이 통치권력의 위임 주체이자 언론 발언권의 위임 주체인 시민이 발휘해야 할 시민주권의 윤리다. 2013

성폭행의
잠재적 공범

대구 여대생 살인 사건의 범인이 잡혀 현장검증이 실시됐다. 범인은 공익근무 요원으로, 밤에는 사설 주차장에서 아르바이트를 해온 것으로 확인됐다. 주말과 새벽에는 종종 클럽에서 술을 마셨다고 한다. 그의 일상만 보면 평범한 요즘 젊은이다. 그런 그가 밤늦게 아르바이트를 하며 성실하게 살아온 또래 여대생을 잔혹하게 살해했다. 성폭행을 시도하다 반항했다는 것이 이유의 전부다.

시민들은 동기와 결과의 인과관계가 이해되지 않는다. 그래서 분노한다. 검증 현장에 500명의 주민이 몰려 범인을 향한 경멸과 적의를 쏟아냈다. 그중 일부는 범인의 평범한 모습에 놀랐다. 범인과 이웃인 한 여대생은 "바로 옆집에서 그런 일이 벌어졌다는 것이 민기지 않는다"는 반응을 나타냈다.

이 분노와 놀라움의 뒤끝을 우리는 알고 있다. "무서운 세상이야"라는 어느 시민의 말처럼, 내가 피해자로 자연선택당할 수 있다는 불안이 그 다음 순서일 것이다. 그리고 '난 아니야'라는 확률의 위안과 이 험한 세상에 '내가 할 수 있는 것이 아무것도 없다'는 무기력과 더불어 사건 자체가 잊힐 것이다. 이 사건을 단지 지독히 음란한 한 젊은이의 성적 충동의 파국적 우연으로 이해하는 한 말이다.

나는 여대생 피살 기사를 보고 나서 범인을 성범죄 전과자로 확신했다. 나중에 이 확신은 사실로 확인됐다. 범인은 음란물 마니아로 아동 성추행 전과가 있었다. 2011년 울산에서 미성년 성추행 혐의로 징역 1년 6개월, 집행유예 3년을 선고받았다. 이 사건의 범인을 성범죄 전과자로 단정할 수 있었던 것은 시민들이 격분한 바로 그 사실, 범행 동기의 사소함과 수법의 잔혹함 사이의 채워지지 않는 간극 때문이다.

이 사건을 접한 사람은 누구나 '한 번의 성적 쾌락을 위해 사람을 그렇게 무참하게 살해할 수 있는가?'라고 반문할 수 있다. 맞다. 범인이 성적 쾌락을 위해 살인을 무릅쓰는 위험을 감수했다면 그는 인간의 지능을 갖추었다 할 수 없다. 엊그제 보도된 "가출 소녀에게 피임약까지 먹이며 성매매 강요" 기사를 보라. 조폭이 10대 소녀 2명을 납치해 6개월간 성매매를 강요하는 사이 남성 751명이 성매수를 했다. 그들이 지불한 돈은 10만 원. 성관계 자체가 금지된 미성년의 성조차 10만 원에 매수가 가능한 현실이다. 누군들 단돈 10만 원과 살인의 위험을 맞바꾸겠는가.

상습적 성폭행범이 추구하는 것은 성적 쾌락이 아니라 좌절된 권력의지의 충족이라는 것은 상식에 가깝다. 애원하는 피해자를 통해 절대적으로 군림하는 자신을 느끼고 싶은 것이다. 그래서 좌절이 깊을수록 성폭행을 통해 권력의지를 추구하려는 성향은 강해진다. 반항하는 피해자에게 가혹한 폭력을 행사하는 것도 자신을 좌절시킨 사회에 대한 적대감이 순간 피해자에게 전이되기 때문일 것이다. 범인은 말하지 않는가. "처음부터 죽일 생각은 없었다"고.

성폭행에 대한 사회적 대응으로 처벌 강화나 화학적 거세가 불완전한 이유는 성욕이 성폭행의 결정적 동인이 아니기 때문이다. 성욕이 발단은 되겠지만 살인에 도달하는 근원적 동인은 좌절된 권력의지의 히스테리적 분출이다. 그래서 어설프게 감옥에 가두었다 풀어주면, 삶이 점점 망가지면서 더 강력한 범행으로 돌아온다. 처벌보다 치료가 더 중요한 까닭도 이 때문이다.

성폭행은 생물학적이며 개인적이고 사회적인 현상이다. 조절 능력이 떨어지는 뇌와 사회적 조건이 결합한 결과다. 성폭행범의 유전자와 가족사에 사회가 개입할 수는 없다. 우리가 할 수 있는 일은 사회적 조건을 개선하는 것뿐이다. 성폭행은 사회적 좌절감을 불특정 다수에 투사하는 적의가 약자인 여성을 향할 때 발생한다. 가혹한 경쟁 체제, 일상의 폭력적인 갑을관계, 여성을 성적 대상으로 여기는 왜곡된 남성주의가 모태일 수 있다. 이 조건을 개선하는 것이 장기적으로 성폭행을 줄이는 유일한 방법이다. 그 시작은 이런 사회적 조건을 조성하는 데 일조한 개별적 행위를 성찰하는 것에서부터이다. 10대 소녀의 성을 매수하는 짓거리와 단호히 결별할 때, 대구 여대생 같은 성폭행 살인 피해자는 실질적으로 줄어들 수 있다. 그것이 자연선택의 불안과 험한 세상을 마주하는 무기력으로부터 벗어날 수 있는 멀지만 가까운 길이다. **2013**

성노동과
성매매의 간극

　자발적 성매매에 대한 형사처분을 두고 논란이 뜨겁다. 서울북부지법이 성매매 혐의로 기소된 한 여성의 성매매특별법 21조 1항에 대한 위헌법률심판 신청을 받아들인 것이 발단이다. 이 조항은 "성매매를 한 사람은 1년 이하의 징역이나 300만 원 이하의 벌금, 구류 또는 과료에 처한다"고 규정하고 있다. 해당 여성은 "착취나 강요가 없는 성인 간 성행위는 개인의 자기결정권에 맡겨야 한다"는 입장이다. 법원이 수용한 부분도 여기까지다. 포주의 알선 행위에 대한 처벌이나 성매매 전반적 금지는 논외이다. 그러니까 법원의 입장은 자발적 성매매는 인정하되 알선 행위나 성매매 강요에 대해서는 처벌하자는 것이다.

하지만 성매매의 자발성과 비자발성을 법적으로 분별하는 것은 쉽지 않다. 성매매 당사자가 자발적이라고 주장해도 강요당한 것일 수 있고, 또 일각에서는 본인이 자발적이라고 생각해도 '모든 성매매는 구조적 강요에 의한 것'이라는 의견을 내놓고 있기 때문이다. 그래서 자발적 성매매를 인정하면 사실상 성매매 불법화 자체의 법적 근간이 흔들릴 수도 있다. 성매매 불법화의 취지는 성매매를 구조적 강요에 의한 일로 간주하고 거시적 차원에서 여성을 보호하자는 것이기 때문이다.

그래서 헌법재판소가 어떤 결정을 하든 자발적 성매매에 대한 폭넓은 사회적 동의는 얻기 쉽지 않아 보인다. 성매매는 인류 역사와 더불어 시작됐다고들 한다. 그만큼 이를 둘러싸고 다양한 시각이 존재하며 철학적 관점과 성정치적 입장, 윤리적 태도에 따라 전혀 다른 가치판단이 가능하다. 한순간의 법적 결정으로 사회적 통념을 바꿔놓기도, 법제도의 실효성을 기대하기도 어렵다는 것이다. 따라서 성매매를 근절하든 양성화하든 간에, 법적으로 금지하면서 관습적으로는 용인해온 작금의 나쁜 현실에 실질적 변화를 꾀하려면 사람들의 인식 자체가 변해야 한다. 그러기 위해서는 성매매에 대한 다양한 철학적·성정치적 논의를 통해 사회적 공감대를 넓혀가는 과정이 필요하다. 불법화의 실질적 효력이든 합법화의 문화적 수용이든 정책 실현이 가능해지기 때문이다.

그러나 현재 성매매 담론은 주로 법제도적 차원에 한정돼 있고, 그나마 논란의 중심축은 불법화를 고수하는 다수의 여성과 합법화를 주장하는 보수적 남성의 대립이다. 그러다 보니 성노동권을 주장하는 성매매 여성 당사자들의 목소리는 주변부로 밀려 있다. 논란의 쟁점도 아이러니하다. 성매매 불법화의 논거는 성상품화 반대, 성산업 규제, 성매매 여성 보호 등이다. 간단히 말해 성매매를 사회경제적 강자인 남성이 약자인 여성을 돈을 매개로 착취하는 구조적 성폭력의 한 형태로 본다.

이런 관점은 성매매를 남성과 여성이라는 성별(성계급)이 정치적 주체가 되는 성정치적 현상으로 간주한다. 성노동권을 주장하는 여성들은 대체로 성매매의 적대가 남성 전체와 여성 전체가 아니라, 상대적으로 부유한 남성 대 상대적으로 가난한 여성이라는 인식을 공유한다. 그래서 남성 대 여성의 대립보다 부자와 빈자의 대립을 강조한다. 어떤 사회에서 먹고 살기 위해 성매매를 해야 한다면 당연히 노동으로 인정받아야 한다는 것이다. 이런 생각은 마르크스주의 철학에 뿌리박고 있다.

현행법의 철학적·성정치적 입장은 성노동권을 주장하는 여성들과 성정치적 입장은 공유하지만, 마르크스주의 철학에 관해서는 이견을 보인다고 할 수 있다. 현행법의 논리에 맞서 합법화를 주장하는 보수적 남성의 논거는 남성의 행복추구권, 성폭력 예방·금지의 현실 무용론 등이다. 이 논거들의 공통점은 '남성 성욕 절제 불가능론'에 기초한다는 것. 즉 남성 성욕을 사회적으로 조절하는 도구적 존재로 성매매 여성을 설정한다. 그래서 절실하게 이용하면서 동시에 멸시하는 분열적 태도를 보인다. 이런 행태는 성매매 여성을 성욕 해소의 도구이자, 집단적 죄의식을 전가하는 희생양으로 삼는 이중 착취이다. 가장 나쁜 형태의 집단 폭력인 셈이다. 이 논거에 의한 성매매 합법화는 명백한 성정치적 퇴행이다.

그런데 성노동자와 지지자들의 입장도 법제도적 지평에서는 합법화라는 동일한 해결책으로 귀결된다. 물론 논거는 전혀 다르다. 그들은 보수적 남성의 주장, 곧 성매매 여성을 남성 성욕 조절을 위한 사회적 기제로 설정하는 관점은 당연히 거부한다. 성에 대한 자율적 결정권을 의미하는 '성적 자기결정권'에 성매매도 포함시킨다. 성매매는 윤리적 타락이 아니라 사회적 노동일 뿐이기 때문이다. 사람 간 진정성을 교환하는 소통 채널이라는 식으로 성을 낭만화하지 않고, 자본주의 가부장제가 사회적 생산과 재생산을 조절하는 기제로 간주할 뿐이다. 이를 바탕으로 성노동을 정당한 직업으로 인정하라고 요구한다. 온갖 대중매체가 앞다투어 성을 상품화하는 현실에서 왜 사회경제적으로 가장 취약한 계층의 성상품화 양식인 성매매만 형사처분을 하느냐고 묻는다.

불법화 근거인 '여성 보호' 논리에 관해서는 성매매 여성의 권리를 보호라는 이름으로 묵살하고, 범죄자와 피해자로 낙인찍어 발언권 자체를 배제하는 것이라 항변한다. 한마디로 성매매 정책 속에서 자신들은 스스로 결정할 수 있는 주체가 아니라, 철저하게 권리를 박탈당하고 배제된 객체로만 배치되어 있다는 것이다.

성노동권을 주장하는 여성들은 여성운동 영역에서도 아주 소수에 불과하다. 성매매 여성이 스스로 헌법소원을 신청한 것도 이번이 처음이다. 2004년 성매매특별법 제정 이후 제기된 7건의 헌법소원 중 4건은 성매수 남성이, 3건은 성매매업소 건물주가 한 것이었다. 이번 헌법소원은 논란을 제기하는 주체가 현행법상과 성정치적 강자인 보수 남성에서 성정치적·계급정치적 약자인 성매매 여성으로 이동했다는 얘기이다.

성매매특별법 제정이 보수적 남성과의 전선에서 성취한 여성 전체의 성정치적 진보임은 분명해 보인다. 하지만 이제 그 법이 사회경제적 취약계층인 성노동자를 배제하는 차별의 계급정치라는 항변에 직면했다. 가장 핍박받는 자들이 법의 그물망 위로 상처 입은 얼굴을 들이밀고 바라봐달라 하고 있는 것이다. 그들의 피를 닦아주고 껴안을지, 머리를 눌러 다시 시야에서 지워버릴지 법의 대응이 자못 궁금하다. 2013

트랜스젠더 월매

십수 년 전 이태원에 있는 트랜스젠더 클럽에 간 적이 있다. 남성에서 여성으로 성전환 수술을 한 트랜스젠더가 도우미 역할을 하는 술집이었다. 방송국에서 트랜스젠더 취재를 한 적 있는 PD가 당시로는 이색적인 장소로 안내한다고 기자 몇 명을 데려갔다. 그때까지만 해도 트랜스젠더라는 말조차 낯선 시기였다. 기자들은 모두 그 장소가 처음이었고, 트랜스젠더를 실제로 접촉해본 사람이 아무도 없었다. 아마 미지에 대한 호기심 때문에 〈체험 삶의 현장〉에 출연하는 기분으로 갔던 듯싶다. 나는 그 장소의 분위기가 상당히 어색할 것으로 상상했다. 그런데 뜻밖이었다. '장소의 논리'에 매우 재빨리 적응해 전혀 어색한 기운이 없었다. 우리는 여느 가라오케와 다름없이 술 마시고 노래하고 춤추고 잘도 놀았다. 그 낯선 환경과 그렇게 빨리 하나 된 놀라운 적응력은 어디에서 나온 것일까?

나의 경우는 이랬다. 트랜스젠더는 내 삶의 경계 바깥에 있는 존재, 삶의 현장에서 결코 만날 일이 없는 사람이라고 확신했다. 그래서 골치 아픈 정체성을 가진 사람이라기보다 호기심을 자극하는 새로운 풍경처럼 느껴졌다. 거기서 본 트랜스젠더는 하나같이 젊고 건강하고 예뻤다. 굳이 호적의 성이 남성이란 점을 상기하지 않으면 아무런 심적 불편을 느낄 이유가 없었다. 자리가 파하고 그 집 출입문을 나서기 전까지는 그랬다. 트랜스젠더를 구경했다는 새로운 체험에 대한 욕구와 트랜스젠더를 불편 없이 대했다는 진보에 대한 허위의식이 공존하는 기묘한 충족감에 빠져 있었다.

그런데 계산을 마치고 출입문을 나서려 할 때 또 다른 트랜스젠더 월매가 나타났다. 월매는 그 술집의 트랜스젠더를 관리하는 '왕언니'의 닉네임이다. 물론 퇴기인 춘향이 엄마의 기명妓名이다. 그 작명 과정에 일말의 합리성이라도 있다면 월매도 한때 '현직 선수'를 거쳐 은퇴한 인물일 터였다. 하지만 월매의 얼굴은 골격이 장대했던 은퇴한 씨름선수 이 모 씨를 빼다 박았다. 게다가 땅딸한 근육질의 30대 후반이었다. 그냥 남자로 잔류하는 것이 생업 유지에는 훨씬 전략적 선택일 듯했다. 한마디로 트랜스젠더를 '여자보다 더 여자 같은 남자'로 생각하는 세상의 통념을 월매는 온몸으로 반박했다. 하리수만 트랜스젠더냐 월매도 거시기다! 그의 외모는 그렇게 외치는 것 같았다. 트랜스젠더가 이팔청춘 춘향이로만 존재하는 것이 아니라 나이 들어 찌그러진 월매로도 존재한다는 것! 나는 트랜스젠더가 세상이 보고 싶은 맞춤한 풍경이 아니라 외면하고 싶은 삶의 문제라는 것을 그를 통해 처음으로 자각했다. 나이 오십이 다 됐을 지금 월매는 뭘 하며 살아가고 있을까?

대법원이 성전환자의 성을 인정하기로 했다는 뉴스를 보고 월매 생각을 잠깐 했다. 월매도 최소한 법적으로는 어엿한 여성으로 거리를 활보할 수 있게 됐다. 하지만 이 판결의 취지를 가만히 살펴보면 월매는 그냥 여자가 된 것이 아니다. 정상적 인간임을 포기하고 여성의 지위를 확보한 것이다. 대법원의 판결은 성전환자의 성을 인정하는 데 몇 가지 단서 조항을 붙여놓았다. 그중에는 "성전환증 진단을 받고 치료를 받아도 증세가 호전되지 않으며", "성전환 수술을 받고", "성관계나 직업 등도 바뀐 성에 따라 활동하고", "주위 사람들도 바뀐 성으로 아는 경우에 성전환자로 인정될 수 있다"는 등의 구절이 있다. 이 단서 조항은 성전환 인정에 따른 법적 문제, 예컨대 의도적인 성전환을 통한 병역기피 등을 예방하기 위한 목적이 있지만, 어쨌거나 분명한 것은 성전환이 일종의 정신질환으로 간주된다는 점이다. 미국 정신과학회는 성전환증을 "자신의 선천적 성에 대해 지속적으로 불편함과 부적절함을 느끼며 성징을 제거하고 반대 성징을 얻으려는 집착에 2년 이상 사로잡혀 있는 상태"로 규정한다. 나는 왜 성전환자가 정신질환자로 간주되는지 의아하다. 성전환자는 정신질환자처럼 특별한 보호나 격리가 필요한 사람들이 아니다. 그들의 정신이 이상한 것이 아니라 바라보는 시선이 불편한 것 아닐까?

어쨌거나 성전환자 입장에서 이번 판결은 원하는 성과 정상적 인간의 지위 둘 다 없던 상태에서 하나를 인정받았다는 점에 따라 절반의 진보이다. 하지만 성전환자는 여전히 정상의 범주 밖에 '그들'로 존재해야 한다. '그들'은 '보기 싫지만 그냥 내버려두는 존재'라는 지위를 부여받았을 뿐이다. 법은 이제 우리와 다른, 싫은 그 무엇의 공존을 허용하기 시작한 듯하다. 그럼에도 아직은 '그들'을 위한 판결이라기보다 그들을 대하는 우리의 진보의식을 위한 판결에 더 가까워 보인다. 2006

동성결혼

오래전 한 여성공무원과 법대 여대생이 부부관계임을 공개적으로 밝혔다. 익명이지만 젊은 여성들이 스스로 동성애자이며, 법제도와 무관하게 부부관계라 밝힌 것은 아마 처음 있는 일인 것 같다. 이 사건은 가족과 결혼 제도에 대한 엄청난 인식 변화가 진행되고 있다는 징후였지만, 세간의 반응은 시큰둥했다. 나와는 다른, 그저 소수자들끼리의 돌발적인 이벤트 정도로 여기는 듯했다. 그 얼마 뒤 영화감독으로 이름이 알려진 김조광수가 실명으로 동성결혼을 공개 발표하면서 동성결혼은 비로소 본격적인 사회적 논의의 장에 상정됐다. 2013년 9월 7일, 청계천 야외무대에서 열린 김조광수-김승환 커플의 공개 결혼식은 동료 영화감독들이 사회를 보고 민주당 진선미 의원 등 각계 인사들이 하객으로 참석했다. 이는 이 행사가 단지 성소수자들끼리의 행사가 아니라 성소수자 인권에 대한 사회적 차원의 이벤트였음을 의미한다. 곧 우리 사회의 시민의식이 성소수자 인권 문제를 사회적 의제로 공론화할 만큼 성숙해지고 있다는 뜻이기도 하다. 아마 앞으로 동성결혼을 시도하는 동성애자 커플은 늘어날 테고, 이를 둘러싼 사회적 논란도 격화될 것이다.

그런데 동성결혼을 둘러싼 사회적 논란은 비단 우리나라만의 문제가 아니다. 최근 몇 년 사이 동성결혼은 세계적인 이슈가 되고 있다. 2000년까지 동성결혼을 합법화한 나라는 한 곳도 없었다. 2001년 네덜란드를 시작으로 벨기에(2003년), 스페인·캐나다(2005년), 남아프리카공화국(2006년), 노르웨이·스웨덴(2009년), 포르투갈·아이슬란드·아르헨티나(2010년), 덴마크(2012년), 브라질·프랑스·우루과이·뉴질랜드(2013년) 등 15개 국가가 현재까지 합법화했다. 대부분 유럽과 중남미이다. 합법화 법안을 통과시켰거나 법 개정 중인 합법화 유력 국가는 영국, 칠레, 태국 등이며 미국과 멕시코는 일부 주에서 합법화한 상태이다. 2013년 12월 현재, 미국에서는 뉴멕시코주가 17번째로 동성결혼을 합법화했고 다른 주들도 합법화에 가담하는 추세이다. 호주에서는 주 의회가 동성결혼의 효력을 처음으로 인정하기로 해 합법화가 예상됐으나, 최근 대법원의 효력 불인정 판결로 합법화가 불투명해졌다. 전반적으로는 전 세계적으로 동성결혼 합법화가 빠른 속도로 확산되고 있다.

이런 경향은 앞으로도 지속될 것으로 보이는데 그 이유는 동성결혼에 가장 강력한 반대 입장을 표명해온 가톨릭교회의 태도가 달라지고 있기 때문이다. 프란치스코 교황Pope Francis이 2013년 11월 열린 전 세계 수도회총원장연합회USG 회의에서 남긴 말이다.

이혼한 부부나 동성애자 커플의 아이들에 대해 가톨릭교회가 새로운 방식으로 접근해야 한다. 우리가 때로 이해하기 어렵지만 오늘날 동성애자 결혼은 증가하고 있고, 부모들의 이혼으로 가족 구성도 변화하고 있다. 가톨릭교회가 변화하는 세대를 어떻게 포용할 것인가에 대해 이제 우리 스스로 고민해봐야 한다. 우리가 동성애자 커플이나 이혼한 부부의 가정이 신앙을 갖지 못하도록 백신을 주사하는 것은 아닌지 주의 깊게 살펴봐야 한다.

프란치스코 교황은 취임 직후부터 "동성애자인 사람이 선한 의지로 하나님을 찾는다면 내가 어떻게 그를 판단할 수 있겠는가"라며 동성애자에 대해 전향적 자세를 가질 것을 요구해왔다. 최근 중남미 국가에서 동성결혼 합법화가 빠른 속도로 확산되는 것도 이와 무관하지 않다. 그런데 아시아는 가톨릭교회의 영향력이 강한 곳이 아님에도 동성결혼에 대한 거부감이 이슬람 문화권인 중동 다음으로 강하다. 우리나라를 비롯한 대부분의 아시아 국가는 사실상 동성결혼에 대한 법적 규정이 모호해 합법도 불법도 아닌 상태이다.

하지만 뿌리 깊은 유교적 가부장 문화 때문에 정서적으로 거부감이 매우 크다. 아시아 중에서도 한국은 성소수자 인권운동의 역사가 짧고, 군사 문화와 남성주의가 결합한 폭력적 가부장 문화가 오랫동안 모든 조직의 지배 원리로 군림했기 때문에 동성애에 대한 거부가 가장 심한 지역으로 꼽힌다. 실제로 김조광수 결혼식 관련 인터넷 댓글은 축하 메시지보다 반대 의견을 표명하는 이가 훨씬 많았고, 어떤 기독교 신자는 결혼식장에 오물을 투척하는 방법으로 격한 혐오감을 표현하기도 했다. 동성결혼에 대한 사회적 인식이 호전되기는 했지만, 여전히 강고한 금지의 정서가 지배적 현실인 듯하다.

하지만 명확한 변화 조짐도 있다. 광주비엔날레가 행사의 하나로 실시한 시민참여 여론조사에서 동성결혼에 대해 응답자들은 긍정 20%, 부정 25.5%, 중립 54.5%의 비율을 보였다. 이 결과만 보면 사람들은 지금 동성결혼에 대한 자신의 태도를 결정하기 전에 세상의 눈치를 살피고 있는 중이다. 아마 이들 중 다수가 점진적으로 동성결혼을 인정하는 방향으로 태도를 바꿀 것으로 보인다. 왜냐하면 동성결혼 합법화에 반대하는 입장은 갈수록 논리적 수세에 몰리고 있는 것이 현실이기 때문이다. 시간이 지날수록 동성결혼을 금지하는 타성적 관습의 지지 기반은 약화될 것이 분명하다. 그렇다면 인류 역사에서 절대다수의 사람이 옳다고 믿어왔던 동성결혼에 대한 사회적 금지가 현재의 평균적 가치관에 비추었을 때 얼마나 근거가 약한지 살펴보자.

동성결혼 합법화는 현실적으로 존재하는 동성애자 커플들에게 부부로서 법적 지위를 부여하는 것이다. 합법화 여부와 관계없이 동성애 커플은 인구의 일부분을 차지한다. 합법화한다고 실제 동성애 인구가 늘어나는 것도 아니다. 합법화는 다만 현실로 존재하는 동성애자들이 사회적 차별을 덜 받도록 최소한의 제도적 장치를 마련해준다는 의미이다. 간단히 말해 동성결혼 합법화는 이성결혼의 사회적 기반을 유지하면서 차별받던 성소수자의 인권을 개선하려는 사회적 조치이다. 그런데 이런 '아주 작은 부분의 사회적 공존'을 부정하는 것은 서로 관련된 두 개의 관념에서 비롯된다. 첫째는 교회의 입장으로 동성애 자체를 '신의 뜻을 거역하는 죄악'으로 보는 것이다. 둘째는 가부장제사회의 지배 이데올로기로 동성애 나아가 동성결혼을 허용하면 이성결혼 제도가 침범당한다는 생각이다. 그리하여 교회에 다니지 않는 사람들까지 동성결혼을 반대하며 "자연스럽지 않다"고 주장한다. 과연 '신의 뜻을 거역한 죄악'과 '부자연스러운 행동'이라는 것이 동성결혼 금지의 이유가 될 수 있는가?

동성결혼이 신의 뜻을 거역한 행위라면 반대로 이성결혼이 신의 뜻이라는 얘기다. 자연 상태의 동물처럼 짝짓고 자손을 생산하라는 것이 신의 뜻의 전부라면, 신은 곧 자연과 같아지므로 신이라는 별도의 관념은 필요조차 없다. 기독교에서 신의 의지로 강조되는 이웃 사랑은 자연의 논리가 아니다. 자연 상태에서 사랑과 헌신은 자기 새끼 이외에는 적용되지 않기 때문이다. 남의 자식을 거두어 헌신적으로 기르는 행위는 자연의 논리보다 신의 논리에 가까운 인간사회의 미덕이다. 기독교의 신의 의지를 '사랑'으로, 사랑을 서로 헌신하는 관계로 보면, 동성애는 자연의 논리를 거부하고 신의 논리를 따르는 것이 된다. 왜냐하면 자연의 논리와 신의 논리가, 육체적 사랑과 정신적 사랑이, 이해타산과 정서적 교감이 어정쩡하게 결합되어 축하받는 이성결혼보다 사회적 차별을 감내하는 동성결혼이 사랑의 순도는 한결 높을 것이기 때문이다. 이런 이유로 나는 동성애를 부정하는 교회의 입장을 신의 뜻이 아니라 세속 권력과 타협한 교회 권력의 의지로 본다.

따라서 실질적으로 동성결혼을 금지하는 진짜 주체는 가부장제 이데올로기에 기초한 세속 권력이라 보는 것이 타당하다. 이 사실은 곧 동성결혼 합법화 여부를 결정짓는 주체는 신이 아니라 세속 권력을 창출해낸 주권자인 시민이라는 점을 의미한다. 동성애는 종교적 문제가 아니라 정치적 문제로 접근해야 한다는 뜻이다. 이 관점에서 동성결혼 합법화의 타당성을 타진해보자.

결혼을 남녀관계로 제한하는 것은 성적 결합을 통해 자식을 생산하는 자연적 조건을 사회적 조건으로 대체한 사유다. 남녀가 성적 본능에 따라 관계 맺고 자식을 생산하는 일은 자연에 존재하는 많은 가능성 중 하나이지 필연적인 것은 아니다. 자연을 토대로 사회를 구축하는 것이 공고할 수는 있다. 본능적 욕구를 구성의 접착제로 사용하기 때문이다. 하지만 여기서 '접착제' 역할을 하는 남녀

간 성적 본능은 사회를 구성하는 데 편리할 뿐이지 그 자체에는 어떤 윤리적 당위도 없다. 이성결혼 제도를 절대적 형식으로 유지하는 것이 사회적 관리 비용을 절감하는 실용적 차원의 선택일 뿐 윤리적 당위성은 없다는 의미다.

혹자는 "모두가 동성결혼하면 인류는 멸망하지 않는가?"라고 반문할지 모른다. 맞다. 그런데 모두가 동성결혼하는 사태는 절대 일어나지 않는다. 자연에는 오히려 모두가 무엇 무엇을 해야 하는 일이 결코 일어나지 않는다. 오히려 그것은 사회적인 현상, 이데올로기적 현상이다. 어떤 사회가 정말 '자연스럽게' 이성결혼과 동성결혼을 모두 합법화하면, 그 사회는 다수가 이성과 결혼하고 소수가 동성과 결혼하는 형태로 '자연스럽게' 흘러간다. 그렇게 되면 성소수자의 자유와 인권을 지켜주는 민주적 사회를 유지할 수 있다. 반면 사회구성과 운용의 편리함이라는 실용적 가치를 위해 전체의 이름으로 성소수자를 배제하는 것은 개인의 자유와 인권이라는 윤리적 가치를 후순위로 두는 윤리적 폭력이다.

사랑은 남녀 사이에만 존재하는 것이 아니다. 사랑이 남녀 사이에 존재한다고 혹은 존재해야 한다고 강변하는 일은 어쩌면 남녀 간 사랑을 내세워 이뤄지는 결혼에 부족한 것이 사랑밖에 없다는 무의식적 고백일지 모른다. 동성결혼에 대한 낯섦은 이성결혼에 내재한 사랑이 부정당하기 때문이 아니라, 가부장적 권력관계가 부정당하기 때문이다. 사랑은 타자의 부정을 통해 정체성을 확립하지 않는다. 하지만 권력은 반드시 타자에 대한 비교우위를 통해서만 스스로를 정립할 수 있다. 이성결혼이 사랑으로 가득하다면 동성결혼을 부정하지 않고도 존속하리라. 진정으로 이성결혼 제도를 옹호하는 자라면 동성결혼에 손가락질할 시간에 자신의 결혼을 사랑으로 채우는 일에 몰두할 것이다. 2013

양심적
병역거부자를
위하여

"초등학교 4학년 때부터 제 꿈은 목사가 되는 것이었습니다. 신학을 공부하면서, 성경을 읽으면서 만난 예수님이 제게 항상 하셨던 말씀이 있습니다. '이웃을 사랑하라.' 예수님의 걸음을 따라 모든 전쟁을 반대합니다."

2009년 병역거부 선언을 한 연세대 신학과 재학생 하동기 씨의 이야기이다. 이 말만 따져보면, 예수의 가르침을 매우 간결하고 분명하게 실천하는 행동처럼 보인다. 군대는 평소에 수해 복구 같은 대민 지원 활동도 많이 하지만, 기본 목적은 적군을 죽이는 것이기 때문이다. 역사적으로 지구 위에서 벌어진 살인의 절대다수는 범죄 살인이 아니라, 전쟁 살인이었다. 그러니 군대를 거부해 자신의 총에 죽을 수도 있는 적병의 목숨을 살려 이웃 사랑을 실천하겠다는 하 씨의 주장은 본인 입장에서 지극히 논리적 결단일 수 있다. 하지만 현행법대로라면 하 씨는 감옥에 가야 한다. "군대를 안 가는 것이 이웃 사랑이면 군대 갔다 온 우리는 도대체 뭐냐"는 대다수 사람의 원성과 비난을 감내하면서.

양심적 병역거부자 문제는 난제다. 병역거부자의 논리를 인정하면 군대를 해체해야 한다. 물론 현재 징집 제도가 있는 지구상 모든 국가에서 양심적 병역거부자의 논리는 그 자체로 인정되지 않고 있으며, 양심적 병역거부자의 존재만이 인정될 뿐이다. 대부분 종교적 이유로 병역을 거부하기 때문에 종교의 자유라는 차원에서 '대체복무제'를 시행하는 정도이다. 어느 곳이든 양심적 병역거부자는 양심의 힘이 아니라 종교의 힘에 의지해 '다름'을 인정받아 '우리와는 너무 다른 소수자'로 가까스로 존재하고 있을 뿐이다. 물론 분단 국가인 우리나라에서는 아직 대체복무제가 받아들여지지 않고 있다. 2013년 유엔인권이사회UNHRC가 발표한 '양심적 병역거부에 관한 분석 보고서'에 따르면 양심적 병역거부로 전 세계에서 투옥된 사람 중 92.5%가 한국인이다. 한국은 1950년 이후 1만 7천 208명이 종교적 이유로 병역을 거부해 투옥된 것으로 나타났다. 이러한 수치는 양심적 병역거부에 대해 한국이 완고하게 형벌로 처벌하는 국가라는 점을 말해준다. 하지만 세계적 추세가 대체복무제를 인정하고 있고, 2013년 갤럽이 실시한 여론조사에서 국민의 68%가 대체복무제를 찬성해 언젠가 한국도 대체복무제를 받아들이리라 예상된다. 하지만 국민의 76%는 '양심적 병역거부자를 이해할 수 없다'는 응답을 해 대체복무제가 시행된다 해도 양심적 병역거부자에 대한 사회적 차별이 적지 않을 것으로 보인다. 그래서 지금 시점에서 주목해야 할 것은 대체복무제 찬반 논란을 넘어 양심적 병역거부 자체에 관한 사회적 인식이다. 병역을 거부한 이유에 동의는 하지 않더라도, 이해하지 못한다면 그들을 향한 사회적 차별이 불가피하기 때문이다.

우리나라 양심적 병역거부자의 절대다수는 종교 교리에 따라 집총을 거부하는 여호와의 증인 신도이다. 간혹 사상적 이유로 병역을 거부한 평화주의자도 있다. 나는 대체복무제를 찬성하며, 종교적 이유로 병역을 거부하는 여호와의 증인을 심정적으로 이해한다. 나아가 사상적 동기에서 병역거부를 하는 젊은 평화운동가의 용기에 대해서는 개인적으로 존경의 마음도 갖고 있다. 왜냐하면 그들의 행위가 국가주의가 공고한 지금 당장의 현실에 아무런 영향을 미치지 못하더라도, 현실을 지탱하는 그 가치가 불완전하다는 것은 매우 분명하게 지적해주기 때문이다. 그리하여 나는 앞으로 양심적 병역거부자가 우리가 신봉하는 어떤 가치의 불완전성을 지적하는지 얘기해보고자 한다. 양심적 병역거부자를 이해하지 못한다고 응답한 76%의 사람들이 이해할 수 있기를 바라는 마음에서.

칸트의 도덕철학에서 시작해보자. 칸트는 우리가 지켜야 할 규칙을 준칙準則과 법칙法則으로 구분한다. 준칙은 어떤 개인이나 집단의 행위 원칙으로, 보편타당한 도덕적 가치를 갖지 않는다. 집단에서 합의하면 도덕적 가치가 없어도 준칙이 된다. 대개의 경우 준칙은 개인 혹은 집단의 이익을 최대화하기 위한 구성원 간 약속이기 때문에 가언명법(If-Then) 형식으로 부과된다. "당신이 한국 국민이라면(If) 군대에 가야 한다(Then)", "당신이 이스라엘 국민이라면(If) 세금을 내야 한다(Then)"는 가정법 형태로 의무가 부과된다. 모병제를 취하는 미국에서는 군대를 의무적으로 갈 필요가 없으며, 공산주의 국가에서는 세금을 낼 필요가 없다. 한편 법칙은 보편타당한 도덕적 가치를 갖는 행위 원칙이다. 법칙은 조건 없이 그 자체가 절대적 의무인 정언명법 형식으로 부과된다. "살인하지 마라", "거짓말 하지 마라"와 같은 명령들은 국가의 경계를 넘어 보편적 도덕적 가치를 지닌 법칙으로 볼 수 있다. 칸트는 도덕은 실체가 있으며, 인간이 선을 행해야 하는 이유는 그 자체로 의무이기 때문이라고 보았다. 그래서 칸트는 도덕적 인간을 '의지의 준칙이 보편타당한 법칙이 되는 인간', 즉 '도덕적 법칙에 근거해서 자신의 이익을 추구하는 인간'으로 설정했다.

이 관점에서 하 씨의 행위를 평가하면 이렇다. '이웃을 사랑하라'는 예수의 가르침이 보편타당한 도덕적 가치라고 가정하면, 또 군대를 거부하는 것이 이웃을 사랑하는 방법론으로 타당하다면 하 씨의 행위는 자기 행위의 준칙을 보편적인 법칙에 맞춘 도덕적 인간이다. 하 씨가 거부한 병역의무는 준칙이고, 지키고자 한 예수의 가르침은 법칙이기 때문이다. 그러므로 하 씨는 도덕적 인간이다. 전장에 던져진 두 유형의 병사를 상상해보자. 국가를 위해 적을 무찌르고 무공훈장을 받아 금의환향한 병사와 무엇을 위해 사람을 죽이고 있나 질문을 던지다 탈영한 병사. 전자에게 병역의무라는 준칙과 살인하지 말라는 법칙은 갈등을 일으키지 않는다. 준칙이 법칙을 구속하는 가치 전도된 이데올로기적 사유에 너무나 익숙하기 때문이다. 그러나 후자는 평소에 느끼지 못했던 준칙과 법칙의 가치 전도를 비로소 전장에서 느끼는 사람이다. 후자들은 종종 반전영화反戰映畫의 주인공으로 등장한다. 그들에게는 외상 후 후유증과 같은 정신병 진단이 내려지고, 사회적으로 거세되기까지 한다. 영화〈하얀 전쟁〉과 〈아버지의 깃발Flags of Our Fathers〉에 나오는 주인공들이 그런 인물이다. 전자는 이데올로기적 인간, 후자는 윤리적 인간이다. 이데올로기는 권력을 정당화하는 가치의 체계이고, 도덕은 인간의 선한 의지를 실현하는 가치의 준거이다.

군대를 가서 전장에 투입되면 이데올로기적 인간이 될 수도, 도덕적 인간이 될 수도 있다. 하지만 대부분 살아남기 위해서는 이데올로기적 인간이 될 수밖에 없고, 그렇기 때문에 스스로 앞장서 그리되고자 노력할 것이다. 우리가 사는 세계는 아직 준칙은 가깝고 법칙은 멀기 때문이다. 현시대는 국가를 단위로 서로 경쟁하고 적대하는 국제관계가 현실인 상황, 거의 모든 국가에서 국방의무가 국민의 의무로 헌법에 명시돼 있는 상황, 국가주의가 모든 국민국가 안의 개별적 삶을 지배하는 상황이 아닌가. 이 조건 속에서 전쟁이 발발하면 가족과 민족과 국가를 지키라는 준칙의 명령은 살인하지 말라는 법칙을 외면할 수밖에 없다. 양심적 병역거부자들은 이 준칙을 거부한 사람들이다.

칸트의 생각대로, 진보가 인간 전체의 자유가 신장되는 것이라면, 평화는 제1조건이 되어야 할 것이다. 전쟁만큼 인간의 자유를 송두리 부정하는 것은 없기 때문이다. 그런 점에서 양심적 병역거부자는 인류 전체의 평화를 위해 그들이 소속된 국가의 명령을 부정하는 사람들이다. 조직의 의리를 저버리면서 도덕적 법칙을 실천한 사람들이다. 그들은 지나치게 이상적이고 앞질러갔을 뿐, 이상한 자들은 아닌 것이다. 그들을 감옥으로 보내는 것은 현재의 준칙 위반을 이유로 미래의 도덕적 법칙을 외면하는 행위이다. 대체복무제는 지금 당장 급한 준칙의 명령과 멀리 있지만 소중한 법칙의 요구를 절충한 최소한의 타협이다. 대체복무제를 받아들이고 양심적 병역거부자를 사회적 차별 없이 수용한다면, 그 사회는 현재의 국가주의 틀을 넘어 보편적인 도덕을 지향하는 새로운 눈을 얻게 될 것이다. 한 나라의 전쟁 영웅이 상대국에서는 살인기계로 불리는 상황을 너무나 쉽게 수용하는 사람이 정말 이상한 자 아닌가? 우리가 의사로 존경하는 안중근을 일본은 자국 근대화를 이끈 위대한 지도자를 살해한 테러리스트로 여기지 않던가. *2013*

3부

일베충,
거짓 자유주의가 키운
보수의 홍위병?

아래 하나의 인용문이 있다. 어떤 사람이 쓴 글일까 자유롭게 상상해보라. 직업을 상상해도 좋고, 정치적 입장을 생각해도 좋고, 심리적 성향을 떠올려도 무방하다.

여성은 원래 운명적으로 남성의 동반자이다. 따라서 남성과 여성은 일에서나 생활에서나 동료인 것이다. 수 세기 동안의 경제적 발전이 남성의 노동 영역을 변화시켰듯이, 논리적으로 여성의 영역 역시 변화시켰다. 함께 일할 의무뿐만 아니라 인간 자체를 보존하는 것도 남녀의 의무이다. 이 가장 고귀한 임무 속에서 우리는 하느님이 영원한 지혜로 남녀에게 주신 특별한 개인적 재능의 토대를 발견하게 된다.

따라서 생활의 동반자이자 일의 동료가 될 수 있도록 가족 형성을 위해 노력하는 것이 가장 숭고한 과업이다. 가족의 최종적 파괴는 모든 숭고한 인간성의 종말을 의미한다. 여성의 활동 영역이 멀리까지 뻗어나간다 하더라도 진실로 유기적이고 논리적인 발전의 궁극적 목표는 항상 가족의 창조여야 한다. 가족은 국가의 전체 구조에서 가장 작지만 가장 가치 있는 단위인 것이다. 일은 남성과 마찬가지로 여성도 명예롭게 만든다. 그러나 아이들은 여성을 고귀하게 만든다.

이 글이 현재 한국 신문에 실렸다고 가정하면, 남녀를 화해시켜 가정을 지키게 하려 애쓰는 가정법원의 보수적 판사 정도가 필자로 자연스럽지 않겠는가. 그런데 이 글은 아돌프 히틀러Adolf Hitler의 《나의 투쟁Mein Kampf》에서 발췌한 것이다. 유대인 학살이라는 그의 행동만큼 그의 생각이 낯설어 보이는가? 생각과 행동이 늘 일치하는 것은 아니지만, 단지 고향과 가정과 국가를 강조하는 것이 어떻게 유대인 학살이라는 만행과 연결됐는지 이해가 되는가?

우리는 나치가 무슨 짓을 했는지 잘 알지만 무슨 생각을 했는지는 잘 모른다. 나치가 투표로 집권해 대중의 열광적 지지를 등에 업었다는 사실도 종종 잊는다. 그 대중이 평범한 독일 시민이었다는 점도 특별히 의식하지 않는다. 나치는 그저 하켄크로이츠Hakenkreuz(나치스의 상징으로 쓴 갈고리 십자형의 휘장. 범어의 만卍과 비슷한 모양이다) 문양을 새긴 제복 속 악마 정도로 기억된다. 아마도 유대인 학살 하나만으로 더 이상의 판단을 중지하고 윤리적 분노로 생각을 대신했기 때문일 것이다. 그런데 파시즘은 일회성의 정치적 사건이 아니라 언제든 재발할 수 있는 대중사회의 정치적 현상이다. 파시즘 정서는 어느 사회에서나 억압된 채 잠복해 있어 언제든 정치적 사건으로 폭발할 수 있다.

그렇다면 파시즘을 바라보는 태도가 윤리적 분노에 그쳐서는 곤란하지 않을까? 윤리적 분노는 '선한 우리'와 '나쁜 그들'을 나누고 행위 결과에 대한 책임을 그들에게 전가함으로써 경우에 따라 우리 안의 파시즘을 외면하는 심리적 방어기제가 될 수도 있다. 그렇게 되면 과거의 파시즘에 대한 평가는 가능해도 미래의 파시즘에 대한 예방은 어렵다. 파시즘은 대중의 일상 속 깊이 스며 있는 비합리적 사고 습관과 정서에서 시작되기 때문이다. 그래서 파시즘을 차단하는 가장 좋은 방법은 시민사회 전체의 정치적 건강성을 높여 우리 안의 무엇이 파시즘을 낳는 토양이 되는지 성찰하는 것이다.

지금 한국사회에 나타난 극우적 성향에 대한 시민사회의 대응에도 성찰적 태도가 필요하다. 일베를 '극우', '네오 나치' 등으로 명명하고, 정치적으로 논박하는 것은 역효과를 낼 수도 있다. 자멸할 만큼 충분히 외설적인 언행에 정색하고 대응하는 것은 애초에 없었던 정치적 지위를 오히려 부여하는 결과를 초래할 수 있기 때문이다. 지금 시점에서 일베는 우려할 만한 극우 정치 세력이 아니다. 그들은 현 정치체제가 껴안지 못하는 대중의 응축된 불만의 징후일 뿐이다. 주목해야 할 것은 그들의 주장이 아니라 존재 자체다. 그러므로 우리가 일베와 관련해 해야 할 일은 정치적 논박이 아니라 질문이다. 일베를 대중 속에 광범위하게 극우적 정서가 확산되고 있다는 징후로 볼 수 있는가? 일베를 탄생시킨 사회적 조건 혹은 정치 제제의 공백은 무엇인가? 일베라는 증상에 시민사회는 어떻게 대응해야 하는가? 이런 질문에 답을 찾아가는 과정이 시민사회의 정치적 건강성을 성찰하는 방법이며, 극우적 정서에 대한 적절한 대처법이다. 이 질문들에 답하기 위해 극우의 원조인 파시즘의 심리 상태와 정치적 행동 패턴부터 살펴보도록 하자.

파시즘에 관해 가장 설득력 있는 통찰을 보인 사람은 빌헬름 라이히Willhelm Reich이다. 1933년 나치 정권하에 출간된 《파시즘의 대중심리Die Massenpsychologie des Faschismus》는 파시스트와 사회주의자 양측으로부터 격렬한 비판을 받았다. 나치는 라이히가 파시즘을 정치사상이 아니라 비정상적인 감정 작용으로 격하시킨 것이 거슬려서, 사회주의자는 사회적 '계급'보다 개인적 '성격'을 정치적 행동의 우선 동기로 보는 라이히의 시각이 자신들의 사상을 정면으로 부인한다고 생각해 배척했다. 라이히 스스로는 파시즘에 대한 마르크스주의 설명의 한계를 지그문트 프로이트Sigmund Freud를 끌어와 넘어섰다고 생각했다. 파시즘에 노동자들이 적극 동조한 이유에 대한 마르크스주의의 설명은 '경제적 토대와 이데올로기의 분열'이다.

노동자들이 자신의 이해관계에 불리한 파시스트를 지지하는 것은 속아서이고, 정치적으로 각성하면 여기서 벗어날 것이라는 주장이었다. 반면 라이히는 노동자들이 속아서가 아니라, 억압적 사회구조에서 형성된 권위주의적 '성격구조' 때문이라 했다. 권위주의적 성격구조를 가진 대중에게 '당신들은 정치적으로 속고 있다'고 말해봐야 소용없다는 뜻이었다. 그는 계급의식보다 '성격구조'를 정치적 행동의 근원적 동인으로 보았다. 그렇다면 라이히가 말하는 성격구조는 어떻게 형성되고, 파시즘과 어떤 관계가 있는 것일까?

라이히는 인간의 성격은 세 개의 상이한 층들로 구성돼 있다고 주장한다. "표면층에서 평범한 인간은 수줍고 예의바르며 인정이 많고 책임감 강하며 양심적이다." "중간층은 잔혹하고 가학적이며 음란하고 욕심과 시기심이 많으며 철두철미하게 충동으로만 구성돼 있다." "심층은 인간이 타고난 생물학적 미덕이 보존된 층으로, 좋은 사회적 조건이 주어진다면 인간은 이 가장 깊은 핵심에서 진정 정직하고 부지런하고 협동적이며 사랑을 하고 있는 동물, 정당한 이유가 있을 때 합리적으로 증오를 표출하는 동물이 될 수 있다." 라이히가 볼 때 인간이 주체가 되는 순간은 '타고난 생물학적 미덕이 보전된 층'을 표면으로 드러낼 때이다. 하지만 심층의 이 잠재된 미덕들은 억압적인 사회구조 속에서 억압된다. 이때 사회구조의 억압에 순응해 형성된 성격층이 표면층이고, 억압에 반발해 형성된 성격층이 중간층이다. 그래서 표면층과 중간층의 갈등은 심층을 해방시키는 진정한 적대가 아니다. 중간층은 심층에서 비롯된 것이 아니라 표면층의 그림자로 형성되었기 때문이다. 간단히 말해 표면층과 중간층의 갈등은 자체로 '적대적 공생' 관계를 통해 심층을 억압하는 데 기여한다는 것이다. 이런 관점으로 보면 생물학적 미덕이 자리하는 심층이 발현될 수 있는 길은 표면층과 중간층의 갈등으로부터 탈주하는 것이다. 니체식으로 말하면, 증오하지 말고 경멸해야 한다. 그래야 억압에서 벗어날 수 있다.

이런 사유를 한 개인의 내면을 넘어 정치의 장으로 확장해보면, 사회에 잘 적응하는 보수주의자 혹은 온건한 자유주의자(현 지배 세력, 정신분석적으로는 사회적으로 명령하는 존재─아버지의 법칙, 초자아, 대타자 등등)는 표면층에 뿌리내린 자들, 즉 사회 명령에 순응하는 자신의 모습을 주체로 상상하는 사람들이다. 여기에 반발하는 중간층 성격의 정치적 주체들이 파시스트다(라이히는 교조적 마르크스주의자들에게서도 비슷한 성향을 보았던 것 같다). 파시즘은 중간층의 성격적 특성이 표면층을 뚫고 표출되는 현상이다. 중간층에 정체성의 뿌리를 설정한 인간은 표면층을 위선으로, 중간층을 진실로 오인한다. 중간층은 가족, 학교, 교회 등과 같은 다양한 사회제도의 권위주의적 억압에 반발하는 내면적 과정을 거쳐 형성되는 이차적 성격층이다.

이런 시각에 따르면 파시즘에 경도된 인간은 위선적인 지배 체제에 대항해 진정성을 표출한다고 생각하지만, 사실 그가 생각하는 진정성은 지배 체제에 학대받으면서 형성된 공격성이다. 그는 상처를 자신의 본질로, 공격성을 진정성으로 오인하기 때문에, 진짜 진정성이 발현될 토양인 심층에는 결코 가닿지 못한다. 간단히 말하면, 파시즘적 인간은 억압은 인식하지만, 억압의 이유를 해석하지 못해 자유의 대안을 찾지 못하는 인간이다. 그리하여 보이지 않는 억압의 주체를 적으로 여기고 끊임없이 불가능한 전투를 벌이며 싸우는 스스로의 모습에 도취된다. 이 자아도취의 판타지를 유지하기 위해 주변 대상을 혐오의 감정으로 대하며, 그렇기 때문에 사랑의 자리는 언제나 공백으로 남는다. 이 빈 자리는 자신의 공격성에 역사적 대의와 사회적 명분을 제공하는 지도자의 몫이다. 파시즘에 경도된 인간은 지도자를 통해서만 자신의 사회적 정체성을 느끼기 때문에 무의미로 추락하지 않기 위해 열광적으로 헌신한다. 정치적으로 보면, 파시스트는 반역적 정서를 갖고 있지만 권위를 갈망하는 소심한 노예 상태에 고착돼, 결국 반동적 사회사상에 심취하는 길로 나아간다. 그 요란한 퍼포먼스를 통해 자신을 억압한 억압자의 노예가 되는 것으로 마무리되는 것이다. 라이히는 이런 심리 상태가 보편적인 인간 성격의 한 단면이며, 특정한 사회 조건 속에서 정치적으로 활성화되는 것뿐이라고 보았다.

파시스트 이데올로기는 이런 심리 상태를 파고드는 내용들로 구성됐다. 고향, 혈통, 가족, 국가에 대한 과도한 강조는 표면층에 적응하지 못하는 인간의 고독과 불안을 조건 없이 달래준다. 타락한 자본주의에 대한 혐오는 현실적 좌절을 윤리적 고양의 지표로 정당화해준다. 지도자를 향한 숭배와 열광적 의식은 스스로 삶의 대안을 만들지 못하는 결여를 채워준다. 인종주의는 부정할 대상을 통해 유아기적 상처에 고착된 공격성을 드러낼 대상을 제공한다. 반지성주의와 여성 혐오는 자아도취적 전사 판타지를 강화해준다. 한마디로 파시스트의 열광은 현실적 좌절을 정당화하고 심리적 공백을 채우려는 안간힘이다.

라이히의 견해를 종합하면, 파시즘적 정서는 우리가 일상적으로 받아들이는 가족, 교회, 민족, 국가에 대한 비합리적 생각들 속에서 자라고, 특정한 사회적 조건 속에서 폭발한다. 이런 주장을 통해 라이히는 파시즘뿐만 아니라 자유주의 철학에 기초한 자본주의사회의 지배 이데올로기를 비판한다. 파시즘을 촉발하는 중간층의 성격구조가 공허하고 위선적인 자유주의 규범 체계의 고요한 억압으로부터 초래된다는 것이다. 그래서 라이히는 자유주의와 파시즘을 넘어서는 제3의 대안, 심층을 해방시켜 인간을 조직하는 정치를 꿈꾸었다.

라이히의 주장은 자유주의자든 마르크스주의자든 계몽주의적 관점에서 보면, 인간 이성에 대한 깊은 회의와 생물학적 자질에 대한 과도한 낙관을 전제로 계몽주의 세계관을 급진적으로 부정하는 낭만적 자연주의에 기초해 있다. 그럼에도 라이히의 설명에서 참조할 점이 있다면, 지금 우리 삶은 대단히 위선적인 지배와 폭력적 저항 사이에 소란스럽게 고착되고 있다는 것, 이로 인해 파시즘적 정서를 키워내는 토양이 상존한다는 것 아닐까. 달리 말하면, 지금 '깨시민'이 경멸하는 일베의 행태가 종교처럼 인식되는 '민주주의'의 위선과 공백을 반영하는 그림자일 수 있다는 것이다. 한국사회의 성격구조에서 위선적인 표면층에 폭력적인 중간층이 충돌하는 소음의 정치적 판본이 일베일 수도 있다는 의미이다.

일베를 두고 정치적 극우 세력이 등장한 것이라 할 수 있을까? 일베는 현상적으로 반민주적, 반여성적, 인종주의적, 지역주의적 논리와 폭력적이고 외설적 언행이 특징이다. 어버이연합이나 자유총연맹 등 기존 극우 성향 보수 단체는 반공주의를 특권화하고 전반적으로 반민주적 성향을 보였을 뿐, 여성 혐오나 인종주의 같은 파시즘적 정서는 없었다. 그런 점에서 반공 이데올로기를 근간으로 하는 권위주의 정권에 동원된 하부 조직일 뿐, 독자적 극우 정치 세력은 아니었다고 할 수 있다. 일베는 이들보다 더 나아가 반공은 물론, 여성 혐오, 인종주의 등 파시즘적 성향을 보이긴 한다. 하지만 자본주의를 혐오하고 성적 욕망은 극도로 억압했던 파시스트와 달리 친자본주의적이고 외설적이다. 무엇보다 일베는 일관된 정치적 이념과 지향이 없으며, 충성도가 떨어진다는 점이 파시스트와 다르다. 회원들이 실체를 숨기며 온라인에서 익명으로 활동한다는 것은 스스로도 확신이 없다는 얘기다. 이런 점에서 일베를 극우 정치

조직으로 보기는 어렵다. 하지만 무정형의 외설로 표출되는 정서는 파시즘적 요소가 다분하다.

일베 회원인 고 성재기 씨가 대표였던 남성연대는 일베의 정서를 사회운동으로 조직한 경우이다. 그래서 남성연대는 현재로서는 일베의 정서가 세상 밖으로 나와 정치운동으로 조직될 가능성을 가늠해볼 수 있는 유일한 지표다. 남성연대의 현주소는 미래를 알 수 없는 상태다. 그 전에도 시민 공론장의 평판은 부정적이었다. 성 씨가 생전에 했다는 말, "진보는 나보고 꼴보수라 하고, 보수는 나보고 찌질이라 한다"가 세간의 평가였다. 일부 젊은층에서 충성 그룹이 있었고, 쪼그라드는 가부장 권력을 아쉬워하는 일부 마초 엘리트들이 심정적 지원을 보냈을 뿐이다. 그나마 남성연대가 지향한 운동의 초점은 '남성 인권'뿐이었다. 일베에 나타나는 다른 파시즘 정서는 다 내려놓았다. 성공한 엘리트 여성에 대한 반감이 도드라진 정도였다. 그래도 대중적 지지를 얻는 데 실패했다면 일베의 정서가 정치적으로 조직될 가능성은 거의 없다는 얘기다.

하지만 일베가 기존 보수 정치 세력의 홍위병으로 동원될 개연성은 다분하다. 이념적 확신에 찬 파시스트는 지도자를 정점으로 뭉치지만, 이념도 지도자도 없는 일베는 한국사회의 정치적 대타자인 냉전 이데올로기를 등대 삼아 나아갈 것이기 때문이다. 벌써 그런 조짐이 보인다. 보수 정치 세력은 절대적으로 약세인 인터넷상 진보와의 담론 투쟁에서 보수 논객을 정치적 용병으로 활용하고,

보수 논객은 정치적 담론을 확산시키는 확성기로 일베를 이용하는 구도가 나타나고 있다. 결국 일베는 인터넷에 배치된 보수 정치 세력의 최고 말단 용병으로 이용당할 공산이 크다. 모든 극우의 운명처럼 자신들에게 피해의식을 갖게 만든 지배세력의 수족으로 전락하게 될 것이라는 말이다.

하지만 '깨시민'이 일베 현상에서 주목해야 하는 것은 보수 이데올로기에 흡수되면서 이들이 끼치는 정치적 폐해만이 아니다. 반동적 사상과 결합한 결말의 시작은 반역적 정서라는 사실을 환기할 필요가 있다. 반역적 정서를 출현하게 한 사회적 조건 혹은 정치체제의 공백이 무엇인지 주목해야 한다는 뜻이다. 일베 회원이 어떤 사람들인지 명확히 드러나진 않지만, 2030세대가 절대다수인 것만은 분명하다. 추측건대 이들은 사회경제적 약자이자, 문화적 빈자(학력이나 전문기술 등 문화자본이 약한 사람)이고, 시민정치의 국외자(정치적 교양의 세례를 받지 못해 정치적 참여의 방법을 잘 모르는 사람)일 공산이 크다. 물론 그중에는 돈 잘 벌고 학벌 좋으면서 파시스트의 정서 구조를 지닌 사람도 있을 것이다. 하지만 다수는 별로 가진 것 없고 정치적 참여로 처지를 개선할 의지가 없는 인물들이 아닐까? 그래서 사회에 대한 소외감과 불만을 외설적 히스테리로 터뜨리며, 가장 안전하게 이 사회의 지배 구조에서 집단적 약자 위치에 있는 여자와 호남과 이주노동자를 공격하는 게 아닐까?

이 행태야 비판받아 마땅하지만, 이들의 존재는 정치적으로 정형화되지 않은 또 다른 유형의 사회적 약자가 생성되고 있음을 고지하는 것일 수 있다. 예컨대 신체 건강하고 대학까지 졸업했지만 취업에 실패한 어떤 20대를 상상해보자. 성장기를 입시 경쟁과 게임에 빠져 보내면서 인성이 유아적 성향에 머물러 있는 인물이라면 앞으로 삶을 헤쳐 나가기 쉽지 않으리라. 그는 '실존적 약자'로 사회적 약자 중에서도 최악의 유형이다. 이런 인물 유형이 개인적 삶의 결과가 아니라 사회구조적으로 양산된다면, 분명 정치의 문제이다. 기존 정치가 만든 것이자 해결해야 할 과제이다.

　　기존 정치의 어떤 공백이 일베를 배태했는지 단언하기는 어렵지만, '일베 짓' 같은 파시즘적 독선은 삶의 실질에 가닿지 못하는 위선적 규범의 반동이라는 것이 라이히의 견해다. 그는 성격구조의 중간층에서 나오는 파시즘을 "거짓 자유주의(진정한 자유주의와 관용이 아닌)의 공허한 예의 바름에 대항한, 학대받던 인간들의 수많은 반역 속에서 나타난 것"으로 보았다. 그가 위선적 규범으로 예시한 '거짓 자유주의의 공허한 예의 바름'은 지금 한국사회에서 어떤 형태로 출현하고 있을까? '인민을 위한for the people'은 사라지고 '인민에 의한by the people'이 '민주of the people'를 독식하는 절차적 민주주의의 한계로 나타날 수도 있고, 보수 대 진보의 경직된 정치적 대립 구도가 당파의 권력 재생산을 위한 적대적 공생관계로 흘러가는 정치의 통치화로 출현할 수도 있다. 그 어느 쪽이든 삶의 실질적 형식을 부여하는 진정한 정치는 사라진 셈이다. 어쩌면 일베의 외설

속에는 대문자 정치가 사라진 사회 공간에서 스스로 정치적 참여를 조직할 줄 모르는 무력한 자들의 절망이 스며 나오고 있는 것 아닐까? 그래서 반역적 정서가 외설적 히스테리로 표출되는 것 아닐까?

남성연대 사무실에는 "프롤레타리아의 심장과 부르주아의 이성으로"라는 구호가 붙어 있다고 한다. 여기에는 적어도 연대의 대상이 프롤레타리아(남성)라는 사실이 적시돼 있다. 하지만 욕망은 부르주아적 권위를 갈망한다. 또 언젠가 성재기 대표는 "여성가족부의 예산으로 노인, 장애인 그리고 군인, 경찰, 소방수의 복지에 쓰자"는 피켓을 들고 1인 시위를 했다. 여기서 성 씨는 여성 일반 대 노인과 장애인이라는 생물학적 약자(가장 확실한 실존적 약자), 여성 일반 대 사회에 가장 헌신적인(동시에 국가 권력을 유지하는) 박봉의 공무원 직종으로 적대 관계를 설정한다. 정서적 연대는 프롤레타리아(남성)와 하고, 정치적 공격은 여성을 향하고, 이데올로기적 위치는 국가주의 안에 머문다. 이런 모순은 프롤레타리아가 처한 곤경의 원인을 모르거나 외면하기 때문에, 그리하여 부자와 빈자의 적대 관계를 남성 대 여성의 것으로 오인한 데서 비롯된다. 가부장적 가족 안에서 성장한 권위주의적 인간은 가부장적 권위에 도착돼 있기 때문에 계급의식 형성이 지연된다는 라이히의 통찰이 그대로 들어맞는 대목이다. 가부장적 권위주의가 강한 한국사회에서 이런 성격구조를 가진 사람, 즉 반역적 정서를 표출하는 정치적 참여 방식을 스스로 만들지 못하는 사람이 얼마나 될지 상상해보라. 어쩌면 일베충의 외설적 언행은 침묵하는 대중의 내면 속에서도 꿈틀대는 지향 없는 반역적 정서의 표식일지 모른다. 이 점을 의식하지 않는 '깨시민'의 정치적 올바름이란 라이히의 말처럼 "얼마나 공허한 예의 바름"인가. 2013

전향의 계보학

전향轉向이라는 말의 의미는 '방향을 바꾸다'이다. 이 단어 자체에는 가치판단의 단서가 될 만한 방향 전환의 내용이 없다. 하지만 우리 현대사에서 '전향'은 '정치적 신념을 바꾸다'라는 뜻으로 사용돼왔고, 그중에서도 주로 좌익에서 우익으로의 방향 전환을 의미했다. 우에서 좌로 전향한 경우는 '포섭'됐거나 '세뇌'당한 것으로 불렀다. 여기에는 좌보다 우가 우월한 이데올로기, 우의 입장이 바람직하다는 전제가 깔려 있다. 하지만 개인을 놓고 보면 '전향자'는 정치적 신념이 있던 자이고, '포섭당한 자'는 전향할 그 무엇이 없는 상태에서 이제 나쁜 이데올로기로 입문한 자라는 함의가 깔려 있다. 그래서 전향이라는 단어를 좌에서 우로 넘어간 경우에만 사용하는 것은 '전향자'가 '포섭당한 자'보다 낫다는 생각을 무의식적으로 드러낸다. 즉 '전향자'의 좌 이념은 이념으로 인정할 수 있지만 '세뇌당한 자'의 우 이념은 사실 이념으로 인정할 가치가 없다는 생각을 스스로 노출하는 것이다. 이념으로 인정한다면 마찬가지로 전향이라는 표현을 써야 할 테니까.

좌익에게 우익 이데올로기를 강요하면서 은연중 우 이념을 정치적 신념이라 할 것도 없이 생존을 위한 동물적 전략이었음을 시인하는 행위는 일종의 아이러니다. 적을 공격하면서 적을 인정하고 자신을 부정하는 일종의 깊은 자기혐오 내지 자기학대! '전향'을 강권하는 우파의 정치적 무의식은 좌 이념 자체 혹은 좌 이념을 선택한 행위에 대한 뿌리 깊은 도덕적 열등감을 잊고자 하는 충동으로 꽉 차 있다. 왜 그럴까?

한국 현대사에서 좌우 이념 대립은 두 가지 형태를 띠고 있다. 첫째는 북한과 남한이라는 국가 차원의 제도적 대립이고, 둘째는 한국전쟁 이후 남한에서 전개된 지배 세력 우와 비판 세력 좌의 대립이다. 전자는 구조적 수준의 순수한 정치 이념 간 대립이며, 정치 이념 자체는 도덕적 판단 혹은 역사적 평가의 대상이 아니다. 물론 남한과 북한 체제를 두고 민족주의 관점에서 어느 쪽이 민족의 정통성을 물려받았느냐 혹은 일제강점기 해방운동의 적자냐는 논쟁이 있어 왔지만, 이는 전향이라는 주제와 거리가 멀기 때문에 논외로 하자.

하지만 후자의 경우 대립 양상이 개별적인 정치적 활동들, 즉 인간 행위로 나타나기 때문에 도덕 문제가 개입한다. 실제로 남한에서 좌우 대립의 경험적 역사는 우파＝생존을 위한 전략, 좌파＝정치적 이념에 대한 헌신으로 받아들여졌다. 물론 여기서 '좌'는 북한 체제를 정치적 신념으로 삼는 자를 의미하지 않는다. 냉전 이데올로기를 근간으로 한 반공 국가인 한국사회에서 '좌'는 지배 이데올로기에 반항하는 정치적 타자들을 총칭하는 범주였다. 남파 간첩부터 시장경제 문제를 합리적으로 비판하는 자와 정부 시책을 우 관점에서 맹렬히 비판하는 자 등이 광범위하게 이 범주에 포함돼왔었다. 이 범주를 발명한 정치적 주체인 '우'는 물질적 탐욕을 정치적 결의로 포장하는 자부터 도덕적 파탄을 정치적 열정으로 위장하는 자가 중심이 되고, 좌회전을 하면 필시 신호 위반에 걸린다는 사실을 숙지한 다수 군중이 뒤따랐다. 덕분에 한국사회에서 '좌'는 줄 서면 밥 먹기 어려운 그러나 줄 서는 자는 결기 있는 자라는 범주로, '우'는 별 소신 없으면 밥 먹기 위해 자동으로 가는 회사 근처 식당 같은 이미지로 각인됐다.

개항 이후 양심적이고 정당한 정치 세력이 이기는 경험을 거의 못 한 우리는 일상에서도 이기기 위해 비도덕적 인간이 되는 편법의 생존 전략을 전국민적으로 실천해왔다. "정당한 방법으로도 성공할 수 있다는 것을 자라나는 세대에 보여주고 싶었다"는 고 노무현 전 대통령의 말에 국민들은 감동받고 희망을 보았지만, 끝내 '지켜주지 못해 미안하다'는 탄식만 남았다. '지못미'는 정치적으로는 올바른 곳을 쳐다보면서 경제적으로는 짭짤한 곳에 뿌리내린 자, 인터넷에선 진보 술자리에선 중도 직장가면 보수가 되는 자들의 탄식이다. 무엇이 옳은지는 알지만 그렇게 할 수 없는 자, 그렇게 하면 진다는 생각을 가진 자들의 회한일 뿐이다.

자유와 윤리, 정치와 도덕을 통합하는 삶이 쉽지 않지만, 현재 한국사회는 그 분열 정도가 가랑이가 찢어질 정도이다. 정치는 애당초 윤리적 판단의 영역은 아니지만, 그 어떤 정치도 개별 인간의 행위로 구성되기 때문에 윤리적 판단의 대상이 될 수밖에 없다. '전향'은 개인이 결단하는 정치적 행위이므로 정치적이며 동시에 윤리적 판단의 문제, 정치의 장에서 일어나는 도덕의 문제이다. 한국 근대사에서 전향은 크게 세 유형으로 나타났다. 첫째는 일제강점기의 친일 행위, 둘째는 장기수들의 전향, 셋째는 진보 지식인들의 보수화이다. 각각의 전향이 갖는 의미를 해석하고 윤리–정치적 관점에서 그 정당성을 평가해보자.

먼저 근대사를 경험하면서 한국 사람들이 정치를 어떤 방식으로 생각하게 됐는지, 즉 정치적 주체로서 어떤 성향을 갖게 됐는지부터 알아보자. 정치적 주체는 역사적 경험과 대응하면서 형성된다. 한국 근대사에서 민중들에게 가장 익숙한 역사적 경험은 민중의 힘으로 어찌할 수 없는 더 큰 힘에 의한 정치적 결정이었다. 구한말 자발적 민중들의 봉기였던 동학혁명이 일제에 의해 실패로 돌아간

이후 일제강점기, 미군에 의한 해방, 냉전체제의 대리전으로서 한국전쟁, 4·19혁명에 이은 5·16군사쿠데타와 30여 년에 걸친 독재, 1987년 6월 민주항쟁으로 이어지는 정치사는 1987년 민주화 이전까지 민중이 정치적 결정의 주연이 되어본 경험이 부재했음을 의미한다. 동학혁명은 전근대에서 근대로 나아가는 길목에서 민중이 역사의 주인공이 되어보고자 한 정치적 사건이었지만, 결과는 신무기로 무장한 일본군과 관군에 의한 농민군의 참패였다. 수만의 동학농민군이 불과 수천 명의 관군과 일본군에 대패한 사실, 농민군 사상자는 수만 명이지만, 일본군 전사자는 불과 20여 명에 불과한 사실(그나마 1명을 제외한 나머지는 병사라고 알려져 있다)은 매우 상징적이다. 즉 이 당시 조선 민중은 의지만으로 불가항력인 외세와 대치했고, 이런 상황은 일제강점기를 거쳐 미·소 냉전의 대리체제인 분단 상황으로 줄곧 이어져왔다는 것이다. 이런 상황 속에서 지배 권력은 늘 부당하지만 현실적으로 절대적 위력을 가진 존재, 민중의 저항은 온당하지만 앞날을 장담할 수 없는 일시적 분노의 폭발 정도로 여겨졌다. 이 구도에서 권력의 지배는 물리적 힘에 호소하고 민중의 저항은 도덕에 호소함으로써, 지배는 폭력화되고 저항은 '미학화'(시작부터 이길 수 없는 싸움이라 생각하고 저항 행위 자체의 윤리적 이미지에 도취되는 것)되기 쉽다. 폭력화된 지배와 미학화된 저항은 일종의 적대적 공생관계를 유지했다.

시대마다 정도의 차이는 있겠지만, 1987년 민주화 이전까지 힘에 의한 지배와 도덕에 의한 저항이라는 분열 구도는 계속됐고, 현재까지 잔존한다고 봐야 한다. 이 구도에서 지식인의 가장 실용적 처세 전략이 어떠할지 상상해보라. 폭력적인 지배 논리를 정면으로 거스르지 않으면서 어느 정도 저항의 제스처를 취하는 것, 정치경제적으로 지배의 자리에 뿌리내리고 문화적으로 저항 언어를 말하는 것, 그것을 '중도'라는 안전지대로 포장하는 것 아니겠는가.

일제강점기 문인을 중심으로 한 지식인들의 친일 행위 명분은 '실력양성론'이라는 '탈정치적 실용주의'였다. 한국과는 비교할 수 없을 정도로 강대국인 일본과 물리적 투쟁을 해봐야 승산이 없으니, 식민지법 테두리 안에서 실력을 양성해 스스로 부강해지자는 주장이다. 이 시기 일본의 통치가 부당하지만 그나마 전체 한국인에게 공평하게라도 적용됐다면 이 주장의 진의를 한 번 정도는 믿어줄 수 있다고 생각한다. 일본과 물리적으로 겨루는 것이 승산 없던 것이 사실이고, 실력양성을 하면 한국인 전체가 잘살 수 있으리라 진짜 믿었을 수도 있으니까. 하지만 이런 주장을 쏟아낸 당대 지식인들은 양반의 후손이었고, 당시 일본은 양반과 평민이라는 조선시대 신분제를 이용해 분할 통치를 획책하고 있었다. 즉 다수 민중에 대한 수탈 과정에서 터져 나오는 불만을 양반계층의 관습적 권위를 활용해 틀어막음으로써 통치의 기회비용을 최소화하고자 했던 것이다. 그렇게 해서 소수 양반계층은 회유하고 다수 민중은 수탈하는 정책을 지속하고자 했다. 양반계층의 후예인 지식인들이 탈

정치적 실용주의를 부르짖는 것은 결국 식민지법 테두리 안에서 보장되는 자기 이익을 지키기 위한 동기가 크지 않았을까? 그러니 과거 조선시대에 누리던 봉건적 지배계급에 대한 향수 때문에 시작된 친일은 정치적 개종을 의미하는 전향의 위치에서 재고할 가치조차 없을 듯하다.

해방 이후 이념 대립의 과정 속에서 수인이 된 장기수들의 전향은 다르다. 장기수의 전향을 정치적 신념을 지키느냐 포기하느냐로 보는 것은 개인 삶에 대한 정치 이데올로기의 폭력이다. 그들이 전향을 거부하고 감옥에 남느냐, 전향하고 석방되느냐의 선택은 '삶의 전면적 포기'와 '정치적 신념의 포기' 중 하나를 선택하는 것이다. 비전향 장기수를 다룬 다큐멘터리 〈선택〉이 보여준 것처럼 남도 북도 그들을 기억하지 않는 상황에서 정치적 신념을 지킨다는 것은 무의미하다. 비록 본인은 의미를 부여한다 해도 삶을 전면적으로 포기하는 것과 마찬가지다. 정치적 신념은 더 나은 삶을 위한 도구일 뿐 삶 자체를 박탈당하면서까지 지킬 가치는 전혀 없기 때문이다. 그래서 우리는 전향 장기수를 비난하지 않는다. 그렇다고 비전향 장기수를 쉬이 비난하지도 않는다. 헛되이 정치적 신념 때문에 삶을 탕진한다고 폄하하지 않는다. 오히려 그 지조에 대해 존경을 표하기도 한다. 영화 〈선택〉처럼 장기수의 전향 거부 동기를 사회주의 신념에 대한 집착이 아니라 전향을 강요하기 위해 가해지는 갖은 폭력에 맞선 휴머니즘적 저항으로 해석하기도 하기 때문이다.

모든 정치적 탄압은 정치제도를 통하지만 구체적 개별 인간의 행위에서 이뤄지기 때문에 당하는 사람은 도덕적 악의 형태로 체감한다. 피억압자가 이데올로기보다 먼저 보는 것은 부도덕이며, 저항은 여기에 대한 휴머니즘적 저항 형태로 시작한다. 저항의 조건이 좋으면, 즉 이길 승산이 있거나 유리한 타협의 여지라도 있으면 저항은 정치화된다. 세력을 모으고 구체적 전략을 수립하고 타협의 조건을 찾는다. 하지만 저항 조건이 열악하면 저항은 종교화된다. 적과 싸워 승리하는 상상보다 아름답게 순교하는 자신의 이미지에 더 도취된다. 장기수는 이미 자신의 정치적 신념으로는 전향을 강요하는 자의 생각을 돌려놓을 수 없다는 사실을 안다. 여기서 전향을 매우 민주적 방식으로 권유했다면, 즉 석방하고 점진적으로 그들의 의식이 변화해가는 것을 지켜보는 방식으로 정책을 시행했다면 상당수 비전향 장기수들이 전향을 결심하지 않았을까? 하지만 그렇지 못했기 때문에 그들은 체제에 순응하라는 '귀순' 강요를 자기 자신에 대한 '배신' 혹은 '변절'에 대한 강요로 해석하고 순교자의 자세로 맞서려 했을 수도 있다. 이런 점에서 장기수들의 전향, 비전향 여부는 이미 정치적 의미를 상실한다. 왜냐하면 처음부터 강요하지 않는 전향 기회를 제공받은 적이 없으므로 전향 결정은 스스로의 순수 의사가 아니며, 비전향 역시 전향 강요가 불러온 사후 실존적 저항의 결과일 개연성이 크기 때문이다.

정치적 관점의 선택이 자율적이려면, 그래서 정치적 관점을 바꾸는 것이 '배신'이나 '귀순'이 아니라 단어 뜻 그대로 단순히 방향을 바꾸는 '전향'이 되려면 제도를 통한 강제와 억압이 없어야 한다. 나아가 개인의 정치적 선택에 대한 자유를 존중하는 최소한의 사회 분위기가 뒷받침돼야 한다. 현재 한국사회는 어느 지점에 와 있을까? 국가보안법이 살아 있기 때문에 정치적 입장을 자유롭게 선택할 수 있는 제도적 조건이 완전하다고 볼 수는 없다. 또 여전히 '종북 프레임'이 위력을 떨치는 등 냉전 이데올로기의 영향력이 크기 때문에 사회 분위기도 불완전하다. 하지만 과거 어느 때보다 진보적인 정치적 발언의 자유가 신장된 것이 사실이다. 민주주의에 관한 시민의식도 과거에 비해 한결 성숙해졌다. 그런데 어찌된 영문인지 최근 들어 진보 인사와 지식인들이 보수로 전향하고 있다. 왜 이런 현상이 벌어지는 것일까?

이들의 전향에 우호적인 시각은 미학화된 저항의 범주 안에서 도덕적 우월성에 만족해온 진보 진영이 현실을 껴안는 품을 넓혔다고 해석한다. 즉 시민의 지지 폭이 넓어지자 집권 주체는 생각조차 못했던 진보가 집권을 꿈꾸면서 노선을 현실화해간 것으로 풀이한다. 이러한 진보 진영에 대해 비우호적인 시각은 도덕적 '변절'로만 보는 것이다. 나는 개인적으로 세간의 비판을 등 뒤로 하고 보수 권력의 중심부에 숟가락을 올려놓은 몇몇 인사의 행보 자체는 기회주의적 권력욕의 산물이라 여긴다. 하지만 진보 진영 자체의 변화는 필요하다고 생각한다. 그렇다고 진보 진영의 변화 양상이 보수가 권력을 얻는 방식의 효율성을 모방해 '국가주의를 활용하자'는 식으로 가서는 안 될 것이다. 그러한 접근 방식은 권력의 주체인 시민을 도구화할 뿐 아니라, 결국 보수적 지배의 담당자들만 바꿔놓는 일로 귀결될 것이기 때문이다. 어찌됐건 보수화되지 않으면서 미학적 저항을 넘어선 새로운 정치적 전망을 내놓는 것이 진보의 과제일 텐데, 나는 지독한 난제라고 본다. 이는 근대사 과정에서 경험된 집단적인 정치적 무의식, '내가 내 삶을 스스로 결정하는 주체가 될 수 있을까?'라는 주체공포증을 넘어서야 가능하기 때문이다. 간단히 말해, 진보 세력이 진보 정책으로 집권에 성공하려면 다수 시민이 정치를 자신의 삶을 스스로 결정하는 실천으로 이해하는 주체가 되어야 한다는 뜻이다. 실질적인 민주화를 가능케 할 그런 상황은 어떻게 도래하는가?

조금 엉뚱한 이야기지만 나는 한국사회가 실질적으로 민주화되기 위해서는 매국노 이완용이 구한말 시민 단체라 할 독립협회의 중심인물이었다는 점(이완용은 독립협회 존속기간 3분의 2 이상을 위원장, 회장, 부회장으로 활동했다), 친일 단체인 일진회 우두머리인 이용구가 동학혁명 때 농민군 지휘자였다는 점(친일로 변절한 까닭은 정부의 동학당 탄압에 보호처를 찾기 위해서라는 추측이 유력하다), 을사보호조약 당시 '시일야방성대곡'을 썼던 장지연이 훗날 친일을 했다는 점, 안중근도 뒤늦게 일본의 아시아 연대론이 허구임을 깨닫기는 했으나 러일전쟁 당시에는 "황인종 전체를 위한 의로운 싸움을 시작했다"고 생각했던 점을 기억하는 인간이 많아져야 할 것 같다.

정치와 윤리를 동시에 상상하는 정치적 개인이 많아져야 승리한 도그마의 등 뒤에 숨어 가면의 폭력을 행사하는 사나운 노예근성이 사라지지 않을까. 그래야 몸은 보수 입은 진보, 생산은 보수 소비는 진보, 광장에서는 진보 밀실에서는 보수로 분열돼 있는 정치적 분열증이 개선되지 않을까. 내가 보기에 지금 한국사회에서 진정으로 심각한 정치적 문제는 지식인 몇몇이 보수로 전향한 것이 아니라 대다수 시민이 분열된 주체라는 점이다. 입은 교육받은 자율적 민주 시민인데, 몸은 소비자본주의의 완벽한 소비자이거나 권위적 조직의 충성스러운 조직원인 사람이 얼마나 많은가. 아마도 역사적 상처에서 비롯된 의심의 깊이가 깊어 스스로 정치적 주체로 나서는 데 두려움을 느끼기 때문이리라. 이 두려움을 없애기 위해서는 정치와 도덕이 통합되는 새로운 정치적 상상력을 펼치는 세력이 필요하다. 2009

대중의 공포
vs 권력의 공포

사람들이 정치적 행동에 나서는 이유는 무엇일까? 정치의 보편적 동인을 설명하려는 시도는 정치철학의 오랜 과제다. 하지만 그 누구도 모두가 납득할 만한 명쾌한 이유를 제시하지는 못했다. 정치를 빈자와 부자의 물질적 소유를 둘러싼 투쟁으로 정식화하는 좌파는 빈자가 부자 정당을 지지하는 현상을 제대로 설명하지 못한다. 보편적 자유와 인권을 위해 정치적 행동에 나선다는 자유주의자의 진단 역시 인민이 타자의 자유와 인권을 유린하는 데 앞장섰던 파시즘을 설명하지 못한다. 이들은 정치적 행동의 주체인 '계급' 혹은 '인민'을 이성적이고 통일된 집단적 정체성으로 가정했다. 하지만 역사적 현실은 그렇지 못한 것으로 드러났다.

스피노자Baruch de Spinoza는 조금 다른 방식으로 접근했다. 정치 주체를 추상적 인민이나 계급이 아닌, 현실 속 대중에서 찾았다. 그에 따르면 '대중이 권력에 대해 갖는 공포'와 '권력이 대중에 대해 갖는 공포'가 정치의 근원적 동력이다. 정치는 대중과 통치자가 각각 공포를 완화하기 위한 행동의 산물이라는 것이다. 이 시각으로 보면 민주주의는 고상한 가치를 추구해서가 아니라 대중의 공포와 권력의 공포가 타협을 통해 절묘한 균형점을 이룬 결과이다. 다른 정치 형태도 같은 방식으로 설명 가능하다. 권력에 대한 대중의 공포가 지나치면 권위주의 통치 형태가 그 반대는 포퓰리즘적 대중운동이 발생한다.

한국은 권력에 대한 대중의 공포가 지배적 정치 동력으로 작용해왔다. 전쟁 체험과 분단이라는 특수한 사정 때문에 공포의 대상이 되는 권력도 두 형태로 출몰했다. 첫째는 전쟁이라는 전면적 폭력으로 대중을 위협하는 북한이고, 둘째는 반공을 특권화한 권위주의 정권이다.

대중은 "북한이 또다시 전쟁을 일으켜 나를 해치지 않을까"와 "경찰이 나를 빨갱이로 알고 잡아가지 않을까"라는 두 개의 공포를 동시에 느껴야 했다. 전자는 공공연하게 가져야 하는 공포였고 후자는 홀로 감내해야 하는 공포였다. 전자는 다들 떠들어서 과장된 공포였고 후자는 아무도 말하지 못해 증폭된 공포였다. 이 상황에서 공포를 완화하기 위한 대중의 정치적 행동이 어디를 향할지는 자명하다. 전자의 공포를 스스로 내면화해 후자의 공포를 잊는 것이다. 이런 방식으로 대중이 권력에 대해 갖는 공포는 권위주의 통제를 강화하는 불온한 힘으로 작용했다.

지금은 반대할 공산당이 멸종되고, 북한의 현실 위협도 현저히 완화됐다. 그럼에도 '종북'이라는 언명 자체가 여전히 위력을 떨치고 있다. '종북' 사건이 터지면 대중은 합리적 의사소통을 중단하고 '혹시 나도?'라는 자기검열 강박에 빠진다. 북한의 전쟁 위협이 높지 않은 지금도 어떻게 '종북 프레임'이 정치적 위력을 떨칠 수 있을까?

'종북 프레임'은 얼핏 북한에 대한 대중의 공포를 이용하는 것 같지만 사실 과거 권위주의 정권의 폭력에 대한 공포를 이용한다. 시작은 한국전쟁의 상처와 이념 대립 과정 속 동족상잔이라는 끔찍한 경험에서 출발했다. 해방 이후 '빨갱이'의 폭력에 희생된 피해자들의 기억을 현재로 불러와 '우리'의 집단 체험으로 공유했다. 이렇게 조성된 빨갱이에 대한 대중의 공포는 과장된 공포였다. "빨갱이는 죽어 마땅한 놈"이 되고, 빨갱이를 향한 잔혹한 폭력이 정의의 이름으로 자행됐다. 국가 폭력에 의해 조성된 이 공포는 아무도 (빨갱이의 입장에서) 말하지 못해 증폭된 공포였다.

잔혹했던 과거의 빨갱이는 이제 북한이라는 집단적 인격체로 표상되지만, 우리는 이미 북한을 무서워하기보다 무시하고 있다. '종북'은 멸시 대상을 추종하는 자들의 이름이 됐다. 그럼에도 정치적 사건에 '종북' 딱지가 붙으면 시민의식이 위축되는 이유는 또 다른 공포, 곧 빨갱이에 가해졌던 폭력에 대한 공포가 되살아나기 때문이다. 물론 지금의 두려움은 '잡혀가서 매 맞지 않을까'라는 공포보다 '잘못 휘말려 손해 보지 않을까'라는 막연한 불안에 가깝다.

불안이 조성되는 과정은 여론 형성 메커니즘을 통해 이해할 수 있다. 북한의 전쟁 위협 현실화 가능성이 낮고, 정부가 빨갱이를 폭력적으로 다루지 않는다고 생각하는 한 시민을 가정해보자. 그는 종북 프레임이 과거의 상처를 들쑤셔 대중의 공포를 조장하려는 권위주의적 통치 방식임을 잘 알고, 자신은 영향 받지 않는다 생각할 수 있다. 반면 다른 사람들은 훨씬 부정적 영향을 많이 받으리라 사고한다. 언론학에서는 이런 경향을 '3자 효과'라 한다. 그래서 그는 자신의 생각을 표현하지 않고 주변을 둘러본다. 예컨대 통합진보당 사태가 벌어졌을 때 다수가 통합진보당의 '종북' 성향을 인정한다는 사실을 보고, 자신은 소수 의견에 속해 있음을 깨닫는다. 그리하여 그는 주변인과의 마찰을 피하기 위해 침묵을 선택한다. 언론학에서는 이런 경향을 '침묵의 나선'이라 한다. 침묵의 나선이론은 여론이 형성되는 사회심리학적 메커니즘을 설명하는 개념으로, 사람들은 우세하고 지배적 다수 의견과 일치하는 경우 적극적으로 의견 표명을 하지만, 반대의 경우 침묵하는 성향이 있기 때문에 우세한 의견이 점점 강화된다는 이론이다. 그러나 자신의 뜻이 소수 의견이라고 생각한 그의 판단은 틀렸을 수도 있다. 종북 프레임에 적극 동조하면서 앞장서는 사람은 '레드 콤플렉스'가 있는 극우적 사람이 많고, 이들의 목소리가 높기 때문에 다수가 그럴 것이라 오해했을 수 있다. 만약 그렇다면, 그는 자신이 다수에 속함에도 불구하고 같은 의견을 가진 이들이 공교롭게 자신과 같은 태도를 보였기 때문에 소수 의견으로 오판한다. 언론학에서는 이런 경향을 '다원적 무지'라고 한다. 이는 소수 의견을 다수 의견으로 혹은 그 반대로 잘못 인지하는 상태를 가리킨다. 이 과정은 얼핏 복잡해보이지만 하나의 원리가 깔려 있다. 여론은 어떤 경우든 다수의 편에 서고자 하는 대중의 정치적 본능이 상호작용하여 형성된다는 것이다.

이런 과정을 통해 종북 프레임은 '다수의 우리'와 '소수의 그들', '피해자 우리'와 '가해자 그들'을 선택해야 하는 상황을 대중에게 던진다. 요즘은 '세습하는 그들'과 '민주적으로 투표하는 우리'를 선택해야 하는 상황까지 덤으로 전한다. 누가 감히 '소수의 가해자' 위치에 서려 할 것인가. 한마디로 지금의 종북 프레임은 과거 권위주의 정권에 대한 대중의 공포와 세습 왕조 같은 북한을 향한 대중의 멸시를 두 축으로 삼아 굴러간다. 그 방식은 다수를 지향하는 대중의 정치적 본능을 이용한 여론 심리전 형태를 띠고 있다. 이 전략의 궁극적 목적은 북한의 공포를 조장하거나 빨갱이를 색출해 처단하는 것이 아니다. 다만 대중이 북한을 멸시하기를, 북한 추종 세력을 무시하기를 그리하여 그들의 주장을 귀담아 듣지 말기를, 정당한 정치적 문제제기가 '종북 프레임'에 묻혔음을 끝내 깨닫지 말기를 바랄 뿐이다. 그렇게 된다면, 나머지는 법이 다 알아서 해줄 것이므로. 그러니 '종북 프레임'에 대한 대응으로 가장 나쁜 것은 반민주적 북한을 멸시하면서 북한 추종 세력을 경멸하는 것이다. 이는 권위주의 정권에 대한 내 안의 공포와 그로 인한 부끄러움을 북한을 비판하는 연기로 덮으려는 것과 같다.

문제는 이런 사람이 꽤 많다는 것이다. 통합진보당 사태가 터졌을 때 야당은 강박적으로 '우린 친북이 아니야'라는 제스처를 취하며 통합진보당과 선 긋기를 즉각 실행했다. 표에 민감한 정당이 이런 태도를 보인다는 것은 곧 대중의 평균적 정서라는 의미이다. 지금 우리는 북한을 무시하면서도 여전히 종북 프레임에 관해서는 '얼마나 많은 정당한 정치적 발언이 그로 인해 억압되느냐'보다 '나는 거기에 연루되지 않았다'로 반응하는 것 아닐까? 정치언어 프레임을 연구한 조지 레이코프George Lakoff는 프레임의 중요성을 다음과 같이 강조했다.

프레임은 우리가 세상을 바라보는 방식을 형성하는 구조물이다. 프레임은 우리가 추구하는 목적, 짜는 계획, 행동하는 방식 그리고 행동의 좋고 나쁜 결과를 결정한다. 정치에서 프레임은 사회정책과 그를 수행하고자 수립하는 제도를 형성한다. 프레임을 바꾸는 것은 이 모두를 바꾸는 것이다. 프레임을 재구성하는 것이 사회적 변화이다.

'종북 프레임'은 권력에 대한 대중의 공포를 증폭시켜왔다. 그런데 '대중에 대한 권력의 공포'와 '권력에 대한 대중의 공포'는 상대적이다. '권력에 대한 대중의 공포'가 깊으면 권력은 대중을 두려워하지 않는다. 한국사회에서 민주주의가 성숙하려면 대중의 공포는 줄고, 권력의 공포는 늘어야 한다. 그리되려면 '대중에 대한 권력의 공포'를 증폭시키는 새로운 프레임이 '종북 프레임'을 대체해야 한다. 종북 프레임 속에 묻히는 정당한 정치적 발언을 온전히 담아내는 프레임은 어떤 모습으로 나타날까? 시민의식으로 무장하고 권리 주장에 익숙한 다수 시민의 지혜와 용기가 그 틀을 짜나갈 수 있지 않을까? 2013

엄벌주의의 속내

교과부가 지난해 처음으로 전수조사한 초중고생의 정신건강 결과가 경향신문에 보도됐다. 668만 명 중 지속적 관심과 관리가 필요한 학생이 105만 명, 자살 충동 등 고위험군이 9만 7천 명에 달했다. 암담한 현실이다. 교과부가 학생 정신건강 전수조사를 실시한 까닭은 학교 폭력에 대한 근본 대책 마련을 위해서였다. 학생 정신건강을 개선하는 길이 궁극적인 학교 폭력 대책 마련의 방법이라 생각한 것이다. 조사 방법과 실효성에 관해 의문이 많지만, 적어도 방향 설정은 올바른 듯싶다.

그런데 같은 날 경향신문 1면 머리기사로 2012년 학교 폭력으로 구속된 학생 수가 2011년의 3배라는 사실이 보도됐다. 교과부가 학생 정신건강 실태를 조사하는 사이, 경찰은 부지런히 폭력 학생들을 구속한 게다. 이런 상황이 어떻게 가능할까? 학교 폭력에 관한 정부 정책 기조를 계도와 정신건강 개선으로 가닥 잡았다면 당연히 형사처분을 줄여야 한다. 그러나 결과는 반대로 갔다. 처벌은 늘었고 정신건강 개선을 위한 교과부의 조치는 우왕좌왕하고 있다.

사정이 이렇게 된 데에는 엄벌주의를 향한 뿌리 깊은 맹신이 자리하고 있다. 엄벌주의는 처벌 강화가 범죄를 예방한다는 믿음에 근거한다. 이 믿음이 환상에 가깝다는 사실은 여러 실증적 자료들이 입증해왔다. 범죄 예방은 범죄를 발생시키는 사회 조건의 지속적 개선과 관리가 우선되어야 한다. 그럼에도 엄벌주의에 대한 맹신은 쉽게 사라지지 않는다. 왜 그럴까? 두 가지 가설이 가능할 듯하다.

첫째, 엄벌주의는 대중의 불안을 달래주고 발생한 범죄에 대한 사회구성원의 책임 분담을 면해준다. 살인범을 향한 비분강개는 나도 피해자가 될 수 있다는 공포심, 피해자에 대한 동정과 정의감, 나는 아무런 사회적 책임이 없다는 자기방어가 얽혀 있다. 사형제도는 이 모든 사정을 해결해준다. 엄벌주의를 통해 대중은 내 삶은 안전하고 나는 선량하며 범죄와 관련해 지불해야 할 사회적 부채가 없다는 마음 상태를 얻는다. 가해 학생만 처벌하면 학교 폭력이 사라지리라 믿는 학부모의 환상은 학교 폭력의 뿌리인 과도한 입시 경쟁과 인성교육 부재에 자신이 연루돼 있다는 사실 또한 잊게 한다.

둘째, 엄벌주의는 국가기구가 범죄를 다루는 가장 값싼 정책이다. 감옥에 학교 폭력 가해자를 가두는 데에는 돈이 별로 안 든다. 반면 계도를 위한 사회 지원은 금전적·정서적 비용을 엄청나게 들여야 한다. 재원을 마련하려면 세금을 거둬야 한다. 조세제도가 제대로 마련된 국가라면 응당 범죄 예방을 위한 재원이 부자들의 호주머니에서 더 나와야 한다. 이것이 싫어 범죄자를 그냥 감옥에 가두어두면 더 노련한 범죄자가 되어 사회에 나오게 된다. 재범의 피해는 누가 보는가? 성폭행은 물론이요, 대부분의 살인 피해자도 여성일 터이다. 폭력 피해자도 사회적 약자가 주로 입는다. 사회경제적 강자가 범죄의 피해자가 되는 경우는 드물다. 그래서 엄벌주의는 윤리적·정책적 판단이 아닌 강자의 이익에 충실한 정치적 판단에 가깝다.

한마디로 엄벌주의는 사회적 책임 분담을 회피하는 대중과 경제적 비용 분담을 거부하는 국가가 만날 때 가장 요란한 소리를 낸다. 대중의 거짓 관심과 국가의 무능이 조우한 결과다. 성숙하고 정의로운 사회가 범죄를 대면하는 태도는 피해자 배려와 예방을 위한 사회 지원의 확대이다. 특히 그 범죄가 청소년의 순간적 일탈인 학교 폭력이라면 더욱 그래야 한다. 가해 학생 처벌만 도드라진 현재의 엄벌주의는 학교 폭력을 사실상 방치한 것에 불과하다. 시민 개인은 어떤 모습으로 관여하고 있는지 성찰해볼 일이다. 2013

인사청문회
감상법

박근혜 정부 인사청문회에서 고위 공직 후보가 줄줄이 낙마했다. 이유는 제각각이지만 크게 도덕성이 문제 되었다. 2000년 김대중 정권 때 인사청문회가 시작된 이후 매번 잡음이 많았지만, 이번이 가장 시끄러운 청문회 같다. 이를 보는 시민들의 반응은 울분과 냉소로 가득하다. 공직 사회의 전반적 부패에 지쳐가고 있는 게다. 이 기조가 지속된다면 공직 윤리와 정치에 관해 완전한 무관심의 정서가 지배할지 모른다. 그건 시민적 삶의 죽음과 같은 상태이다.

그래서다. 뭔가 변화가 필요한 것은. 가장 바람직한 변화는 인사청문회에서 도덕성에 흠결이 많은 고위 공직 후보를 더 이상 보지 않는 것이다. 하지만 현실이 그렇게 될 것 같지는 않다. 새 정부 공직 인사가 일부러 하자 많은 인물을 고르는 것이 아니라면 인사 청문회 풍경은 이미 공직 사회 전반이 부패했다는 방증이다. 그렇다면 앞으로도 이런 풍경은 지속적으로 되풀이되지 않겠는가.

어느 정부 고위 공직자가 용하게 청문회를 무난히 통과한다 해도, 그것이 공직 사회 청렴도를 대변한다 생각하면 오산이다. 영향력 있는 법조인이 대형 로펌과 결탁하고, 고위 관료가 퇴직 후 재벌 기업으로 직행하는 것이 박근혜 정부 청문회를 통해 드러난 현실이다. 공직 경력을 고가로 기업에 팔아넘기는 악습이 전관예우라는 관행으로 일상화돼 있다. 전관예우는 현재 공직 사회가 전관을 매개로 자본과 결탁하는 구조적 현실을 의미한다. 그러니 앞으로도 인사청문회에서 도덕적으로 흠결 많은 후보를 보고 싶지 않다는 기대는 충족되기 어려워 보인다.

그렇다면 우리는 무엇을 할 수 있을까? 공직 사회에 대한 울분과 정치에 대한 냉소를 예방하기 위해 인사청문회를 감상하는 법을 바꿔야 하지 않을까. 현재의 청문회 감상법은 '공직＝청백리'라는 아주 오랜 타성에 기초해 있다. 공직자의 청렴 의무는 동서고금을 막론한 보편 규범이었지만, 그런 사람이 드물었다는 점 역시 역사적 사실이다.

이런 사실을 고려하면, 청백리는 초과의무적 행위로 자리매김 되는 것이 옳다. 하면 칭찬받지만, 하지 않아도 비난받지 않는 행위라는 말이다. 그런데 현재 인사청문회에서 시민 일반의 정서는 의

무적 행위, 즉 해도 칭찬할 행위는 아니지만 하지 않으면 비난받는 행위로 전제하는 경향이 있다. 과도한 기대를 한다는 얘기다. 과도한 기대는 아주 오랜 또 다른 하나의 타성 때문이다. 공직을 바라보는 자신의 위치를 왕조시대 '백성' 정도로 상상하는 시민의 수동성이다. 권력이 왕조에 있고, 공직 임명에 백성이 아무런 역할을 하지 못할 때 할 수 있는 것이 무엇이겠는가. 자신을 괴롭히지 말아달라는 애처로운 기대밖에 더 있겠는가. 청백리는 그런 무력한 백성이 권력을 쥔 공직자에게 갖던 판타지이다. 그러나 지금이 어떤 시대인가. 공직자를 임명하는 대통령을 시민이 뽑고 있지 않은가. 사법개혁이 이루어진다면, 검찰총장도 미국처럼 투표로 뽑을 수 있는 시대가 아닌가.

그럼에도 왕조시대 백성처럼 공직에 수동적 태도를 보이는 이유가 무엇일까? 단지 시민적 개입의 고단함을 피하려는 정치적 태만 때문일까? 아니면 온 사회가 자본축적에 매몰된 나머지 공직을 돈벌이 수단으로 삼는 부패를 은연중에 승인하고 욕망하고 질시하기 때문일까? 이것도 아니라면 부패 공직자에 대한 과도한 울분과 청렴한 공직자에 대한 평소의 무관심을 어떻게 설명할 수 있을까?

내막이 어찌됐건 울분과 냉소로 점철되는 것은 길이 아니다. 울분은 정서적 좌절이다. 배신당한 사람들의 내면이다. 그들은 아직도 '공직=청백리'의 규범적 환상을 버리지 않고 있다. 냉소는 정서적 좌절에 대한 방어 행위이다. 울분에 지친 자의 태도, '공직=청백리'의 환상을 버리기 시작하는 자의 내면이다. 외면함으로써 더는 상처받지 않겠다는 자기방어 의지가 공격적 형태로 표출되는 것이 냉소 아닌가.

새로운 청문회 감상법은 이 단계를 넘어 성찰로 나아가는 데서 시작될 수 있을 터이다. 그러한 성찰은 수동적 시민성의 뿌리를 살펴보는 것에서 시작해야 한다. 나는 왜 비리 공직자를 보고 뒷전에서 중얼거리기만 할까? 그 이유가 뭘까? 스스로 질문하고 답해야 한다. 그러고 나면 우리를 분노하게 만드는 인사청문회의 부정과 거짓이 주권자로서 행동을 시작하는 데 동력이 될 것이다. 공직 윤리 관련 법안을 개정해 처벌을 강화하자는 시민운동에 참여할 수도, 시민 공론장을 통해 공직 비리를 고발할 수도 있다. 의지만 있다면 의외로 시민 개인이 할 수 있는 활동이 많다. 문제는 대부분 그런 방법을 모르고 알더라도 귀찮거나 어려워한다는 점이다. 그래도 시민이 움직이는 길밖에 없지 않은가. 가만히 앉아 정치적 강자가 착해지기를 기대하는 것보다 헛된 꿈도 없으니까. 2013

도덕적 감정

《국부론An Inquiry into the Nature and Causes of the Wealth of Nations》을 쓴 애덤 스미스Adam Smith는 현대 경제학의 창시자로 알려졌다. 하지만 살아생전 그를 유명하게 만든 책은《국부론》보다 17년 먼저 나온《도덕감정론The Theory of Moral Sentiments》이다. 스미스가 대학 시절 가장 영향을 많이 받은 사람은 도덕철학자인 프랜시스 허치슨Francis Hutcheson이다. 교수 생활도 허치슨의 후임으로 도덕철학 강의를 하면서부터이다. 효용을 최대화하는 것을 선善으로 보고 합리적 계산을 과학으로 생각하는 현대 경제학의 아버지가 '도덕감정' 이론을 남겼다는 점은 꽤 인상적이다. 스미스는 이 책에서 도덕적 행위는 이해관계를 떠난 관찰자 위치에서 타인에 대한 공감 능력을 발휘할 때 시작된다고 보았다. 타인의 행위가 옳고 그름을 판단하기에 앞서 먼저 그 처지를 공감하는 능력Sympathy이 선행의 토대가 된다는 것이다. 쇼펜하우어Arthur Schopenhauer는 타인에 대한 공감 중에서도 특히 고통에 공감하는 동고同苦 능력을 도덕적 감정의 핵심으로 꼽았다. 말하자면 도덕적 행위를 동정과 연민이 행동으로 실현된 것이라 보았다.

인간의 행위 중 자기 이익으로 환원되지 않는 순수한 이타적 행위는 어디에서 비롯하는가? 이 오랜 도덕철학의 질문에 가장 많은 동의를 얻고 있는 답변은 연민과 공감이다. 타인의 처지에 감정 이입하는 능력이 도덕적 행위를 낳는다는 것이다. 미국의 여성 도덕철학자 마사 누스바움Martha C. Nussbaum은 한 걸음 더 나아가 어떻게 하면 연민과 공감 능력을 키울 수 있는지 질문했다. 그가 로스쿨에서 강의한 내용을 요약한《시적 정의Poetic Justice》는 문학적 상상이 도덕적 감정을 키우는 밑거름이 된다고 주장한다. 유년 시절의 문학적 판타지가 성인이 되어 도덕적 행위로 이어질 개연성이 높으며, 에누리 없는 합리성은 공감 기제가 없기 때문에 도덕적 감정이 형성조차 되지 않는다는 것이다. 그리하여 그는 사회정의가 실현되기 위해서는 판관과 시인이 일신동체一身同體이어야 한다고 주장한다.

이들의 주장을 요약하면 개인의 도덕적 행위는 물론 사회정의를 위한 법 적용에도 타인의 처지를 이해하는 공감 능력이 필요하다는 것이다. 얼마 전 사직한 금태섭 검사가 그런 드문 법조인이 아니었나 싶다. 그가 한겨레신문에 연재하다 중단한 '수사 제대로 받는 법' 칼럼은 법을 집행하는 검사가 수사받는 사람의 처지에 공감한 결과 나온 글이다. 도덕교과서에서 도덕적 행위의 기본으로 권장하는 타인에 대한 감정이입 결과가 검사직의 사직으로 이어졌다니 참 씁쓸하다. 연민과 공감이 전문직 집단의 편의와 이익을 수호하기 위한 조직의 직업 논리에 의해 가차 없이 거세당하는 현실이라는 얘기 아닌가.

7년을 끌어왔다는 '담배 소송' 판결도 씁쓸하긴 마찬가지였다. 담배인삼공사를 제소한 폐암 환자 손을 들어주면 그 많은 폐암 환자가 줄줄이 소송을 낼 것이니, 이 재판은 처음부터 결론이 예정돼 있었다고 봐야 한다. 이 상황에서 현명한 판결이란 폐암 환자의 청구를 기각하는 적당한 논거를 찾는 것과 같을 터이다. 그렇게 지혜를 짜내 사법부가 내놓은 논거는 '발병과 흡연의 개별적 인과관계 불인정', '흡연은 자유의지에 의한 선택'이라는 것이었다. 폐암 전문의 대부분이 흡연을 폐암의 제1원인으로 생각하고, 금연 클리닉 팸플릿은 흡연은 자유의지에 따른 행위지만 금연은 중독과의 힘든 싸움이라는 점을 분명히 하고 있다. 그럼에도 애써 이 사실을 외면하는 것은 "담배를 끊지 못하는 의지박약으로 인한 죽음은 사회가 책임질 일이 아니다"라는 싸늘한 전제가 깔려 있기 때문 아닐까? "담배를 끊으라. 그게 싫으면 폐암이 담배 때문이었다는 사실을 네가 입증해봐라." 이 판결은 그런 뜻 같다. 흡연자로 초점을 돌려 담배 파는 자를 향한 판단을 피해가는 판결, 흡연자의 의지박약에 엄격하고 담배회사의 구조적 악행에 관대한 판결, 담배 산업을 위해 흡연으로 인한 폐암 환자 절반의 발언권(담배를 피운 내 잘못도 있지만 마리화나보다 중독성 강한 일종의 마약을 판매한 국가도 잘못이 있다는)을 침묵시킨 판결!

누스바움이 이상적 법관으로 제시한 도덕적 감정이 충만한 시적 판관이었다면 어떤 판결을 내렸을까? 우선 절반의 잘못을 가진 담배회사에 주목하지 않았을까? 그리하여 담배회사의 문을 닫게 만들 판결을 스스럼없이 생각해보지 않았을까? 현실적 파장에 지레 겁먹기 전에 말이다. 사법고시에 문학적 감수성을 평가하는 과목이 있었다면 판결이 달라졌으려나? 2007

민족주의
vs 시민의식

버지니아 공대 총기 사건이 발생한 지 꽤 시간이 흘렀다. 미국 현지는 처음의 충격과 흥분과 우려가 애도와 안도와 성찰로 차분히 정리돼가는 인상이다. 애초에 우려했던 한국계에 대한 위해는 없었다. 미국 언론은 이 사건을 '한국계의 문제'가 아닌 '개인의 문제', '한국의 문제'가 아닌 '미국의 문제'로 보도했다. 미국 시민들의 대처도 다르지 않았다. 버지니아 공대 캠퍼스에는 희생자 32명의 추모석과 나란히 범인 조승희의 추모석이 설치됐다. 거기에 '도움을 청하는 너를 보살펴주지 못해 미안하다'는 내용의 메모를 남긴 미국 학생도 있었다고 한다. 어느 미국인은 조승희의 누나에게 좌절하지 말라는 위로 메시지를 보냈다는 소식도 들린다. 고통을 슬픔으로 녹여내는 미국 시민사회의 힘이 느껴진다.

물론 눈에 보이는 것이 전부가 아닐 수 있다. 미국 언론이 인종 갈등을 부추기지 않으려 자제한 까닭은 상존하는 문제를 표면화하고 싶지 않았기 때문일 수 있다. 그래서 언론이 비춘 슬픔의 화합이 다한 그 자리에 개개인의 상처만 덩그렇게 남아 인종 갈등의 불씨가 될 수도 있다. 하지만 그것은 나중의 일이다. 적어도 미국은 '한국계 미국인' 조승희를 '미국인'으로 수용했다. 성숙한 시민의식의 발로다.

그렇다면 한국사회의 반응은 어떠했나? 범인이 한국계로 밝혀지면서 언론 보도는 미국 내 동포들과 한국에 떨어질 불똥에 초점이 맞춰졌다. 대통령이 세 번이나 성명을 발표하고, 주미대사는 32일간 금식을 제안했다. 보수 언론은 한국인들이 사과하고 한－미 동맹에 금이 가지 않도록 해야 한다는 논조의 사설과 기사를 쏟아냈다. 지성이면 감천이라 했던가? 이 유난한 사죄에 미국 정론지 필라델피아 인콰이어러가 한국에 보내는 편지를 사설로 실었다. 그중 한 대목이다.

사과를 멈춰달라. 버지니아 공대 총기난사 사건은 당신들 잘못이 아니다. 우리가 잘못 판단하지 않도록 해달라. 이번 사건 이후 주한 미 대사관 앞에서 이뤄진 촛불 추모식과 세 번에 걸친 대통령의 충격 표시 등은 감동적이고 인상적이었다. 하지만 용의자는 어렸을 때 미국에 이민 와 여기에서 키워졌다. 아마도 그를 잘 보살피지 못한 우리가 당신에게 사과해야 하는 것일 수도 있다.

이 사설은 감사와 부담스러움을 동시에 전하고 있다. 감사하는 것은 한국의 사죄를 이웃의 위로로 해석했기 때문일 터이고, 부담스러워하는 것은 위로가 죄인의 사죄처럼 과도했기 때문일 터이다. 미국은 이번 사건을 미국인에 의해 저질러진 미국의 고통으로 규정했는데, 어찌하여 한국 정부와 보수 언론은 한국인 모두를 가해자로 상상하는 그런 오버를 하게 됐을까? 국가적 동원을 위한 민족주의 이데올로기가 여전히 의식 기저를 지배하는 상황에서 미국이라는 상대의 힘에 지레 짓눌려버렸기 때문 아닐까? 다급하면 악습이 튀어나오는 법이니까.

여기서 질문을 던져보자. 이번에 또다시 불쑥 튀어나온 '민족주의'를 과연 민족주의라 불러도 좋은 것인가? 민족주의는 최소한 구성원에 대한 애정과 공유하는 가치의 지향이 있어야 한다. 과연 그랬던가? 조승희에 대한 혈연 확인은 살아남은 한국인의 안전을 위한 집단적 방어 행동으로 이어졌을 뿐이다. 조승희는 한국인에 위해를 가한 존재로 철저하게 배제됐다. 조승희를 미국의 구조적 문제가 낳은 희생자로 보려는 시각은 초기에 한국이 아닌 미국 언론 일부에서만 찾아볼 수 있었다. 한국의 경우 일부 진보 언론을 제외하면 조승희를 '정신이상자'로 부각하는 데 집중했다. 이 사건이

한 정신병자의 우발적 충동으로 정리됐으면 하는 욕망, 즉 조승희를 정상적 한국인의 범주에서 배제하려는 욕망이 담겨 있었다. 이는 민족주의가 아니다.

미국 신문의 사설이 상기시켜주듯이 조승희가 정신이상과 범죄로 가게 된 과정에는 미국사회가 져야 할 책임도 크다. 이에 대한 최소한의 질문이 한국 내 공론장에서 제기됐어야 한다. 그랬다면 한국인의 민족 감정이 상처받지 않고 온전한 시민의식으로 발휘될 수도 있지 않았을까? 이번 사건에 대한 한국의 반응은 민족주의를 혈연주의와 동일시한 전근대적 인식과 여기서 비롯한 공포와 죄의식이 서둘러 방어적 집단주의로 달려간 것에 다름 아니다. 중요한 것은 민족주의가 아니라 시민의식이다. 민족주의는 '우리'의 이름으로 '너'를 묻어버리지만, 시민의식은 '너'의 권리로 '우리'를 만들어가기 때문이다. 2007

학부모의 겨울잠

곽노현 전 서울시 교육감의 아들이 외고에 다닌다는 사실이 몇몇 언론에 보도된 적이 있다. 외고에 부정적인 인물이 자식은 외고에 보냈다는 비판적 기사였다. 비판의 논리는 '위선 프레임'이었다. 지도층의 부도덕을 일상적으로 경험한 한국사회에서 '위선 프레임'은 강력한 위력을 발휘한다. 지도층에 대한 평소의 부정적 선입견을 불러들여 상대에게 그대로 덮어씌워버리기 때문이다. 이 프레임에 갇히면 국가주의를 부르짖으며 병역을 피하는 고위층이나 멸사봉공을 외치며 뒷전에서 뇌물을 수수한 정치인의 부정적 이미지를 고스란히 뒤집어쓴다. 과연 아들이 외고에 다닌다는 사실이 곽노현 전 교육감을 이 프레임에 집어넣을 근거가 되는 것일까?

아들이 공부 잘해 외고에 갔다. 아버지는 외고에 부정적이다. 흥분해야 할 인물은 아들이다. 학력이 계급 서열화된 현실에서 명문대 진출의 전초기지인 외고를 갔는데, 아버지가 재를 뿌리니 말이다. 아들의 반응이 어땠는지는 모르겠다. 하지만 제3자가 보는 아버지는 평소 아들의 성적으로 보아 외고 진학이 가능한데도 기득권을 접고 과열 경쟁의 중심인 외고를 부정한 인물이다. 이 태도는 위선이 아니라 자기희생에 가깝다. 위선이 성립하려면 대중적 공감을 불러일으키는 '선의 포즈'를 취해야 하고, 뒷전에서 부당한 방법으로 현실적 이익을 챙겨야 한다. 국가에 대한 봉사를 외치면서 자식을 군대에 안 보내는 것이 군더더기 없는 사례가 될 수 있다.

질문해보자. 외고에 부정적 견해를 밝히는 것이 '선의 포즈'인가? 대중적 공감을 얻어 그 자체로 행위자가 이익을 취할 수 있는가? 아니다. 외고 폐지론은 소수 혹은 힘없는 다수의 의견일 뿐이다. 무슨 이익이 나오겠는가. 그렇다면 자식이 공부 잘해 외고 진학하는 것이 부당한 이익을 챙기는 일인가? 이 역시 아니다. 이를 피할 수 있는 길은 의식화된 아들의 '자진 퇴학'과 권위적인 아버지의 '육탄 저지'밖에 없기 때문이다. 이를 요구할 권리가 누구에게 있단 말인가.

최소한의 이성으로 분별 가능한 이 사안에 왜 보수 언론은 본능적으로 '위선 프레임'을 들이댔을까? 대중적 공감을 조건반사로 가정했기 때문 아닐까? 자식 문제에 직면하면 자식 장래에 대한 노파심 때문에 사회적 이성이 마비되는 것이 한국의 학부모였으니까. 이 정서적 급소를 찔러 자식 외고 보낸 데 대한 시기심을 불러내면, 이 눈먼 감정의 힘이 교육에 대한 정책적 소신을 '위선'으로 몰아가 주리라 기대했을 게다. 하지만 학부모가 변했다. 교육 경쟁의 승리가 자식 미래를 보장하리라는 오랜 겨울잠에서 서서히 깨어나, 교육이 미래의 서열을 결정짓기 위한 도구로 내몰릴 때 모두가 삶의 패자가 됨을 깨달아가고 있다. 교육감 선거에서 진보 교육감의 당선이 전반적인 증가 추세인 것도 자식들이 서로 협력하고 배려하는 인간적 공간에서 교육받기를 바라는 학부모가 늘고 있다는 의미이다.

누구든 학부모의 위치에 서면 가장 보수적 선택을 하게 마련이다. 그들이 변화를 요구한다는 것은 사회 전반의 변화를 향한 갈망이 임계점에 달했다는 의미이다. 나는 그 갈망의 정체를 일상의 민주화로 본다. 교육에서 터져 나온 것은 가장 고통이 심한 환부이기 때문일 뿐이다. 자식 사랑이 유별난 한국 학부모의 자각이 교육 환경의 인간화에서 그치진 않을 것이다. 자식이 평생 학교에서 사는 것은 아니니까. 결국 자식 행복은 그들이 인생 대부분을 보내는 사회 환경의 민주화를 통해서만 가능하다는 자각으로 나아가리라. 그것이 부모 세대 삶의 문제를 자식 세대에 부채로 떠넘기지 않는 온전한 자식 사랑의 방법이니까. 그런데 학부모는 분명하게 변화를 요구하고 있지만 사회적 변화를 수렴해나가야 할 정치적 대리인들은 더욱 강고해지고 있다. 못 보는 것인가 안 보는 것인가. 2010

합리적 진보

노무현 정권 때로 기억한다. 기자 지망생들을 가르치면서 입사 희망 언론사를 적어내라고 한 적이 있다. 매체 구분 없이 3순위까지 적힌 희망 언론사 유형을 5년 정도 모아보니 일정한 패턴이 있다. 다수 학생은 일단 지상파 방송을 1지망으로 생각한다. 이 경우 2, 3지망으로 신문을 선택할 때 조·중·동과 한겨레신문이 많다. 신문을 1지망으로 할 경우는 중앙일보가 많다. 그 다음 한겨레신문이다. 조선과 동아는 2, 3지망으로 둔다. 종종 자신이 지망하는 언론사가 아니라 기피하는 언론사를 적어내는 경우도 있는데, '조선, 동아제외', '조선 제외', '조선, 동아 및 한겨레 제외', '한겨레 제외' 등이다. 이들을 면접해보니 조선, 동아는 '정파성이 부담스러워서' 기피하고, 한겨레는 주로 '월급이 낮아서' 기피한다. 중앙일보만 기피 대상에서 제외돼 있다.

중앙일보는 기자 지망생들에게 '합리적 진보 내지 중도'로 자리매김해 있다. 실제 논조는 그보다 보수적이다. 그런데 실제보다 더 진보적으로 비친 것은 왜일까? 여러 이유로 '조선, 동아 및 한겨레'를 제외하고 싶은 욕구가 반영됐기 때문 아닐까? 정파성의 부담을 지지 않으면서 월급은 많이 받고 싶은 마음? 이런 사정은 학생들만의 문제도 아닌 듯싶다.

이 당시 한 신문사의 독자 조사 결과에 따르면, 한국 화이트칼라들이 생각하는 '합리적 진보'에 가장 가까운 신문은 중앙일보라는 응답이 많았다. 대중은 왜 중앙일보를 두고 합리적 진보라고 생각했을까? 여기서 합리적 진보는 구체적으로 뭘 의미하는가? 단서는 제17대 대선 당시 '이명박 대세론'에 있다. 이명박 전 대통령은 노무현 정권과 열린우리당에 대한 대중의 실망감이 극에 달했을 때 대통령 후보로 나섰다. 노무현 대통령의 당선으로 진보와 보수 대립이 격화하면서 정파성에 대한 대중의 환멸이 깊어지자 여의도 정치와 다른 무엇을 보여주겠다는 점을 강조했다. 경제를 살릴 대통령, 합리적 대통령으로 이미지가 부각되면서 이명박 대세론이 형성됐다. 합리적 진보를 추동할 인물은 이명박이라는 것이다. 결과는 48.7% 득표율의 당선이었다.

당시 이명박 후보의 정체성은 합리적 진보의 실체라고 할 수 있는 그 무엇보다 훨씬 보수적이다. 그럼에도 이전 대선에서 노무현 대통령을 당선시키는 데 결정적 역할을 한 40대가 이명박 지지층을 형성했다. 이를 두고 평자들은 강고한 보수적 정서를 배태한 한국사회가 진보 정권의 미진함을 계기로 용수철처럼 회귀한 것으로 봤다. 크게 보면 틀린 얘기는 아니다. 하지만 당시 이명박 후보의 정체성을 이명박＝한나라당＝보수로 등식화하기는 무리다. 이 후보는 중도에서 시작해 보수로 지지 기반을 확대해나갔다. 열린우리당뿐 아니라 한나라당 지지층이 한나라당 입당 이전의 이명박 지지세력을 형성한 것이다. 그 세력이 커지면서 이명박 대세론이 형성됐기 때문에, 단순한 보수 회귀와는 다른 국민적 기대가 있었다는 얘기다. 그 기대가 합리적 진보로 표상된 것이다. 이런 맥락으로 볼 때 합리적 진보는 당시 보수도 진보도 아닌 그 무엇을 말할 뿐, 실체가 모호한 상태라고 봐야 한다. 지향점 없이 추진력만 있는 상태, 현재 부정은 있되 미래 긍정은 아직 불확실한 상태인 셈이다.

합리적 진보를 기대하는 대중이 부정하고 싶은 현재의 모습은 진보−보수 이념의 과잉 대립이다. 진보든 보수든 강고한 정치 도그마를 앞세우는 것은 이제 싫다는 의미이다. 그런데 도그마에 대한 거부는 이념의 내용에 대한 거부가 아니라 이념이 현실에 적용되는 방법론에 대한 거부이다. 보수든 진보든 정치 도그마를 확신하는 사람은 쉬이 '지금'과 '내가'의 함정에 빠진다. 지금 당장 변해야 하고, 내가 변화의 주체가 되어야 한다는 것이다. 이런 태도는 세상에 대한 헌신 때문이 아니라 역사의식의 부재로 인한 조급증에서 비롯한다. 격렬한 정파성의 본질은 대의와 역사의 탈을 뒤집어쓴 집단적 욕망이다. 그러니 대중이 정치 도그마를 극복해야 할 과거로 거부하는 점은 이해 가능하다.

그렇다면 대중이 합리적 진보에 기대하는 미래는 어떤 모습인가? 대중은 그 미래와 어떤 관계 맺기를 전제하고 있는가? 언론사 지망생에게 중앙일보는 고단한 정치투쟁은 피하면서 월급은 많이 받을 수 있는 매체이다. 이 이미지를 정치 지도자에 투사하면 정치적으로 억압하지 않고 경제적 풍요를 가져다주는 지도자이다. 나는 이게 제17대 대선 때 이명박 지지자들이 품었던 환상이 아닐까 싶다. 물론 결과는 정반대로 전개됐다. 경제는 전체적으로 '별로'였으며, 특히 서민 경제는 '최악'이었고, 정치적 통제는 만만찮았다. 왜 이런 결과가 벌어진 것일까?

어쩌면 합리적 진보라는 기대는 처음부터 좌절이 예정돼 있었는지 모른다. 합리적 진보는 내 손에 흙 안 묻히고 좋은 것을 갖겠다는 욕망의 이름에 다름 아니기 때문이다. 고단한 정치적 투쟁을 피하고 싶은 상태, 곧 시민이 정치적 주체로 나설 생각을 접은 상태이다. 알아서 물질적 풍요를 가져다주는 지도자에 품는 기대는 자기 권리를 오로지 소비자로서만 상상한다는 얘기다. 한마디로 진보의 주체가 없는 상태에서 물질적 풍요를 진보로 몽상하는 어리석은 소비자가 꿈꾼 것이 합리적 진보다.

요즘은 합리적 진보보다 '합리적 보수'가 대세로 등장했다. 스스로를 합리적 보수라고 칭하는 논객과 정치 지망생들이 많다. 전반적으로 보수 성향이 강화된 시류에 편승해 다수 편에 서기 위한 방편인지 신념의 산물인지 불투명하지만, 중요한 것은 여기서 진보와 보수를 구별하는 행위는 별 의미가 없다는 점이다. 어차피 합리적 진보와 합리적 보수는 동일한 현상을 가리키는 말이기 때문이다. 합리적 진보와 비합리적 진보(운동권, 종북 세력 등등)의 대립, 혹은 합리적 보수와 비합리적 보수(수구꼴통, 냉전 세력 등등)의 대립은 가능해도 합리적 진보와 합리적 보수의 대립은 불가능하다. 애초에 합리적 진보와 합리적 보수는 '진보'와 '보수'를 가리고 '합리'를 강조하기 위한 말이기 때문이다.

합리란 절차적 정의를 강조하는 것, 기존 질서를 가치판단의 준거로 하는 개념이다. '합리적'이 되면 기존 질서는 안정되고 고단한 정치적 논란은 줄어들겠지만, 만약 질서 자체에 부당한 점이 있다면 새로운 질서를 창조하는 시민의 정치는 봉쇄된다. 그래서 현실의 불만을 서둘러 진보와 보수의 대립 너머에서 해결하려는 '합리적' 시도는 역설적으로 더 위험하다. 문제를 문제로 드러내지 못하고 모든 시도가 결국 보수를 강화하는 방향으로 회귀하기 때문이다. 합리적 진보의 열망이었던 이명박 대세론이 '강부자 정권'으로 귀결되고, 엄청난 비판 속에서도 그 뒤를 다시 박근혜 정부가 물려받은 것도 이와 무관하지 않을 듯하다. 그러므로 진보와 보수의 정치적 대립은 '그 안에서 합리적으로' 사유되어야 한다. 관찰하는 소비자 위치가 아니라 참여하는 정치적 주체 자리에서 생각해야 한다. 이것이 피곤해 정치투쟁 자체를 외면하는 것이 바로 정치적 냉소주의 아닌가. 진정 합리적 진보가 가능하려면 그 안에서 정치적 냉소주의와 소비주의부터 없애고 시작해야 한다. 2013

'촛불' 이후
두 개의 전선을
상상하다

촛불집회의 파장이 참 어수선하다. 국회는 복고풍 법안을 속속 상정하고, 검찰은 촛불의 배후 사냥에 나섰으며, 정권에 의한 방송 장악 시나리오가 노골적으로 연출되고 있다. 자칭 '잃어버린 10년'을 되찾기 위한 노력이 눈물겹다. 이 변화를 주도하는 세력을 '보수'라고 할 수 있을까? 그리고 이 변화에 저항하는 사람들을 '진보'라고 부르는 것이 타당한가? 만약 그렇다면 구본홍 YTN 사장은 보수고 단식투쟁으로 사장 임명을 저지하려는 젊은 기자들은 몽땅 진보다. 초등학교 일제 고사를 부활시킨 공정택 교육감은 보수고 반발하여 자식과 체험 학습을 떠난 학부모들은 몽땅 진보다. 군대 내 금서 목록을 지정한 국방부는 보수고 헌법소원을 낸 현역 군 법무관들은 진보다. 이렇게 치면 한국사회는 진보가 압도적 다수다. 촛불 집회 참가자 모두를 진보라 불러야 하니 말이다. 그런데 왜 사회 거의 모든 영역을 보수가 지배하고 있을까?

단식투쟁 중인 YTN 기자들은 진보가 아니다. 낙하산 사장에 반대해 저항한 KBS 일부 기자도 마찬가지다. 그들은 편집권 독립이라는 최소한의 언론 윤리를 위해 싸우는 반듯한 직장인일 뿐이다. 일제 고사에 반대해 체험 학습을 떠난 부모도 무모한 교육 경쟁을 반대하는 상식적이고 용감한 자일 뿐이다. 국방부 금서 목록에 헌법소원을 제기한 현역 군 법무관도 결코 진보가 아니다. 국방부 금서 목록은 세간의 웃음거리였다. 공짜로 보기 미안할 정도로 시대의 허를 찌르는 창의적 코미디였다. 법무관들이 위험을 무릅쓰고 헌법소원을 낸 것은 자기 직장인 일국의 군대가 웃음거리가 되는 것은 막아야겠다는 최소한의 애사심이었을 터이다. 잃어버린 10년을 찾고자 하는 광기 어린 폭력에 반발하는 대부분의 사람은 사회 변화를 주도하려는 적극적 정치 주장을 펴고 있는 것이 아니다. 기본적인 민주적 가치를 지키려 자기방어를 하고 있을 뿐이다. 이들을 진보라 할 수 없다. 그래서 '그들'을 보수라 부를 수도 없다.

보수 대 진보라는 정치적 대립으로 사안을 문제 설정하는 것은 전형적인 정치공학 수사修辭이다. 정치공학의 기초는 나의 비윤리성은 가치중립적 영역인 정치의 지평으로 보내 중화하고, 타인의 정치적 문제제기는 윤리의 지평에서 문제 삼아 부도덕한 인간으로 만드는 것이다. 예컨대 탐욕적인 자본축적은 국가 전체의 생산력 증대로, 분배에 대한 정당한 요구는 게으른 자들의 몰염치로 둔갑한다. 반대로 민주-반민주의 윤리적 문제가 진보-보수의 정치적 입장 차이로 변신하기도 한다. 현재 보수-진보 대립으로 프레임된 한국사회의 갈등의 본질은 '소수의 조직화된 비민주적 탐욕'과 '실질적 민주화를 갈망하는 다수의 흩어진 개인적 양심'의 마찰이다. 이를 단순히 진보-보수 구도로 프레임을 짜면 정치 장에 드리워진 윤리 차원의 문제가 사라진다. 민주적 문제제기가 진보 진영의 논리로, 반민주적 통치 형태가 보수의 입장으로 환원되기 때문이다. 그래서 진보-보수 대립 프레임은 보수의 탐욕과 진보의 허영이 적대적 공생관계를 형성하면서 다양한 민주적 문제제기를 절멸시키는 정치 담론의 블랙홀이 될 수 있다. 이 때문에 광우병 촛불집회 이후 강화되고 있는 진보-보수 프레임 너머에 있는 전선의 진짜 모습을 그려볼 필요가 있는 것이다.

X처럼 벌어 정승처럼 쓸 수 있을까?

돈벌이가 동경과 존경의 대상이 된 것은 불과 얼마 전 일이다. 모든 문명권에서 돈벌이는 질시와 감시의 대상이었다. 고리대금은 악덕의 표상이었고, 상인에 대한 사회적 평가도 높지 않았다. 세계사가 토지 소유주에서 상인의 지배로 이행해온 점을 감안하면 상인 견제는 주로 대지주인 지배계급의 정치적 본능이었을 수 있다. 토지 귀족의 권력이 천시하던 상인계급에 의해 붕괴됐으니 말이다.

이런 시각에서 보면, 'X처럼 벌어 정승처럼 쓰라'는 말도 합리적 소비를 넘어 정치적 함의를 가진 말로 풀어볼 수 있다. 누가 이 말을 처음 사용했는지 분명하지 않지만, '정승'이라는 표현으로 보아 조선조 때인 것만은 분명해 보인다. 조선시대는 사농공상 계급 서열이 유지되었던 시기이다. 사대부는 왕조가 시작될 때 토지를 분배받은 귀족의 후손들이다. 이들의 입장에서 농업을 천하지대본天下之大本으로 치켜세우는 것은 토지를 토대로 구축한 권력을 공고히 하는 데 도움이 될 수 있다. 당시 공업은 미약했기 때문에 토지 권력의 위협이 될 수 없었다. 하지만 상인의 자본축적은 공업보다 위협적일 수 있었다. 우선 농업 생산력과 지배 질서를 유지하는 데 적합한 자질을 함양하는 데 맞춰진 당대 규범은 농업과 전혀 다른 자질을 요구하는 상인의 두각으로 위험해질 수 있다. 거기다가 상업자본은 이동이 용이해 정치 통제를 피하기도 쉽고 경우에 따라 반역의 물적 자원이 되기도 한다. 그래서 지배계급인 사대부 입장에서는 상인을 정치적 견제 대상으로 설정하는 것이 당연할 수 있다는 얘기다. 사농공상 서열은 농민을 우군으로, 상업을 잠재된 위협 요소로 판단했을 때 나올 수 있는 위계인 셈이다.

이 구도에 'X처럼 벌어 정승처럼 쓰라'는 말을 놓아보자. '험하게 벌어도 훌륭하게 쓰라'는 단순한 의미로 받아들이기에는 X와 정승이 너무 도드라지지 않는가? 왜 하필 'X처럼 번다'고 상말을 했을까? 사회 권력이 없던 당시 상인이 내놓고 탈법과 편법을 구사하지도 않았을 텐데 말이다. 밑바닥에서 박박 기며 돈벌이하는 모습을 높은 자리에 있는 사람들(혹은 그들 생각에 동의하는 평민)이 X처럼 보지 않았을까? 그래서 부정한 행태가 아니라 돈벌이 자체를 'X처럼 번다'고 표현한 것 아니었을까? 그와 대조적으로 고상한 것의 상징으로 씀씀이의 행태와 무관하게 정승을 대비시킨 것 아니었을까? 확실히 이 말에는 돈벌이는 천박하고 정승(왕 혹은 국가의 대리인)은 훌륭하다는 프레임이 더 강하게 담겨 있다. '힘없고 천박한 놈의 많은 돈'과 '돈 없고 훌륭한 권력'을 정치라는 마술 상자 속에 집어넣었다 꺼내면 '돈 많은 훌륭한 권력'이 탄생한다. X처럼 벌어 정승처럼 쓰지 않았다고 정승이 곧 X를 협박해서 돈을 빼앗는다는 의미이다. 그러니 'X처럼 벌어 정승처럼 쓰라'는 말 속에 함의된 정승의 은밀한 욕망은 'X처럼 벌어 정승에게 갖다바치지 않을래?'가 아니었을까?

시대가 달라져도 여전히 정승의 협박에 시달리는 사람들이 있다. 한국의 기부 문화는 척박하다. 기부자의 면면이 서구와 참 다르다. 부자는 드물고, 일생 푼돈을 거액으로 만든 사람이 종종 돈을 내놓는다. 그런데 기부하는 곳이 대부분 대학이다. 돈이 없어 못 배운 것이 한이었기 때문에 가난한 학생들이 공부할 수 있도록 해달라는 뜻이다. 못 배워서 그만큼 사회적 차별을 받았기 때문에 가난한 누군가는 그 차별을 겪지 않았으면 하는 게다. 참 이상하다. 못 배워 차별받았다면 차별한 사람은 배운 사람일 터인데, 또 다른 미래의 차별하는 자를 키우는 데 자신의 돈을 왜 기부할까? 'X처럼' 돈 버는 것 자체로는 사회적 인정을 받을 수 없기 때문에 '정승처럼' 쓰려는 것 아닐까? 사회적 인정의 주체가 '정승'이기 때문에 '정승'을 키우는 대학에 갖다바치는 것 아닐까? 고생한 사람들의 기부가 왜 자신처럼 차별받은 사람에게로 직접 향하지 못하는가? 이게 다 'X처럼 벌어 정승처럼 쓰라'는 정승의 협박성 감언에 넘어가기 때문 아니겠는가? 카이스트에 5백 억을 기부한 한의사를 지켜보면서도 어쨌거나 부를 축적하는 과정에서 환자가 공신이었을 터인데, 국가가 전폭적으로 재정 지원하는 카이스트가 아닌 어려운 환자에게 자선했으면 어땠을까 싶었다. 당사자는 해결책이 아닌 미봉책에 재산을 탕진할 의사가 없었을 수 있다. 기부의 결과가 가장 효율적인 곳, 국가 발전과 직결된다고 보는 곳을 선택했을 수 있다. 기부가 다 자선일 수는 없겠지만, 이 경우는 '정승처럼 쓰라'고 명령한 자의 인정을 위한 투자 같았다. 자선은 원래 해결책을 지향하지 않는다. 기부는 자선이 될 때 가장 사회적 효용이 크다. 가장 도움이 절박한 사람에게 혜택이 돌아가기 때문이다.

그럼에도 한국사회의 기부자들은 선하다. 'X처럼 벌어 정승처럼 쓰라'는 말을 액면 그대로 수용한 자들이다. 그러나 안타깝게도 이제 'X처럼 벌어 정승처럼 쓰라'는 말은 수명을 다한 듯싶다. 무엇보다 '정승처럼 쓰라'는 말이 '농지에 투기해 농사짓지 않으면서도 쌀 직불금까지 타낸 국회의원처럼 쓰라'는 말처럼 들려 문맥 자체가 성립되지 않는다. 게다가 요즘은 돈을 빨아주는 돈 세탁 업체까지 있어 X처럼 버는 일은 문제도 안 된다. 개똥 묻은 돈도 정승처럼 벌었다고 우길 수 있는 세상이다.

어디 그뿐인가. 과거는 상인 돈을 정승이 뜯어가는 구조였는데, 지금은 상인이 정승을 푼돈으로 고용하는 체제로 바뀌었다. 이에 따라 'X처럼 벌어 정승처럼 쓰라'는 정승의 협박은 'X처럼 벌어 미친X처럼 쓰겠다'는 자본가의 배짱이 대체했다. 자본가의 배짱은 적어도 정말 X처럼 벌어서는 정승처럼 쓸 수 없다는 사실을 입증한 점에서 위대하다. 그들은 탈세와 탈루를 밑반찬으로, 투기와 주가 조작과 분식 회계를 잡탕 찌개로 식사하면 소화불량에 걸리니 룸살롱 같은 소화제가 필요하다는 건강 상식을 온 국민에게 알려주었다. 바야흐로 시대는 바뀌었다. 온 국민이 자본가의 배짱에 은근히 매료되고 있다. 통치 원리도 바뀌었다. 자본가와 정승을 통치 원리라는 마술 상자에 집어넣으면 정승을 마름으로 둔 자본가가 튀어나온다.

X처럼 벌어 정승을 고용하다

한국에서 부자는 존경받지 못한다. 대부분 사람이 정직하면 돈을 못 번다고 생각하기 때문이다. 그런데도 대다수가 돈을 벌고 싶어 한다. 한국에서 돈은 절실히 원하되 남이 가지면 부정한 것이다.

돈에 관한 이중적 태도가 살인적이다. 선진국 국민은 태도가 분명하다. 돈을 밝힌다고 밝힌다. 이런 태도는 돈 말고도 소중하게 생각하는 가치가 있을 때 가능하다. 돈을 밝히면서 부정하는 것은 진정으로 밝히는 것이 돈밖에 없으면서, 돈을 부정적으로 생각할 때에나 나올 법한 태도이다. 과거로부터 내려오는 '돈은 천한 것'이라는 정승의 훈계, 자본축적 과정에서의 부정, 돈이 없을 때 겪는 극심한 고통 등이 돈만 사랑하면서 돈을 천하다 말하는 이중적 태도의 요인인 듯싶다.

이런 이중성은 돈을 공론 영역에서 소외시킨다. 너나없이 X처럼 번다면 과정의 도덕성에 대한 문제제기를 금기시하는 암묵적 합의가 이루어질 수밖에 없기 때문이다. 이런 침묵은 결국 묵시적 승인이다. 그래서 역설적이지만 모두 X처럼 벌면 모두 정승처럼 벌었다는 위선이 가능하다. 공공연한 비밀은 모두가 공범일 때 유지되기 때문이다. 현재 한국의 부자들은 지켜지지 않은 '선성장 후분배론'의 수혜자이다. 민주화 과정의 방관자들이기도 하다. 세상사에 눈과 귀를 닫고 묵묵히 돈만 보고 저축하고 투자하고 투기한 사람이다. 아마 상당수가 'X처럼 번' 축에 속하리라. 이들은 X처럼 벌었다는 공공연한 비밀을 공유하며 정승처럼 벌었다고 우기기로 작심한 똥배짱으로 연대해 있다. 그 연대의 뿌리는 공격당하지 않을까 하는 불안이고, 동력은 존경해주지 않으니 존경하게 만들겠다는 뻔뻔함이며, 지향은 돈과 권력을 자자손손 상속하겠다는 탐욕이다.

이러한 연대 속에서는 사회를 위해 건전하게 부를 사용하자는 어떤 내부적 발의도 기대하기 어렵다. 그런 움직임을 보이면 내부의 분열자로 지목받을 수밖에 없는 공범의식이 팽배하기 때문이다. 자본가들이 부의 상실에 대한 불안과 부의 공고화에 대한 욕망으로 고용한 정치적 대리인이 바로 이명박 정권이다.

이명박 대통령 개인의 경력이나 지지 기반을 보자. 현 정권은 한국 역사상 최초의 '장사꾼 정권'이라는 점에서 이전 정권과 전적으로 다르다. 이명박은 대기업 평사원으로 출발해 CEO가 되었고 이런저런 사업으로 돈도 많이 벌었으며 급기야 대통령 자리에까지 올랐다. 한마디로 그는 한국 근대화의 욕망의 아이콘이다. 무수한 아류들이 지향하는 성취의 정점에 서 있는 것이다. 대선 때 이명박을 지지한 사람들은 세 부류다. 첫째는 핵심 지지 기반으로 광우병 촛불집회 직후 공정택 후보를 몰표로 당선시킨 강남의 부유층이다. 이들에게 이명박은 현재의 부를 공고화하려는 전략적 선택이다. 둘째는 강남 부유층 지망생인 중산층으로 이들에게 이명박은 욕망의 아이콘이다. '경제가 잘만 굴러가면 나도 저렇게 될 수 있다'는 감정으로 그를 지지한다. 마지막으로 서민들에게 이명박은 로또다. '내가 저렇게 될 확률은 낮지만 비슷하게라도 따라가려면 어쨌거나 경제를 살려야 한다'는 생각으로 그에게 표를 던진다. 그 어느 쪽이든 이명박을 대통령으로 만든 근원적 힘은 바로 경제성장을 빼고는 자신의 성장을 상상조차 못하는 국민 정서가 아니었을까?

이런 점에서 이명박 정권의 탄생은 오랫동안 '정승의 억압'을 받아온 상인의 욕망이 처음으로 대중의 보편적 욕망으로 등극하면서 중원을 장악한 정치적 사건이다. 실제로 이명박 정권의 정책을 보라. 철저한 '강부자 정권'이 아닌가? 역대 정권 중 이토록 대표성에 충실한 정권이 있었던가. 정책 집행 방식은 어떤가? 제5공화국식 폭력을 천연덕스럽게 행사하고 있지 않은가? 가장 자유를 중시해야 하는 상인 정권이 어떻게 이렇게 억압적으로 흐를 수 있단 말인가? 아마도 이제껏 천민으로 차별받은 스트레스를 히스테리로 풀면서 스스로를 위무하는 중일 게다. 그러니 촛불집회 당시 거대한 스펙터클에 짓눌려 반성문을 낭독하다 촛불이 꺼지자 곧바로 촛불 사냥을 시작한 야비함에 분노하지 말자. KBS와 YTN에 낙하산을 투입한 뻔뻔함에 놀라지도 말자. 인터넷에 재갈을 물리겠다는 무모함을 비웃지도 말자. 유모차부대까지 수사하겠다는 조잡함에 기절하지도 말자. 지금 우리는 다만 정승의 협박에 시달리던 자본의 한풀이를 보고 있을 뿐이다. 한국 천민자본의 정체가 정치적 대리인을 통해 수면 위로 떠오르는 광경을 목도하고 있을 뿐이다. 그 괴물의 모습은 영화감독 봉준호가 그렸던 한강의 기적이 낳은 괴물과 너무나 흡사하다. 미제 화공약품을 받아먹고 기형적으로 자란 그 괴물의 특징은 식욕 통제가 전혀 안 된다는 것 아니던가. 결국은 그 탐욕 때문에 화를 불러 시위대의 화염병을 맞고 사망하지 않던가.

지사의식과 노예근성 사이에서

커밍아웃한 동성애자 홍석천이 누나의 자식을 입양한다는 기사를 읽으며 세간의 반응이 궁금해 4백여 개의 인터넷 댓글을 모두 읽은 적이 있다. 놀랐던 것은 3∶1 정도의 비율로 홍석천을 응원하는 글이 많았다는 점이다. 인터넷이 비교적 젊은층의 매체이고, 이 기사에 댓글을 단 사람들이 평소 동성애에 개방적일 것이라는 점을 감안해도 납득이 잘 안 됐다. 인터넷 공간이 아닌 현실 세계에서 동성애자는 여전히 심한 차별에 노출돼 있기 때문이다. 만약 홍석천을 응원한 사람들에게 '당신의 직장 동료가 동성애자라면 어떻게 대하겠느냐?'는 질문을 하면 어떤 반응이 나올까? 또 실제로 동성애자로 알려진 사람과 같은 직장에서 일하는 사람들의 태도를 조사해보면 어떤 결과가 나올까?

댓글보다는 훨씬 보수적으로 반응하지 않을까? 설문 조사 응답자는 실제보다 한결 진보적으로 대답한다. 이 차이는 '무엇이 옳은가'와 '무엇이 이익이 되는가'의 차이다. 옳다고 생각하기와 실천으로 옮기기는 다른 문제다. 하지만 우리나라는 이 차이가 유난한 것 같다. 인터넷은 온통 진보 인사에 민주 시민인데 현실은 전혀 그렇지 못하기 때문이다. 왜 그런가?

평균적 시민이라면 생존을 위해 자본과 권력의 작동 방식이 여전히 폭력적인 생산 현장에 순응해야 할 것이다. 그리고 사적 대화나 익명성을 보장받을 수 있는 인터넷 공간, 아니면 광장의 군중 속에서나 자신의 불만을 표시할 수 있을 터이다. 그것이 자신의 이익을 손해 보지 않고 옳다고 생각하는 것을 표현하는 자연스러운 방법이리라. 낙관적으로 보면, 이러한 이중성은 한국사회가 일상의 민주화를 향해 나아가는 과정 속 진통이다. 현재는 주인 없이 떠도는 말들이 점진적으로 세력화되어 일상을 변화시킬 것이다. 하지만 이러한 이중성을 요즘 상황에 대입해보면 미심쩍은 구석도 많다. 생산 영역에 접목되지 않는 '옳은 생각'이 도대체 어떤 경로로 사회를 변화시킬 수 있는가? 일상에서 민주화를 경험하지 못한 사람이 과연 '나의 이익'을 직장이 보장해주는 돈 이외 다른 것으로 상상할 수 있을까? '옳은 생각'과 '나의 이익'의 간극이 줄어들려면 결국 민주적 가치들이 자신의 삶에 무형의 이익을 준다는 경험적 확신을 공유해야 한다. 불행히도 한국사회는 일상 속에서 민주화를 향유한 경험이 부족하기 때문에 '나의 이익'에 대한 생각이 돈과 집단 속 권력으로 매몰된다. KBS와 YTN의 사장이 교체되는 과정을 보자. 빗발치는 조직원의 반대와 사회적 눈총에도 아랑곳하지 않고 점령군처럼 당당하게 조직을 점거하는 뻔뻔함이 어디서 나오겠는가. 누가 뭐래도 밥 먹여주는 것은 결국 조직이라는 경험적 확신 아니겠는가. 이러한 확신이 사장에 반대하는 조직원이나 이 사태를 관망하는 수많은 관계자와 시민의 내면에 없다고 어떻게 단언할 수 있겠는가. 어쩌면 폭력적인 한국 근대화 과정에서 조형된 집단 무의식일 수도 있는데.

한국사회는 의외로 폭력에 무력하다. 혹자는 부정할 수도 있다. 촛불집회는 뭐냐고? 맞다. 한국사회는 폭력에 일시적으로 맞서는 데 선수다. 물리적 폭력에 대항해 광장에서 싸우는 데는 달인이다. 광장의 싸움은 일견 위험해 보이면서도 육체의 현전을 통해 연대의 안도감을 준다. 하지만 일상적이고 조직을 매개로 한 폭력에 대해서는 무기력하다. 폭력의 징후만 보이면 '나의 이익'이라는 좁은 터널로 재빨리 숨어버리기 때문이다. 이 재빠름은 연대에 대한 비관적 확신에서 비롯한다. 서로가 상대방이 '나의 이익'을 우선적으로 추구하리라는 것을 너무 잘 알고 있기 때문에 '옳은 생각'에 대한 상대의 진정성을 믿지 못한다. 그래서 우리 삶에서 말의 무게는 이렇게 가볍고, 육체에 각인된 습성의 무게는 이렇게 무겁다. 화산처럼 폭발했던 촛불집회와 지금의 놀라운 침묵을 보면, 오랫동안 폭력적 환경에 순응한 육체가 단말마적 폭발과 기민한 순응을 되풀이하고 있는 느낌이다.

그리하여 나는 촛불집회 이후 한국사회의 전선을 두 개로 상상한다. 첫째는 현재 강공을 펴고 있는 이명박 정권과 시민사회 사이에 존재하는 전선이다. 조직된 소수 천민자본의 대리인들이 조직되지 않은 다수 민주적 개인을 향해 일방적 폭력을 행사하는 것이 사태의 본질이다. 일부 진보 논조 신문은 이 사태에 대해 민주주의가 제5공화국 수준으로 퇴행했다는 우려를 표명했지만, 나는 그렇게 비관적이지 않다. 이명박 정권의 통치 방식이 비민주적인 것은 사실이지만 다수 시민이 이 사실을 알고 관망하고 있다. 이 관망의 여유는 그간 쌓인 민주화의 기초 체력 덕분이지 겁먹어서가 아니라고 믿기 때문이다. 시민사회는 지금 어디까지 나아가는지 관망 중이다. 현 정권은 그런 점에서 미래의 대규모 집회를 위해 스스로 촛불을 하나둘씩 켜고 있는 셈이다.

두 번째 전선은 시민사회 내부에 새롭게 형성된 혹은 형성되어야 할 전선이다. '옳은 생각'과 '나의 이익'의 간극을 줄이기 위해 시민 개개인이 지구전을 펼쳐야 하는 전선이다. 동시에 지사의식과 노예근성 사이에 형성된 전선으로, 자기 안에서 천민자본의 욕망을 몰아내려는 시민의 각개전투가 벌어져야 할 전선이다. 그래서 '옳은 생각' 실천하기가 '나의 이익'으로 돌아온다고 사고하는 개인들을 늘려나가야 하는 전선이다. 그들이 이 싸움이 도덕적 성전이 아니라 지극히 이기적인 전투라고 생각할 때까지 나아가야 할, 멀고도 가까운 전선이다. 2008

4부

사형폐지론의
개운치 않은 뒷맛

이창동 감독 영화 〈밀양〉의 주인공은 어린 아들이 피살당한 어머니이다. 그녀는 고통 속에서 헤매다 기독교에 귀의해 살인범을 용서하기로 작정하고 교도소를 찾아간다. 그런데 살인범은 "하느님에게 죄를 고백하고 용서를 빌어 구원받았다"고 말한다. 여인은 자신은 아무것도 하지 않았는데 범인은 이미 용서받았다고 하는 상황에 당황한다. 분노가 치밀어 오르지만 도대체 어떻게 억울함을 풀어야 할지 방법을 찾지 못한다. 결국 그녀는 서서히 미쳐가고 자살시도를 하기에 이른다.

영화의 원작 소설 이청준의 《벌레 이야기》는 〈밀양〉과 스토리가 약간 다르다. 소설 결말에서는 주인공이 라디오를 통해 살인범

사형집행 소식을 듣고 자살한다. 물론 사형집행에 반대하거나 살인범을 연민해서가 아니다. 법이 범인을 죽임으로써 최대한의 응징을 했지만, 정작 그 과정에서 자신은 국외자로 제외된 데 절망해서이다. 살인범을 사형한 법은 그녀에게 처벌 여부 의사를 묻지 않았고, 스스로 용서와 구원을 받았다는 살인범 역시 용서를 구한 적이 없다. 주인공이 자살로 말하고자 했던 바는 아마 이것 아니었을까? "도대체 누가 내 아들의 살인범을 나와 내 아들의 동의 없이 처벌하고 용서하고 구원할 권리를 갖는가?"

이 질문은 종교와 법제도적 권위에 던지는 가장 근본적인 물음이다. 신, 법 혹은 여러 이름으로 작동하는 (전)근대적 권력을 정면으로 마주보고 당사자 개인이 '나의 존재는 어디 있느냐?'고 항변하는 것이다. 우리가 "죄지은 자는 죽음으로 뉘우쳐 용서받고 구원받아 만사가 순리대로 돌아갔다"고 생각할 때, 여인은 처벌할 자격도 용서할 권리도 박탈당한 자리에 버려진 자신을 발견했을 터이다. 그 요란한 주목에도 세상 사람들이 전혀 보지 못하는 맹점, 태양의 흑점 같은 자리에 문득 서 있는 자신을 깨달았을 때, 어떤 감정을 느꼈을까? 폐허 위에 혼자 내던져진 절대적 고독과 공포, 생사의 경계가 무의미한 깊은 허무가 복잡하게 엇갈리지 않았을까? 혹자는 "주인공이 아들의 복수를 생각했을 테니 법이 악역을 맡아 사형한 것보다 더 좋은 결말이 있겠느냐?"고 반문할지 모르겠다. 만약 그렇다면 왜 주인공은 '라디오를 통해 사형 소식을 듣고' 자살을 선택했을까? 작고하신 이청준 선생님이야 그 사연을 알겠지만 여쭤볼 수도 없는 노릇이니 우리가 주인공에 감정이입해보는 수밖에.

심사가 극히 격하고 복잡한 주인공의 내면으로 바로 들어가기가 부담스럽다면 준비체조 삼아 다르덴 형제Jean-Pierre and Luc Dardenne의 〈아들Le Fils〉이라는 영화 한 편을 감상해보자. 이 영화는 어린 아들을 죽인 살인범을 학생으로 맞이한 직업학교 선생의 이야기이다. 관객은 주인공이 아들의 살인범을 살해할지 말지라는 궁금증을 결말까지 가져가야 한다. 감독은 남자가 복수할 수 있을 만한 기회를 자주 연출하지만 끝끝내 범인을 살려둔다. 물론 "네가 내 아들을 죽였어"라는 말조차 꺼내지 않으므로, 당연히 용서를 빌라는 요구도 하지 않는다. 영화는 그가 살의를 접은 이유에 대해 질문하는 것 같았다. "왜 그는 하나뿐인 아들을 살해하고, 그 때문에 아내와 헤어지게 하고, 자기 삶에서 가장 소중한 것을 모두 앗아간 놈을 내버려두었을까?"

나는 그 이유를 이렇게 본다. 남자는 아들과 아내를 진심으로 사랑한 사람이다. 그는 이미 몹시 소중한 것을 잃어버려 혼자 삶을 지탱할 자신이 없다. 범인을 살해한다고 달라지는 것은 아무것도 없다. 아니 오히려 살인범을 죽여 마음의 적의마저 없애버리면 당장 삶을 감당하기 더 힘들어질 수도 있다. 사람은 어떤 방식이든 자신에게 가장 소중했던 것들과 함께 머무르려 한다. 그가 어떻게 범인과 동행하는지 영화는 구체적으로 말해주지 않는다. 영화는 그에게 살의가 없다는 것만 분명하게 말하고 막을 내려버린다.

그 이후 주인공과 살인범은 어떤 관계를 유지했을까? 범인에 대한 적의를 유지하면서 아들과 아내를 현재로 불러오는 에너지로 쓸 수도 있고, 그에 지쳐 범인을 용서하고 아들의 부재를 채우는 대리인으로 받아들였을 수도 있다. 어찌됐건 그의 입장에서 범인은 아들과의 관계를 지속하는 매개자의 자리를 차지한다. 이 상황은 일견 낯설어 보이지만 사실 진정으로 아들을 사랑한 인간 내면의 보편적 심리일 터이다. 범인을 살해해 아들에 대한 사랑을 입증하려는 자는 오히려 자기 분신을 훼손한 상대를 향한 적의로만 가득한 자, 아들에 대한 사랑보다는 자기 보호라는 권력의지가 더 강한 자일 뿐이다. 아들을 진정으로 사랑하지 않은 자만이 범인을 죽여 아들과 영원한 작별을 기도할 수 있다. 그런 사람은 아들의 원한을 풀었다고 말하겠지만, 사실 자기 원한을 푼 것뿐이다.

이 지점에서 《벌레 이야기》의 주인공이 자살하게 된 심경에 감정이입해보자. 유일한 가족인 아들이 살해당해 미칠 지경이지만 우여곡절 끝에 용서하기로 마음먹고 찾아갔다. 살인범은 이미 용서와 구원을 받았다고 한다. 용서할 권리를 무시당해 화가 났지만 범인이 살아 있었다면 아마 지속적으로 찾아가 사죄받고 용서할 기회는 있었으리라. 그 과정을 통해 아들의 상실을 스스로 극복하는 새로운 자아를 형성해갈 기회를 얻을 수도 있었다. 그런데 법은 범인을 사형해 여인으로부터 빼앗아간다. 그 사실조차 '얼굴 없는' 라디오를 통해 불특정 다수 중 한 명으로 통보받을 뿐이다. 세상은 이 상황에 아무런 문제를 느끼지 못한다. 당신이 이 상황에 던져진다면, 진정 아들을 사랑했던 사람이라면 삶을 지속할 어떤 끈을 세상과 이어갈 수 있겠는가? 나는 종종 사형폐지를 둘러싼 요즘 논의 속에서도 《벌레이야기》의 주인공이 서야 했던 인간 권리의 사각지대를 본다. 이런 양상은 사형찬성론자든 사형폐지론자든 큰 차이가 없는 것 같다.

오원춘의 무기징역 선고에 대한 세간의 반응을 떠올려보자. 유족은 사형이 아니어서 실망했고, 많은 누리꾼들은 유족에 공감했다. 현재 우리 사회는 실질적 사형폐지 국가로 선고도 드물지만, 집행은 전혀 이루어지지 않고 있다. 시민들의 정서가 사형폐지 쪽으로 이동하고 있는 것도 사실이다. 하지만 흉악범 재판이 있을 때마다 사형을 요구하는 여론이 비등한다. 언론 논조를 보면, 진보 매체는 분명하게 사형폐지를 주장하고, 보수 매체는 존치론에 미온적으로 동조하는 정도이다. 나는 사형폐지의 세계적 추세를 거스를 의사가 없다. 그러나 현재 사형폐지론의 논거는 문제가 있다고 생각한다.

피살자 입장에서 시작해보자. 한 젊은 여성이 길에서 납치당해 사지가 절단되는 죽음을 당했다. 억울하다. 피살자는 아무것도 할 수 없다. 누군가 대리인이 필요하다. 그래서 가족이 피살자의 대리인 역할을 한다. 하지만 피살자가 살인범에게 무엇을 원하는지는 아무도 알 수 없다. 더 잔인한 보복을 바랄 수도, 용서 구하기를 원할 수도 있다. 그러나 죽은 자는 말이 없다. 그리하여 우리는 관성적으로 구경꾼의 감정을 유족에 투사한다. 유족 입장을 피살자 입장과 동일시하는 것이다. 대개 분노한 구경꾼과 마찬가지로 대부분의 유족은 살인범이 피살자 이상의 고통을 받아야 공평하다고 생각한다. 그런데 현재의 형벌제도를 통해서는 방법이 마땅찮다. 최고형인 사형을 집행해도 살인범 목숨과 피해자 목숨을 등가로 전제해야 최소한의 응보가 된다. 그럼에도 유가족들은 사형에 집착한다. 그것만이 사라진 생명에 대한 최소한의 위무라고 생각하기 때문이다. 물론 가해자를 용서하고 사형을 바라지 않는 유족도 있다. 이것이 가능하려면 용서가 피살자의 의사이거나, 용서 행위 자체가 피살자와 무관한 유족의 문제라고 확신해야 한다. 만약 복수가 피살자의 의사라고 생각하면, 살아남은 자의 진정성은 복수를 통해서만 구현될 수 있다.

근대 형벌제도 이전에는 문화권에 따라 피해자 가족의 복수할 권리, 살인자를 '죽일 권리'를 인정하는 관습이 흔했다. 피살자의 의사를 잔인한 보복으로 해석하고 그에 충실히 따르는 것이 살아남은 자의 도리라고 생각했다. 하지만 사적 폭력을 금하는 근대 형법질서 속에서 살인자에 대한 복수는 또 다른 범죄 행위에 불과하다. 피해자 가족의 죽일 권리는 영화나 소설 속에서나 상상된다. 이스마일 카다레Ismail Kadare의 소설 《부서진 사월Avril Brise》은 알바니아 산악지대의 한 이슬람 부족을 그리는데, 그들은 복수를 위한 살인을 정의 실현이자 명예 회복으로 생각한다. 부당한 살인에 대한 응징이자 종족을 공격한 적과의 싸움에 목숨 걸기 때문이다. 그래서 살인자에 내리는 가장 좋은 판결은 피해자 가족의 처분에 맡기는 것이다. 피해자 가족에게 정의와 명예를 지킬 수 있는 기회를 부여하는 일이라고 믿기 때문이다.

얼핏 들으면 말이 안 되는 생각 같지만 사실 우리는 이미 이런 발상에 익숙하다. 박찬욱 감독의 〈친절한 금자씨〉에 비슷한 상황이 등장한다. 피해자 가족들은 초등학교 교실에 가해자를 감금한 채 잔인하게 고문한다. 박 감독의 다른 작품 〈복수는 나의 것〉과 〈올드보이〉도 복수는 '법의 것'이 아닌 '나의 것'으로 설정된다. 무협영화와 서부영화 같은 장르영화에서 복수 코드는 스토리를 구성하는 단골 메뉴다. 우리가 그만큼 복수하는 주인공에 감정이입하고 열광한다는 얘기다. 그것은 역설적으로 법제도적 질서를 통한 응보가 뭔가 정서적으로 2% 부족하다는 사실을 이미 공감하고 있다는 뜻 아닐까?

이 지점에서 오원춘 사건 판결을 둘러싼 논란을 재구성해보자. 유족은 혈육을 살해하고 난도질한 오원춘을 '죽일 권리'를 갖는다. 그런데 그 권리를 현대 형벌제도에서는 법이 가져간다. 사형제 폐지는 '죽일 권리'를 가져가서 집행하지 않는 것이므로 결과적으로 피해자 가족은 죽일 권리를 박탈당한다. 과연 법은 가해자를 죽이지 않을 권리가 있는가? 만약 있다면 가해자를 죽음으로부터 면책할 법의 권리는 어디에서 비롯하는가?

법제도의 관점에서 답해보자. 먼저 피살자 가족의 '죽일 권리'를 법이 가져가는 것은 적어도 '직접 죽일 권리'를 인정하지 않기 때문이다. 사적 복수는 복수의 연쇄로 이어져 폭력의 악순환을 낳기 쉽다. 법의 개입 자체는 불가피하다. 법제도적 절차 속에서 가해자를 사형하면 이 악순환을 막을 수 있다. 여기까지는 누구나 동의할 수 있는 정도의 개입 범위이다. 그런데 법은 한 걸음 더 나아가 어떤 경우든 사형을 형벌 수단으로 삼을 수 없다고 선포한다. 이른바 사형폐지다. 사형폐지론의 핵심 논거는 국가가 범죄인 살인을 형벌 수단으로 삼을 수 없으며, 인간이 '죽임을 당하지 않을 권리', 곧 천부적 인권을 갖는다는 것이다. 이 경우 피해자의 인권을 내세워 가해자를 사형하는 것 역시 살인범죄가 된다. 따라서 살인 피해자 가족이 피해자를 대신해 '죽일 권리'를 주장하는 행위는 당연히 월권이다.

나는 '국가조차 살인할 자격을 갖출 수 없다'는 주장에는 동의한다. 하지만 인류 역사에서 살인 피살자보다 압도적으로 많은 것이 전쟁 피살자이다. 전쟁 살인은 국가의 이름으로 정당화돼왔다. 범죄 살인 피해자나 전쟁 살인 피해자나 억울하기는 마찬가지이다. 그런데 살인은 가해자를 처벌하지만 전쟁은 실질적 가해자 처벌이 없다. 전범 재판은 가해 당사자에게 내리는 처벌이 아니다. 해당 전쟁에서 발생한 전체 전쟁 살인의 가해 책임을 패전국에 전가하는 행위일 뿐이다. 승전국의 전쟁 살인은 처벌은 고사하고 영웅시되는 경향까지 있다. 전장은 살인 피해자만 존재하고 가해자가 없는 윤리적 진공 상태이다. 여기서 질문해보자. 국가조차 살인할 자격을 갖출 수 없다면 국가의 이름으로 정당화되는 전쟁 살인은 어떻게 봐야 하는가? 살인자를 사형할 수 없는 국가가 공동체 구성원의 집단적 탐욕에 다름 아닌 국익을 명분으로 이웃 나라 국민을 살육하는 일은 어떻게 가능한가?

　사형제 폐지를 주장하는 논거에는 이 성찰이 빠져 있다. 존치론자든 폐지론자든 국가의 '살인할 자격'을 범죄 가해자에게만 적용한다(전쟁 피살자는 문제 삼지 않는다). 존치론자는 사형을 피해자의 억울함을 푸는 방법으로 설정하고, 그 대리인으로 국가를 지정한다. 하지만 사형은 가해자의 목숨을 빼앗을 뿐, 피해자와 가족의 억울함을 온전히 해결해주지 못한다. 가해자를 사형해도 피해자는 살아 돌아오지 않는다. 애초에 생명은 등가로 교환되는 것이 아니다. 그렇다면 사형제 옹호는 피해자의 억울함보다 구경꾼들의 심리적 문제를 해결하기 위함이 아닐까? 사형은 '내가 살인 피해자가 될 수도 있다'는 구경꾼의 불안을 '나를 죽인 자는 국가가 죽인다'라는 안도감으로 돌려놓는다. 사형제는 구경꾼의 심리적 불안을 가해자를 향한 도덕적 분노로 전치시킴으로써 잊고자 하는 일종의 의례이다.

　하지만 사형제는 범죄 예방효과가 미미하고 살인 예방을 위한 사회적 환경을 개선하는 데 도움이 되지 않는다. 진정 피해자를 위한 대리인의 정당한 역할인지도 장담하기 어렵다. 피해자의 의사를 알 수 없기 때문이다. 피해자의 영혼이 있다면 과연 어떤 선택을 할까? 가해자를 죽여도 어차피 자신이 살아 돌아오지 못하는 상황인데 굳이 보복을 염원할까? 억울한 죽음에 대한 보복을 가장 절실하게 원하는 사람은 절대로 억울한 죽음을 당하지 않겠다는 생의 의지로 가득한 산 자들이다. 나는 죽은 피해자보다 살아 있는 피해자 가족이 더 사형을 절실히 원한다고 믿는다. 그럼에도 가해자를 용서하고 사형제 폐지 운동을 벌이는 피해자 가족 모임이 있다. 아마도 피해자의 의사를 용서로 해석하는 사람들일 터이다.

사형폐지론이 주목해야 하는 것은 이 대목이다. 사형폐지 논리가 뿌리박아야 할 곳은 '가해자의 인권'이나 '살인할 자격이 없는 국가의 월권'이 아니다. 이 논리는 억울하게 희생당한 살인 피해자와 가족의 '죽일 권리'를 정서적으로도 용인하지 않는다. 만약 법제도 이전에 피해자와 가족의 '죽일 권리'를 정서적으로 인정한다면, 즉 적어도 그들이 법과 사회에 가해자 처벌과 피해 보상을 요구할 권리가 있다면, 사회는 사형폐지로 그들이 '죽일 권리'를 포기하는 데 대한 사회적 배려를 해야 한다. 사형제 폐지가 피해자 입장에서 설득력을 얻으려면 '죽일 권리'를 포기하는 대신, 법과 사회구성원으로부터 충분한 정서적·제도적 위무를 받아야 한다.

그러나 현재로서는 그렇지 못하다. 사형폐지로 법은 만인의 생명을 존중하는 인자한 모습을 현시할 수 있고, 사회구성원들은 복수의 연쇄가 야기할 폭력 상황을 피할 수 있다. 즉 살아남은 사람은 덕을 본다. 하지만 피해자 가족은 범죄피해보상제도를 통해 약간의 물질적 보상을 받는 대가로 깊은 상실감은 물론 종종 관용과 용서에 대한 사회적 압박까지 느껴야 한다. 〈밀양〉의 여주인공을 미치게 한 바로 그 상황과 대면하는 것이다. 그렇다면 사형폐지론이 좀 더 살인 피해자와 유족의 입장을 배려하면서 국가에 의한 살인을 부정하는 방법은 무엇이 있을까?

나는 이 방법을 찾는 것이 살인 피해자의 죽음을 사회적으로 유용하게 부활시키고, 생물학적 죽음의 자리에 사회적 생명을 부여하는 일이라고 본다. 이를 위해서는 사형폐지론의 논거가 살인 피해자의 '의도'에서 출발해야 한다. 즉 이미 살아 돌아올 수 없는 살인 피해자가 진정으로 원하는 것은 보복이 아니라 자신과 같은 피해자가 생겨나지 않도록 하는 데 기여하는 것이라 해석해야 한다. 이런 가정은 현실성이 있다. 생각해보라. 만약 당신이 미처 삶을 정리할 시간도 없이 피살당했다면, 그래서 마지막으로 삶을 정리할 한 번의 기회가 주어진다면 무엇을 할 텐가? 이 기회로 당신이 기억될 마지막 모습이 결정된다면 어떻게 남길 원하는가? 아마도 상당수는 가해자를 살해하는 복수를 떠올릴 터이다. 그런 선택을 하면 당장의 억울함을 해소할 수는 있어도, 사람들의 기억에서는 지워진다. 산 자들의 관심사와 무관한 일이기 때문이다. 하지만 열등한 한 인간을 살해하는 대신 살아남은 사람들을 위해 기여한다면, 오랫동안 아름다운 모습으로 머무를 수 있다. 실제로 이런 상황이 현실로 주어진다면, 다수가 가해자에게 복수하기보다 산 자들의 기억 속에 살아 숨 쉬기를 택하지 않을까? 그것이 중단된 삶이 사회적으로 연속성을 얻는 유일한 방법이니까.

살인 피해자가 살아남은 자들 중 어느 하나도 자신과 같이 피살되지 않기를 바란다면, 할 수 있는 가장 좋은 방법은 "인간은 그 어떤 이유로도 죽임을 당하지 않을 권리가 있다"고 보편적 인권을 천명하는 것이다. 그가 이 말을 하기 위해서는 가해자를 용서하거나 적어도 죽이지 않아야 한다. 사형폐지론의 논거는 여기서 시작해야 한다. '가해자의 인권'이나 '어떤 이유로도 국가는 사람을 죽일 자격을 얻을 수 없다'는 보편적 인권은 가해자에 대한 피해자의 관용을 전제로 성립한다는 점을 분명히 해야 한다. '가해자의 인권'은 법이나 살아남은 자들이 부여하는 것이 아니라 피해자가 부여한다는 의미이다. 이런 관점에서 접근할 때 피해자를 위한 가장 진지한 애도는 가해자 사형이 아니라 사형제 자체의 폐지가 될 수 있다. 무고하게 죽은 피해자의 이름으로 용서라는 진리사건이 발생하기 때문이다. 사형제 폐지 논의가 피해자를 지운 채 집단적 용서 퍼포먼스로 그친다면, 보편적 인권이라는 공허한 가치를 내세워 산 자들이 벌이는 집단적·위선적 공모에 불과할 뿐이다.

어쩌면 현재 사형제 폐지 논의가 전쟁 살인에 대한 문제제기로 확장되지 않는 것은 '죽임을 당하지 않을 권리'를 옹호하는 주체들이 '나는 선량하고 관대하다'는 나르시시즘적 만족을 얻으려 할 뿐, 비용을 지불하려는 의사는 없기 때문일지 모른다. 사형제 폐지를 통해 '죽임을 당하지 않을 보편적 권리'를 주장하는 것만큼 쉬운 방법이 어디 있는가. 그럴듯한 말만 나불대면 끝 아닌가. 내가 살인 피해자나 유족이 아닌 이상 잃을 것이 없다. 기껏 직면하는 상황이라고는 살인 피해자의 억울함에 대한 약간의 부담과 유족의 원망스러운 시선뿐이지 않은가.

그런데 사형폐지론자가 국가의 살인할 자격을 부정하는 논거로 '죽임을 당하지 않을 보편적 권리'를 내세우면서 전쟁 살인에 대한 책임도 국가에 묻는다면 상황은 달라진다. 전쟁을 수행하는 주체인 국가와 대면해 사회의 국가주의 이데올로기와 불화해야 한다. 물론 이건 쉬운 일이 아니다. 하지만 이 경우 사형폐지론이 국가주의 이데올로기에 가로막혀 윤리적 논의의 장으로 상정되지도 않고 있는 '전쟁 살인'에 대해 윤리적 성찰을 가능하게 하는 실마리가 될수 있다. 아직 국가 간 전쟁은 윤리보다 이데올로기를 절대적 준거로 삼는 영역이지만, 역사가 발전하면 이 영역 역시 윤리적 검토가 이루어질 수 있다. 사형폐지론이 단순히 사형제 폐지를 겨냥한 일회용 담론이 아니라 '죽임을 당하지 않을 보편적 권리'를 주장하는 철학적 담론이 되기 위해 진정으로 주목해야 할 것은 범죄 살인의 피해자보다 훨씬 많은 전쟁 살인의 피해자이다. 그 어느 쪽을 주목하든 '죽임을 당하지 않을 보편적 권리' 주장의 출발은 산 자의 윤리적 허위의식이 아닌, 침묵하는 피해자의 '의사'여야 한다. 사형제 폐지의 주체는 역설적으로 여기 살아 있는 '우리'가 아니라 이미 떠나버린 '그들'이어야 한다. 이 차이를 느끼는 감수성만이 진정한 피해자를 외면하는 '인권'의 공허한 속을 채우는 윤리적 주체의 탄생을 가능하게 한다. 2014

수혜자의 위선

바닷가에서 새가 조갯살을 파먹기 위해 부리를 들이민다. 조개
는 방어하기 위해 입을 굳게 다문다. 적대로 한 몸이 돼 오도 가도
못한 둘은 결국 어부에게 잡힌다. 우리가 알고 있는 어부지리漁父之
利의 기원 설화다. 어부의 이익은 새와 조개의 적대에 기인한다. 물
론 어부는 둘의 적대를 획책하지 않았기 때문에 그가 얻는 이익은
우연적 행운의 결과이다. 그런데 한번 이렇게 재미를 본 어부가 바
닷가에 조개를 풀어놓는다면, 그래서 새가 다시 조개 입에 걸려든
다면?

어부가 한번쯤 상상할 법한 가정 아닌가? 실제 사람들은 오랫
동안 매를 훈련시켜 꿩을 사냥하고, 오리를 이용해 물고기를 잡았

다. 동물의 생존의지를 사냥 도구로 이용한 것이다. 이 경우 '어부의 이익'은 행운이 아닌 의지의 산물이다. 즉 새와 조개의 적대는 어부가 연출한 셈이다. 이 상황에 적합한 사자성어는 적을 이용하여 다른 적을 물리친다는 의미의 이이제이以夷制夷이다. 어부지리의 경험은 이이제이의 전략으로 진화하기 쉽다. 우연적 행운을 반복하려는 행위는 인지상정이다. 물론 이용당하는 오랑캐가 아니라 이용하는 주체가 될 수 있다면 말이다.

흔히 역사 속에는 세 종류의 인간이 있다고 한다. 피해자, 가해자, 수혜자. 누구나 수혜자가 되길 원하지만 피해자는 절대로 수혜자가 될 수 없다. 가해자가 모두 수혜자가 되는 것도 아니다. '수혜 없는 가해자'(고문기술자 이근안, 학교 폭력의 가해 학생, 가난한 가정의 폭력 가장 등등)는 피해자의 다른 얼굴이다. 수혜자는 가해의 부담을 지는 수혜자와 그 부담조차 없는 수혜자가 있다. 이이제이는 가해와 피해의 부담을 비켜가면서 온전한 수혜를 욕망하는 자의 전략이다. 문제의 초점을 피해자와 수혜 없는 가해자의 구도로 연출하고, 수혜의 주체는 소란 뒤로 숨어 가해에 연루된 흔적을 삭제하는 것. 한병철은 《피로사회》에서 이런 방식의 통치를 '지배 없는 착취'로 명명하고, 신자유주의 성과사회의 특징적 징후로 제시한다.

담뱃값 인상 법안은 흡연자라는 오랑캐의 돈으로 서민이라는 또 다른 오랑캐의 복지 재원을 충당함으로써 증세 부담이 줄어든 부자가 상대적으로 수혜자가 되는 전형적 이이제이 정책이다. 이 전략이 성공하려면 간접흡연의 피해자인 비흡연자 대 가해자인 흡연자, 모든 국민의 의료 재정을 축내는 가해자인 흡연자 대 피해자인 비흡연자의 적대가 강조되어야 한다. 반면 자발적으로 담배를 배웠지만 비자발적으로 흡연을 유지하는 니코틴 중독 피해자로서의 흡연자 대 발암 성분의 화학물질로 중독성을 높여 안정적 이윤을 유지하는 진정한 가해자, 담배회사의 적대는 가려져야 한다. 수혜자 역시 부자보다 서민이 전면에 내세워져야 한다. 그래서 새와 조개의 적대가 어부의 연출이라는 사실이 끝내 드러나지 않아야 한다. 담뱃값 인상 법안을 둘러싼 논란은 지금 이렇게 진행되고 있다.

학교 폭력을 둘러싼 논란도 사정은 비슷하다. 자살한 피해 학생의 절박함과 억울함 대 가해 학생의 가혹함이라는 적대에 꽁꽁 묶여 있다. 가해 학생들은 억울해한다. 사실 따지고 보면 그들도 인성 교육 부재와 무한 경쟁 체제의 피해자 아닌가? 대학마저 자본 논리에 따라 직업훈련소로 돌아가는 작금의 교육 정책이 지속된다면 학교 폭력은 그치기 어렵다. 진정한 가해자는 이런 교육 정책으로 학교에 적의와 경쟁 문화를 조장한 정책 입안자들이다.

여기서 질문해보자. 그들은 왜 지속적인 학교 폭력의 피해에도 불구하고 현재의 교육 정책 기조를 고수하려는 걸까? 이 질문은 이러한 교육 정책의 숨은 수혜자가 누구냐는 질문과 같다. 피해자가 드러내면 가해자는 부인하고 그사이 수혜자는 숨는다. 하여 피해자

의 언어는 직설적이고 가해자의 언어는 기만적이며 수혜자의 언어
는 위선적이다. 오랑캐로 살지 않기 위해 진정으로 적대해야 하는
것은 가해자의 기만이 아니라 수혜자의 위선이다. 2013

공정성에 대한
뿌리 깊은 오해

〈슈퍼스타K2〉의 생명력이 질기다. 지난 몇 달간 안방의 시선을 휘어잡더니, 요즘은 우승자 허각이 공정사회의 상징처럼 부각된다. 안상수 한나라당 대표는 '꿈과 희망의 상징', 자승 조계종 총무원장은 '공정사회의 대표적 사례', 김정권 한나라당 의원은 '평등과 공정에 대한 국민적 열망의 표현', 이재오 특임장관은 '출근길에 만나는 포장마차 아주머니에게 희망을 주는 존재'로 허각을 치켜세웠다.

이들이 허각을 내세워 하고 싶은 말은 뭘까? 한국사회가 현재 공정하다는 주장을 하고 있는 것일까, 아니면 앞으로 한국사회가 공정해져야 한다는 염원을 내비치고 있는 것일까? 그 어느 쪽이든 상관없다. 어차피 허각은 공정사회의 물증도 아니고, 〈슈퍼스타K2〉

는 공정사회의 모델이 될 수도 없을 테니까.

〈슈퍼스타K2〉에서 공정사회의 모델을 보는 이는 중졸의 환풍기 수리공이 우승한 것을 공정성의 물증처럼 들이민다. 그리고 전문가 심사와 대중 참여를 조합한 평가 방식을 절차적 공정성의 상징처럼 부각시킨다. 가진 것이라고는 노래 실력밖에 없는 허각이 우승한 상황 자체가 공정한 평가의 증거가 아니겠느냐는 것이다.

이 주장은 타당한가? 아마 허각이 환풍기 다는 실력으로 신일선풍기 설치 담당 이사로 입사했다면 그렇다고 볼 수 있을 것이다. 하지만 스타 탄생의 배후에 성공 신화를 깔아야 시청률이 오르는 오디션 프로그램에서 '타고난 가창력 + 중졸 학력'은 약자의 정체성이 아니라 특화된 스펙에 가깝다. 그래서 허각의 이력은 평가의 공정성을 입증하는 증거가 되기 어렵다. 허각은 위안은 돼도 대안은 못 된다.

그러면 전문가 심사와 대중 투표를 조합한 평가 방식은 공정한가? 적어도 참가자가 동등한 조건으로 투명하게 평가받았다는 점에서 '공평함'은 성취했다고 볼 수 있다. 하지만 승자 독식 보상 체계와 탈락자 색출을 통한 가혹한 토너먼트 경쟁 방식에 134만 명 참가자가 상금 2억 원을 놓고 경합한 프로그램 진행 방식은 노력과 성과의 정당한 분배라는 관점에서 정당한가? 즉 방송사가 설정한 방송사와 참가자 사이에 존재하는 계약 내용은 정당한가? 〈슈퍼스타K2〉 전체 참가자 134만 명의 일당을 만 원으로 잡으면 134억이다.

우승 상금은 2억이다. 1인당 기대 금액은 백여 원 남짓이다. 물론 매우 다양한 부차적 가치가 참가자에게 돌아가겠지만, 집단 전체로 보면 참가자 절대다수는 손해 보고 방송사는 엄청난 이득을 보는 '하우스 불패의 로또 구조'인 것만은 분명해 보인다.

사기업인 방송사가 프로그램의 설정에 대해 참가자와 토론할 의무는 전혀 없다. 선택은 참가자의 철저한 자유이기 때문이다. 하지만 〈슈퍼스타K2〉가 공정사회의 모델, 즉 부와 권리를 분배하는 국가적 차원의 틀이 되는 상황을 가정하면 문제는 달라진다. 주권자인 시민은 부와 권리를 생산하고 분배하는 방식 자체에 의견을 개진할 권리, 주어진 경쟁 방식의 정당성을 질문할 권리가 있기 때문이다. 이 권리를 삭제하고 일방적으로 결정된 경쟁 방식에서 경쟁자끼리의 공평함만 문제 삼는다면 반쪽짜리 절차적 공정성일 뿐이다.

과제를 제출하지 않은 학생 10명에게 교사가 10대씩 똑같이 몽둥이를 휘둘렀다면 공평한 조처이다. 하지만 정당한 조처는 아니다. 과도한 체벌은 부당하기 때문이다. 공정성은 공평함과 정당함을 요구한다. 공정성을 공평함으로 축소하는 것은 권리의 경계를 모르는 두 유형의 인간, 노예와 폭군의 습성이다. 노예는 부당한 공평함에 안심하고 폭군은 거기서 정당성을 편취한다. 온전한 시민은 먼저 정당성을 물어야 한다. 그리고 공평함을 비교해야 한다.

마이클 샌델Michael J. Sandel의 정치철학 개론서《정의란 무엇인가 *Justice*》가 수십만 부나 팔린 나라에서 반쪽짜리 절차적 공정성을 공정사회의 모델로 벤치마킹하자는 얘기가 스스럼없이 나온다? 이상한 일이다. 이 책을 관통하는 저자의 일관된 주장은 절차적 공정성만으로 정의는 어림없다는 것 아닌가. 2010

생명 존중의
방법론

일주일이 멀다 하고 자살 기사가 실린다. 물론 보도되지 않는 자살이 훨씬 많다. 하루 수십 명이 자살하는 것이 현실이다. 얼마 전에는 '행복전도사' 최윤희 씨 부부가 동반 자살했다. 아내가 병고에 시달리다 삶을 마감하는 길을 택하자 남편이 뒤따랐다. 타인에게 행복을 전도하던 사람이 스스로 목숨을 끊었다? 그것도 차분한 어조로 세상에 대한 미안함과 감사의 마음까지 전하며 떠났다? 충동의 흔적은 없었고 결단한 사람의 담담함만이 있었다? 이 광경은 낯설고 당혹스럽다. 아마 개인의 죽을 권리를 옹호한 《자유죽음 *Hand an sich legen*》의 저자 장 아메리Jean Amery라면 부부의 죽음을 실존적 선택으로 인정했을 것이다. 자살을 명예롭게 생을 마감하는 방법으로 이해했던 스토아학파의 철학자라면 한 걸음 더 나아가 생존을 포기함으로써 삶을 구원한 행동으로 해석했을 수도 있다.[3]

하지만 어느 시대 어느 사회건 자살은 원칙적으로 부정의 대상이었다. 과거에는 처벌받아야 하는 죄였고, 현재는 치료받아야 하는 질병이다. 사회는 어떤 형태든 자살에 개입했고, 자살을 개인의 권리로 인정하지 않았다. 자살의 의미는 자살자의 삶의 논리가 아니라 자살 예방이라는 사회의 필요에 따라 재단됐다. 최 씨의 자살도 예외가 아닌 듯하다. 기사에 달린 수많은 인터넷 댓글 중에는 "자살은 개인적인 선택이다", "질병의 고통을 견디며 살아남으라는 것은 산 사람들의 심리적 평안을 위한 이기적 행동"이라는 견해도 있다. 하지만 극히 소수다. 다수의 댓글은 '어떤 경우든 생명 존중'이라는 성직자의 강박과 '어떤 경우든 미화돼서는 안 된다'는 예방의학자의 불안을 앵무새처럼 되풀이하고 있다. 어느 누가 자살 행위 자체를 미화한다고, 어느 누가 생명 존중 자체를 거부한다고, 방금 떠난 생명의 등을 떠밀고 있는가.

'생명 존중'의 풍경이 이런 것이라면 도대체 누구의 생명, 어떤 존중을 말하는 것인가? '생명'은 생물학적 생명인 목숨과 사회적 생명인 삶을 포괄해야 한다. 인간에게 둘은 분리될 수 없는 것이기 때문이다. 자살자의 등 뒤에 내거는 생명 존중 구호는 삶을 거세한 생존에의 집착만 도드라진다. 이런 태도는 삶을 파괴하는 폭력에 무감각하고 목숨을 끊어놓는 행위에만 민감하게 반응한다

(성폭행을 피해 투신 자살한 소녀의 죽음에 성추행범의 책임이 없다는 경찰의 논리를 생각해보라!). 그래서 자살자의 삶에 폭력을 가하면서까지 자살 행위를 응징하는 데 집착한다. 이건 살아 있는 생명에 대한 존중이 아니라 생명이라는 관념에 대한 물신숭배일 뿐이다. 생명이라는 관념을 절대화하면 생명 훼손에 대한 심판의 공포심은 증폭되고, 반사적으로 조금이라도 타인의 죽음에 연루되지 않으려는 방어적 태도를 불러오기 쉽다. 이런 상황은 사실 타인의 삶은 애초에 관심이 없고 나의 생존에 대한 신경증적 불안만 있는 상태라는 걸 말한다.

이러한 심리 상태는 생명이라는 관념을 절대화해 신의 권능에 의탁하면서, 살아 있는 생명에 대한 인간의 책임을 외면하는 도피로 이어질 공산이 크다. 곳곳에서 그런 징후들이 보인다. 성폭행과 살인을 동시에 저지른 김길태는 저주하지만 청소년 16명이 정신지체 소녀를 성폭행한 사실에는 무감각한 것, 파키스탄에서 자행된 간통녀 투석형의 잔인함에 분개하지만 아프가니스탄에서 일어난 미군 무인비행기의 교활한 살육에 무덤덤한 것, 뇌도 없는 태아의 생명권을 주장하며 낙태를 불법화하지만 미혼모에 인격 살인이 저질러지는 현실의 모순을 느끼지 못하는 것, 암 치료술이 세계 최고라고 자랑하지만 말기 암 환자를 위한 호스피스 시설에는 관심이 없는 것. 진정 살아 있는 생명을, 삶을 존중한다면 어떻게 이런 부조리가 가능할까? 현대사회는 죽음의 문제가 신의 영역에서 인간의 손으로 넘어온 사회이다. 생명 존중의 방법 또한 생존의 물신화에서 삶에 대한 존중으로 관심을 돌려나가야 할 시점이다. 2010

장르영화의 단골 메뉴 중 하나는 복수다. 복수 서사가 대중에게 폭넓게 수용되는 사연은 대략 이렇다. 대개의 사람들은 가해 사실보다 피해 사실을 오래 기억해 누군가를 혼내주고 싶은 마음을 깊이 묻어두고 있다. 그런데 세상을 향한 막연한 이 적의는 도덕적 검열이나 제도적 억압 때문에 저 스스로는 분출을 꺼린다. 폭발을 위한 정당한 명분을 찾아 두리번거리는 적의를 복수극이 낚아챈다. 복수극의 관객은 복수를 열망하는 정당한 피해자의 위치에 배치된다. 통상 복수의 주체는 사회적 약자이고 대상은 사회적 강자여서, 그가 동원할 수 있는 수단은 사생결단의 의지와 신체적 힘밖에 없다. 그래서 대개의 복수극은 폭력으로 복수를 마무리한다. 그런데 최근 유행하는 TV의 복수 드라마는 복수 방식이 사뭇 다르다. 〈돈의 화신〉과 〈야왕〉은 복수극인데, 두 드라마는 공교롭게도 주인공이 변호사다. 복수 방법도 물리적 폭력 대신 두뇌를 이용해 법에 호소하는 쪽을 택한다. 이러한 복수 방식은 드라마 한두 편의 설정이 아니라, 복수극의 새로운 장르 관습처럼 되어가고 있다. 이 새로운 설정이 던지는 궁극적 메시지가 뭘까? '어떤 경우든 사적 폭력을 금지한다'는 법의 명령을 재천명하는 것, 아무리 억울해도 '복수는 법의 것'이라는 뜻 아닐까?

법치의 새삼스러운 강조는 역설적으로 통치 위기를 반영한다. 법치만으로 통치가 가능하려면 강제하는 법의 형식('법을 지키자'는 원칙)과 실정적 내용(법조항과 적용 형평성)에 대한 사회적 동의가 모두 필요하다. 그 어느 사회도 법조항과 적용 형평성에 대한 동의는 '법을 지키자'는 원칙에 대한 동의만큼 높지 않다. 법률 전문가가 아닌 이상 법조항과 적용의 형평성을 알 수 없기 때문에, 보통 사람들은 '법을 지키자'는 원칙을 강조하는 것 이외에 달리 법에 대한 감정을 표현할 방법이 없다. 그래서 만약 법조항 내용과 적용이 불평등한 상황이라면 결과적으로 '법을 통한 구조적 불평등을 강화하자'는 주장을 하고 마는 셈이 된다. 이런 대중의 불안을 달래고 법은 평등을 구현한다는 신뢰를 주기 위해서는 법률 전문가와 이들을 움직이는 권력층이 앞장서 법을 준수하는 모습을 연출해야 한다. 어느 사회에서나 고위 공직 및 전문직 윤리와 노블레스 오블리주라는 지배층의 교양을 강조하는 까닭도 바로 이런 법치의 공백을 메우는 역할을 하기 때문이다.

유럽의 부르주아 교양주의는 법치의 공백을 메우는 역할을 비교적 충실히 수행했다. 전문직 윤리 준수, 기부, 자선 같은 지배층의 도덕성을 상연함으로써 법의 실질적 내용과 적용 형평성에 대한 대중의 불안을 달랬던 것이다. 하지만 한국의 지배층은 교양주의 대신 분단 이데올로기를 통치 수단으로 삼아온 까닭인지 노블레스 오블리주를 상연하는 데 지독히 인색했다. 이제 분단 이데올로기의 약효가 떨어지고, 대중은 점점 더 똑똑해지고, 지배층의 실체에 대한 시민의 환멸이 깊어지고 있다. 지배층에 대한 대중의 신뢰와 존중이 없는 상황에서 통치는 오로지 법의 강제력에 의지할 수밖에 없다. 법에 통치의 과부하가 걸리면 역설적으로 '악법도 법이다'라는 형식적 법치의 강조가 나타나는 것이다.

형식적 법치는 강제하는 법형식만 강조한다. 실질적 법치는 구체적 법조항과 적용의 형평성을 강화한다. 지금 법은 어디에 있는가? 여대생을 잔혹하게 청부살해한 재벌 사모님이 고급 병실에서 휴양하는 모습을 시민들은 지켜봤다. 조세피난처를 이용해 세금을 빼돌린 인사들에 대한 법의 무기력도 지켜봤다. 4대강 비리와 인사청문회, 윤창중 사건과 김학의 사건을 통해 지배층이 하루아침에 '지도층'이 되긴 틀렸다는 사실을 확인한 직후다. 지배층에 실망한 시민들은 또다시 말뿐인 법치의 공허함에 환멸을 느끼고 있을 게다.

지배층의 규범이 무너진 상태에서 법마저 형식적 법치로 일관하는 위선의 통치는 독선적인 정치적 저항을 불러온다. 법의 보호를 받지 못하고, 법에 저항할 힘이 없는 약자들의 누적된 피로는 법의 존재 자체를 부정하는 격렬함으로 나아갈 수도 있다. '역사의 진리'를 그들만의 법으로 삼는 극좌와 극우는 그렇게 탄생한다. 둘은 반역적 정서를 공유한다. 하지만 극좌는 '피해자의식'으로 무장하고, 극우는 '피해의식'에 매몰된다. 차이는 가해자를 인식해 정치적 적을 구체화하느냐이다. 극좌는 여기에 성공해 계급 혁명이라는 급진적 사상으로 나아간다. 반면 극우는 주변 모두를 적으로 돌리고 핏줄에만 집착하며 인종주의라는 반동적 사상과 결탁한다.

반공국가인 한국에서 자생적 극좌가 뿌리내릴 여지는 없다. 위선적 통치에 반발하는 독선적 저항은 극좌보다 극우로 출현할 공산이 크다. 하지만 현재의 '일베' 행태를 극우 정치 세력의 등장으로 단정하기는 어렵다. 내가 본 '일베'는 개인적 좌절을 욕설과 저주로 풀어내는 외설적 공간에 불과하다. 그런데 극우는 원래 적대의 대상과 혐오 감정은 선명하나 정치적 이념은 모호하다. 극우 원조인 유럽의 파시스트는 공산주의는 무능해서 자본주의는 정신이 썩어서 지성주의는 진정성이 없어서 다른 인종은 열등해서 여자는 나약해서 혐오했다. '일베'에도 이런 기미가 보인다. 극우 이데올로기는 없어도 극우 정서는 넘쳐난다. 극우의 성체는 못돼도 줄기세포는 되는 것 같다. 그런 점에서 '일베'는 당장 경계할 대상이 아니라 오랫동안 지켜봐야 할 증상이다. 통치권력에 대한 분노가 확산되고 있다는 징후, 보수도 진보도 신뢰받지 못한다는 징후로 읽어야 한다. 지금 경계해야 할 것은 소수의 무지와 몰상식을 젊은층의 정치적 발언으로 격상시켜 정치적 세력 확장 기회로 삼으려는 보수주의 안의 극우 성향이다. 극우의 진정한 비극은 언제나 자신을 좌절시킨 장본인의 수족이 된다는 것이다. 2013

미술품,
진본에 목매지 마라

미국 화가 잭슨 폴록Jackson Pollock의 〈넘버 5Number 5〉가 그림 거래 최고가인 1억 4000만 달러(약 1313억 원)에 팔렸다. 사람들은 비현실적인 가격에 놀란다. 그리고 가격 책정의 근거와 구매 동기에 미심쩍은 시선을 보낸다. '도대체 그 그림이 뭐길래 그 액수를 주고 샀지?' 마치 어떤 예술가의 정신적 가치도 그 액수로 평가되어서는 안 되고, 어떤 수집가의 그림 사랑도 그 액수로 표현되어서는 안된다는 듯이. 그림 하나가 온 가족이 평생 번 돈을 다 합해도 살 수 없다는데, 누군들 짜증나지 않겠는가. 그 누군가가 마침 그림을 사랑하는 이라면 더욱 화가 나지 않겠는가?

일반적으로 그림 값이 비싼 이유는 전문적인 고급 노동이 집중

투입되기 때문이다. 어떤 화가가 한 달에 한 점씩 그림을 그린다고 가정하면 '평균 샐러리맨의 월급 + 전문적 교육 및 수련비 + 노동 강도에 따른 수당'을 합산해 적어도 그림 값이 500만 원 이상이 된다. 물론 이 계산법은 화가 입장에서 호의적으로 계산했을 때 그렇다. 반대도 가능하다. 그림 그리는 자기표현 행위에 자기 좋은 일을 하는 쾌락 비용을 물릴 수 있다. 이 경우 그림 값에는 '평균 임금 - 쾌락 비용' 계산법이 적용되는 것이 맞다. 대다수 화가는 젊은 무명 시절에는 후자, 나이 들어 성공하면 전자의 계산법을 적용받는다. 물론 화가의 노동가치만 가격에 적용한다손 쳐도 그림 값이 1313억 원이 될 수는 없다. 이 가격대는 화가의 인건비 계산법과 무관한 미술품 시장의 논리로 책정된다.

미술품 시장에서 그림 값은 예술적 가치, 미술사적 가치, 경제적 가치의 조합에 의해 결정된다. 세 가치가 조합되는 방식은 '예술적 가치∈미술사적 가치∈경제적 가치'의 논리 구조라고 보면 된다. 즉 예술적 가치는 미술사적 가치에 반영되고, 미술사적 가치는 경제적 가치에 반영돼, 결과적으로 경제적 가치인 그림 값이 결정된다는 의미이다. 예술적 가치의 평가부터 살펴보자. 예술 작품은 삶을 획일화하는 외부에 맞서 고유한 개인 내면을 드러내 온전한 소통을 열망하는 행위의 산물이다. 여기에 얼마나 많은 사람이 얼마나 깊이 공감해, 자기 자신의 고유한 개별성을 발견하느냐에 따라 예술적 가치는 결정된다. 화가와 관객의 행복한 내면적 만남의 순간이 가치발생 지점이며, 행복도는 관객의 주관이 절반을 결정한다. 이런 까닭에 예술적 가치를 그림의 보편적 교환가치인 가격으로 표현하는 것은 근원적으로 불합리하고 불가능하다. 예술적 가치가 평가가 용이한 미술사적 가치로 대체되는 이유다.

미술사적 가치는 얼마나 새로운 사조의 대표적 작품인가로 평가된다. 〈넘버 5〉는 잭슨 폴록이 창시한 액션페인팅Action Painting의 대표작이다. 액션페인팅은 물감을 캔버스에 뿌리거나 튀겨 무정형의 추상화를 그리는 작법이다. 조형미보다 그리는 행위 자체를 강조한다. 화가의 내면을 사물의 매개 없이 직접 화폭에 전하려는 시도이자, 관객에게 캔버스 너머를 보라는 요구이기도 하다. 〈넘버 5〉의 미술사적 가치는 대단히 높다. 액션페인팅이 아방가르드 미술의 중심을 유럽에서 미국으로 옮겨놓은 계기가 됐기 때문이다. 하지만 따지고 보면, 미술사적 가치를 교환가치로 환산하는 기준은 없다. 결국 미술사적 가치 또한 그림 구매의 다양한 동기, 즉 경제적 가치의 한 요소가 될 수밖에 없다.

그렇다면 예술적 가치, 미술사적 가치와 무관한 경제적 가치는 어떤 것인가? 부자들이 그림을 구매하는 동기는 복합적이다. 그림을 사고팔아 차익을 남길 수도 있고, 상속과 증여의 과세를 피하기 위한 돈세탁 도구로 이용하기도 하며, 더러는 〈행복한 눈물Happy Tears〉처럼 로비수단으로 삼기도 한다. 또 그림 구매를 통해 문화적 소양을 뽐내면서 자본축적 과정에서 구겨진 이미지를 만회하려는 이도 있을 것이다. 이 경우 그림은 탈세와 부정부패를 덮기 위한 고액권의 대체재이며, 그림 수집과 감상을 통해 현시되는 소양은 위선적 가면에 불과하다. 물론 모든 고가의 그림 구매를 이런 경제적 동기로 일반화할 수는 없다. 예술적 가치에 대한 인정 비용으로 수백억 원을 썼다는 이도 있을 것이다. 하지만 1313억 원을 주고 〈넘버 5〉를 구매한 멕시코 금융재벌 데이비드 마르티네스도 폴록의 내면과 만나기를 갈망했을까? 화가였던 폴록의 아내에 따르면 "폴록이 물감을 뿌리는 행위는 신음 소리 같았다"고 한다. 액션페인팅을 통해 평생 알코올중독과 우울증에 시달리던 고통스러운 내면을 표현하고자 했던 폴록과 성공한 금융재벌 마르티네스의 행복한 내면적 만남이 상상되는가? 폴록이 살아 있다면, 그림의 예술적 가치가 경제적 교환가치로 환산되는 이 광경에 대해 무어라고 했을까? 아마도 액션페인팅을 할 때보다 더 고통스러운 신음 소리를 내지 않았을까?

예술적 가치는 가격과 무관하다. 우리가 그림을 즐기는 데 가장 큰 문제는 비싼 그림 가격이 아니라 예술적 가치를 돈으로 계산하는 태도다. 진본 소유가 그림 감상에 유일한 길은 아니다. 미술작품 감상에서는 그림 너머 화가의 마음을 읽는 눈이 중요하다. 진본 여부는 감상의 결정적 요소가 아니다. 그런데도 진본에 목을 매는 태도는 문화적 취향보다 경제적 욕심 때문일 게다. 중요한 것은 그림을 통해 화가의 내면과 접속하고자 하는 열망이며, 화가에 공감을 표현하는 태도이다. 그게 있다면, 거실에 복사본을 걸어놓아도 화가 사후 진본에 1313억 원을 쓰는 것보다 더 정중하게 예의를 표하는 것이다. 물론 다수의 사람이 그런 방식으로 미술 작품을 향유하려면 기존 미술품 시장에 구조적 변화가 필요하다. 소수 부자가 주도하는 현재의 왜곡된 미술 시장에서 화가는 구매자의 취향에 맞는 그림을 생산하는 존재로 전락하기 십상이다. 소비자는 복제본 생산을 통제하는 시장 관행 때문에 화집과 같은 열악한 형태로 작품을 감상할 수밖에 없다. 중견 화가의 괜찮은 복제본이 수월하게 유통되는 시장, 무명 화가의 작품이 적당한 가격에 활발하게 거래되는 시장이어야 미술의 향유 계층이 확대될 수 있다. 그때서야 비로소 그림은 화가와 대중을 연결하는 소통의 매개물이 될 수 있을 것이다. 2013

유적에는
희망이 없다

광화문이 복원됐다. 광화문은 조선 태조 때 경복궁 정문으로 건립됐다가 임진왜란 때 소실됐고, 1865년 흥선대원군의 주도로 중건됐다. 이후 우여곡절을 겪다 이번에 경복궁 복원 사업의 1단계 마무리 사업으로 대원군 중건 당시의 모습으로 다시 태어났다. 서울 도심에 번듯한 왕궁 하나 정도는 있는 게 좋다. 왕궁은 웅장함 때문에 문화재 중에서도 관광자원으로 최고다. 그런데 문화재는 역사교육의 자원이기도 하다. 문화재가 역사교육의 자원이 되려면 문화재 자체보다 거기서 추론되는 이야기, 즉 역사적 의미가 더 중요하다. 이야기가 거세된 문화재는 골동품일 뿐이다. 광화문은 국민들의 호주머니에서 나간 돈으로 복원할 가치가 있는 역사교육의 자원일까? 후손들이 두고두고 곱씹을 이야기가 있는 문화재일까?

1865년 흥선대원군 때로 거슬러 가보자. 고종 2년 대원군은 왕실의 권위를 세우기 위해 경복궁 중건을 시작했고, 재정이 부족해 당백전이라는 국채를 발행했다. 무리한 공사 때문에 민생은 피폐해졌고 왕조의 몰락만 가속화해 1894년에는 삼남의 농민들이 동학혁명을 일으키는 지경이 됐다. 경복궁 중건이 던져주는 역사의 교훈은 허세로 권위를 세우려 하면 백성이 죽어가고 나라가 망한다는 것이다. 광화문을 복원해 후세가 보면서 두고두고 새겨야 할 이야기는 바로 이것이 아닐까?

그런데 이명박 대통령의 제65주년 광복절 기념식 경축사는 사뭇 다른 시각을 보인다. 광화문 복원을 민족정기의 회복으로 본다. "100년 전 우리는 나라를 잃었습니다. 광화문이 가로막혔습니다. 민족의 정기가 막혔습니다. … 오늘 84년 만에 제자리에 제 모습으로 복원된 광화문은 우리의 새로운 역사를 활짝 열어갈 문이 될 것입니다." 광화문이 민족정기의 통로라면, 한국은 오히려 민족정기가 막혀 있던 시기에 가장 눈부신 발전을 했다. 반면 광화문의 중건으로 막혔던 민족정기가 펑 뚫리던 시기인 고종 때의 조선은 주변 열강의 간식거리 정도였다.

왕궁의 정문을 옮기면 없어졌다 원위치하면 회복되는 것이 민족정기라면 도대체 어디에 쓰임새가 있을까. 만약 우리에게 민족정기가 있다면 숱한 외세 침략에도 민족 명맥을 유지해온 민초들의 고난과 저항 과정에서 형성된 굳센 삶의 태도 같은 것이 아닐까? 과연 그러한 민족정기를 불러오기 위해 복원해야 할 문화재가 광화문인가? 일제강점기에 민초들의 이야기가 서린 문화재를 발굴할 생각은 왜 못하는가? 예컨대 조선인 원폭피해자와 정신대 할머니의 역사가 담긴 기념관을 세울 생각은 왜 못하는가?

광화문 복원을 민족정기 회복과 연결하는 발상은 대한민국 역사와 조선왕실사를 동일시하고, 사람의 이야기가 사라진 골동품을 물신숭배하고, 여기에 퇴행적인 민족주의를 투사하지 않으면 나오기 어렵다. 쉽게 말해, 아파트 평수를 보고 삶의 질을 평가하듯이 화려하게 복원된 왕궁을 보고 우리 민족이 자랑스럽다는 자부심을 가지자는 것이다. 이렇게 습득된 '토건스러운' 역사의식은 중국의 자금성을 보면 하루를 못 버틴다. 스펙터클한 문화재를 보고 생긴 역사의식은 타민족과의 비교를 통해 존재감을 확인하는 경쟁심이 본질이기 때문이다. 진정한 역사의식은 내 삶이 타인과 연루돼 있고, 과거에 진 빚을 미래에 갚아야 한다고 확신하는 것이다. 이는 왕조의 낡은 기왓장이 아니라 기왓장을 만들고 나른 사람들의 처지에 감정이입할 때 비롯된다. 생존 페르스Saint-John Perse의 〈유적〉이란 시에 이런 구절이 있다. "유적에는 희망이 없다."

왜 희망이 없을까? 유적은 빛바랜 권력의 흔적일 뿐이기 때문이다. 거기서 미래를 보라는 것은 정치적 노림수가 있는 자들의 각색된 이야기일 뿐이다. 희망은 가늘게 삶을 이어온 민초들의 이야기 속에 있다. 문화재는 그것을 캐내는 도구여야 한다. 2010

문화재도
포르노가
될 수 있다

루브르박물관과 대영박물관은 수많은 문화재를 소장하고 있다. 지리적으로 가까운 이집트의 미라나 조각상은 물론, 훌쩍 떨어진 신라의 금귀고리, 고려의 불상까지 전시돼 있다.

현대미술품은 박물관이 구입하거나 기증받은 것들이다. 하지만 고대의 문화재는 두 단계를 거쳐 전시대에 오른다. 우선 제국주의 시대 제3세계에 주둔한 군대가 직접 약탈하거나 헐값 매입을 통해 제1세계 소장가의 손으로 넘어간다. 그 다음 소장가의 손에서 판매나 기증을 통해 박물관으로 흘러들어간다. 파리의 어떤 소장가가 고대 이집트 유물을 루브르박물관에 기증하면 이타적 행위로 칭찬받는다. 하지만 그 전에 이루어진 약탈에 대해 소장가는 전혀 책임이 없을까?

장물을 취득하는 것은 불법이다. 장물인지 모르면 불법이 아니다. 장물인지 알고 사서 이익을 봤다면 불법적이고 이기적이다. 장물인지 모르고 이득을 목적으로 샀다면 그냥 이기적이다. 장물인지 알고 사서 빈자에게 나누어주었다면 불법적이지만 이타적이다. 장물인지 모르고 사서 나누어주었다면 그냥 이타적 행위이다. 그렇다면 이집트 유물을 루브르박물관에 기증한 프랑스 수집광의 행위는?

기증한 문화재가 애초에 약탈됐다는 사실을 그는 모를 수도 있다. 하지만 장물취득죄는 '장물인지'의 기준을 '장물일 수도 있다는 개연성'에 둔다. 초등학생이 파는 금반지를 산 사람은 '장물일 수도 있다'고 의심할 의무가 있다. 이집트 유물을 사라고 파리의 한 골동품상이 권유할 때, 구매자는 마땅히 그것이 최초의 시점에서는 '약탈된 것일 수 있다'는 의심을 해야 하지 않을까? 이런 이유로, 수집광의 행위는 이미 장물인지 알고 구입해 박물관에 기증한 것으로 볼 수 있다.

그렇다면 루브르박물관에 기증한 행위는 이타적일까? 프랑스 안에서는 이타적 행위로 볼 수 있을 것이다. 프랑스 국민들이 굳이 이집트에 가지 않고도 미라를 볼 수 있고, 중동까지 가지 않고도 아시리아나 페니키아의 유물들을 볼 수 있으니까. 하지만 일제강점기 때 수많은 문화재를 약탈당해본 우리는 피해자의 위치를 경험했기에 안다. 그들만의 이타성이 사실은 집단적 이기심임을. 기증이 진정 이타적이려면 문화재가 찾아가야 할 곳은 루브르가 아니라 이집트의 박물관임을.

약탈된 문화재가 제자리를 찾아가야 하는 이유는 단지 최초의 소유권 때문만이 아니다. 제자리를 잃은 문화재는 이미 문화재가 아니다. 골동품에 불과하다. 차이는 들판에 핀 꽃과 거실 벽에 걸어놓은 조화만큼 크다. 문화재는 우리가 과거의 사람을 만나러 가는 시간 여행의 정거장 같은 것이다. 사람들은 지금 나의 삶이 과거의 누군가와 맞닿아 있고, 미래의 누군가와도 마침내 통하리라는 역사의식을 통해 사회적 삶의 의미를 만든다. 문화재는 단절된 과거와의 만남을 복원하는 가교 역할을 하는 것이다. 골동품은 모든 과거의 삶으로부터 뿌리 뽑혀 현재 속에 던져진 사물에 불과하다. 여기에 탐닉하는 것은 일종의 포르노적 취향일 뿐이다. 노동의 역사를 외면하고 결과적인 성과물에 집착하는 행위가 여성의 몸에서 성기만을 탐닉하는 포르노의 편집증적 폭력과 닮았다는 것이다. 그러니 세계의 문화재가 모인 루브르박물관은 어쩌면 과거와 단절되는 장소. 사람을 사물이 대체하는 장소, 문화재가 볼거리로 전락하는 장소일지도 모른다.

5년여 공사 끝에 숭례문이 복원됐다. 감쪽같이 원형이 복구됐다. 그렇다. 사물은 사라져도 다시 재현될 수 있다. 오히려 시간 속에서 스러지지 않는 사물이 있다면 썩지 않는 시체처럼 낯설리라. 진본의 물질성에 광적으로 집착하는 것은 일종의 시체애호증

Necrophilia이다. 중요한 것은 문화재가 뿌리내린 과거의 삶과 사람을 만나고 이해하는 일이다. 우리는 종종 문화재를 관광자원, 역사교육의 현장, 국가적 자존심의 징표 등등 기능적 용도로만 대우한다. 거기에는 우리가 만나야 할 사람이 빠져 있다. 조선 태조는 있지만 숭례문을 세운 무명의 장인들 이야기는 없다. 문화적 주체성은 문화재의 화려한 외양이 아니라, 과거와 현재의 무명씨가 빚어내는 수많은 스토리가 얽혀 굵은 동아줄이 될 때 생긴다. 문화재는 단지 과거와 현재를 연결하는 미디어일 뿐이다. 숭례문 복원이 구경꾼에서 스토리텔러Storyteller로 문화재를 감상하는 방식을 바꾸는 계기가 됐으면 싶다. 2013

5부

세월호와
작별하는 법

세월호가 침몰한 지 두 달이 지났다. 구조 작업은 12명의 실종자를 남긴 채 제자리걸음을 하고 있다. 열흘 전 한 명의 실종자가 발견된 이후 소식이 깜깜하다. 이 상태가 지속되면 조만간 구조 작업이 마무리될 공산이 크다. 구조가 한없이 지연되면서 현장을 주시하던 눈길들도 뿔뿔이 흩어졌다. 뉴스 헤드라인은 이미 유병언의 행방과 문창극의 행보가 침몰 현장 소식을 대신하고 있다. 이제 장맛비가 한 차례 지나가면 대한민국의 시간을 정지시켰던 세월호도 흐르는 세월에 흘러가버릴 일만 남았다. "잊지 않겠습니다"라고 다짐하던 광장은 어느덧 "대한민국"을 연호하는 월드컵 열기로 달아오르고 있다. 이 열기가 식을 때쯤 우리는 텅 빈 광장에서 "사랑은 세월을 잊게 하고, 세월은 사랑을 잊게 한다"는 조지 고든 바이런George Gordon Byron의 탄식을 이명耳鳴처럼 경험해야 할지도 모른다.

사태가 그렇게 흘러가면 한때 죽어가던 어린 영혼들의 고통에 절망하고 분노하던 '나'는 그 마음이 거짓일 수도 있다는 가책으로 스스로에게 상처를 줄 수도 있으리라. 그런 상처를 모든 '나'가 폐쇄적으로 경험한다면 모든 '나'에게 세상은 가장 진지한 애도의 순간도 집단적으로 연출되는 인형극 무대에 불과한 것으로 보일 수 있다. 그런 공간은 깊은 불신이 지배하는 장소로 어떤 종류의 소통과 연대도 불가능한 장소, 집단적 냉소만이 흐르는 장소가 되기 쉽다. 그래서다. 지금 시점에서 우리가 세월호 사건을 기억하고, 희생자를 애도하고, 살아남은 자를 위무하는 방법에 대해 찬찬히 생각해봐야 하는 것은. 이런 사유를 통해 사고 희생자의 절규와 대면하면서 마주칠 수밖에 없었던 '나'에 대한 고통스러운 각성의 체험(저 상황을 두고도 '나'는 가해자를 타인으로 지목하는 것밖에 할 수 없구나, 희생자를 애도하기 위해 할 수 있는 것은 "잊지 않겠다"는 따뜻한 거짓말밖에 없구나, 이 무능을 대면하는 고통을 피하기 위해 서둘러 세월에 편승하려 그리도 애절하게 고통과 슬픔을 즉물적으로 탐닉할 수밖에 없었구나)을 넘어서야 한다. 진정으로 '나'를 치유하고 희생자를 애도하기 위해 세월호 사건은 재해석되고, 재구성될 필요가 있다. 그래야 지겹게 되풀이되는 재난에 대해 '나'가 무엇을 할 수 있고, 어떻게 '나들'로 연대할 수 있는지 길이 보일 것이기 때문이다. 따라서 '비극'과 '비애극'

의 구별을 통해 개인적 삶이 역사와 접속할 수 있는 가능성을 타진한 발터 벤야민Walter Benjamin의 통찰을 빌려 '나'가 어떻게 세월호와 작별해야 하는가를 말하고자 한다.

비극은 고대 그리스의 극 형식으로 주인공이 운명 혹은 신과 싸우다 영웅적으로 죽음을 맞이하는 전형적인 이야기 구조를 갖고 있다. 니체는 비극의 주인공에서 아폴론적 이성에 대응하는 디오니스적 도취를 보았지만, 벤야민은 개인의 삶이 역사와 접속하는 방법을 읽어냈다. 그가 구상하는 역사철학의 단서를 찾아낸 것이다. 소포클레스Sophocles의《안티고네Antigone》를 보자.

오이디푸스의 두 아들 에테오클레스와 폴뤼네이케스는 왕권을 다투다 둘 다 죽지만, 폴뤼네이케스는 이 과정에서 군대를 이끌고 테바이를 공격한다. 화가 난 테바이의 왕 크레온은 폴뤼네이케스의 장례식을 허락하지 않지만, 안티고네는 오빠 폴뤼네이케스의 장례를 고집하다 동굴 무덤 안에서 목을 매 자살한다. 그러자 그녀의 약혼자였던 크레온의 아들 하이몬이 분노하여 자살하고, 아들의 자살에 낙담한 크레온의 아내 에우뤼디케마저 자살한다. 졸지에 아내와 아들을 모두 잃은 크레온은 자신의 행동에 대해 탄식한다.

안티고네의 자살은 인륜에 따라 오빠의 장례를 고집하지만 왕을 이길 수 없다는 사실을 알기 때문에 취한 항명의 의사 표현이다. 말하자면 그는 죽음을 통한 침묵으로 왕의 명령에 가장 강력한 거부 의사를 표명한 것이다. 그의 뜻은 약혼자 하이몬과 에우뤼디케의 죽음을 통해 크레온에게 전달되고, 결국 왕을 변화시킨다. 벤야민은 이 신화를 역사적 현실의 알레고리로 읽어내며 비극적 영웅을 역사를 변화시키는 주체의 형상으로 제시한다. 그는 비극적 영웅의 역사철학적 의미를 "그 자신을 희생물로서 옛 법규들에 내맡기지만 그의 영혼은 아득히 먼 어떤 공동체의 낱말에서 구원된다"라는 말로 요약한다. 즉 비극적 영웅(안티고네)은 죽음을 통한 침묵으로 현실의 한계(오빠의 장례를 금지하는 반인륜적 왕명)를 고발하는데, 이 희생을 밑거름으로 현 체제를 넘어서는 미래 공동체(탄식하는 크레온)가 도래한다는 것이다. 그러기 위해서는 현재 영웅의 희생과 미래 공동체를 연결하는 역사적 과정이 요구되는데, 그게 바로 '애도'이다. 그래서 진정한 애도는 영웅의 죽음에 대한 슬픔의 표현이자, 영웅이 죽음으로 말하고자 한 분노의 표현이 된다. 안티고네의 죽음을 항명 의사로 읽고 죽음으로 이를 크레온에게 전달한 하이몬과 에우뤼디케의 행동처럼.

이처럼 비극의 주인공은 언제나 애도의 대상이 된다. 관객은 영웅의 죽음에 공감하는 조문객이 되어 그를 애도함으로써 역사의 주체가 될 수 있다. 하지만 벤야민이 고대 비극의 근대적 판본으로 구별한 '비애극'에서 죽음은 전혀 애도되지 않는다. '비애극' 속 죽음은 새로운 공동체를 위한 어떤 희생도 허락되지 않는, 생물학적 목숨의 정지일 뿐이다. 그렇기에 '비애극' 속 죽음에 대해 관객은 즉

물적인 비애감만을 느낄 뿐이다. 그래서 '비애극'은 근원적으로 애도를 불가능하게 한다. 왜일까?

'비애극'은 17세기 바로크 시대 독일의 연극 형식이다. 이 시기 독일은 삼십년전쟁으로 기독교적 구원의 믿음이 산산조각 나고, 의미 없는 죽음만이 지속된 "은총 없는 죄악의 상태"였다. 비애극은 이 당시 독일의 참담한 역사적 현실을 소재로 삼았다. 전형적인 주인공은 야누스적 속성을 가진 불안정한 군주였다. 이들은 절대적 권력을 누리지만 위기 상황이 닥치면 비루하기 짝이 없는 행태를 보이는 폭군들이다. 그나마 나은 유형은 벤야민이 '순교자극의 주인공'으로 분류한 인물로, 평소 폭군으로 군림했지만 죽음의 순간 순교자를 연출하는 사람이다. 이 순교자 캐릭터는 비극적 영웅의 '짝퉁'인데, 그 기원은 소크라테스로 거슬러 올라간다. 벤야민은 "이웃에게 빌린 닭 한 마리를 대신 갚아달라"는 말과 함께 독배를 마신 소크라테스의 사형집행 순간을 다음과 같이 해석한다.

소크라테스는 죽을 수밖에 없는 운명을 가진 자로서, 만일 이런 표현이 허용된다면 죽을 수밖에 없는 운명을 가진 자들 가운데서 가장 도덕적이고 최선의 존재로서 죽음을 직시한다. 그렇지만 그는 죽음을 낯선 어떤 것으로 인식한다. 그리고 소크라테스는 이 낯선 것 너머에서, 불멸성 속에서 자신이 재발견되리라고 기대한다.

벤야민에 따르면, 소크라테스는 어차피 죽을 목숨을 최선의 형태로 포장해 불멸의 형상으로 남고자 하는 나르시시즘적 도취 속에서 죽음을 수용한다. 그의 죽음에는 도래할 미래 공동체를 위해 전하는 언어가 없다. 즉 현 체제의 한계를 지적하는 정치적 분노가 빠져 있는 것이다(그래서 후대가 그를 기억하는 방식이 고작 그를 죽음에 이르도록 한, 옛 법규를 준수하자는 '악법도 법이다'로 낙찰된 것일 수도 있다. 비극적 영웅이라면 미래 공동체에 '이 악법과 싸우라'는 메시지를 남겼을 터이다). 그러니 그의 죽음에 대한 관객의 애도는 근원적으로 불가능하다. 단지 자연 생명의 정지에 대해 동정하고 슬퍼할 수 있을 뿐이다. 왜냐하면 소크라테스의 죽음에는 미래 공동체에 전하는 언어를 위해 죽음을 선택하려는 희생이 없기 때문이다. 벤야민은 소크라테스의 이러한 순교자극을 "한 인간의 오만함"으로 규정하고, 이와 구별되는 영웅적 반항의 핵심을 "응축된 형태(죽음으로 이루어내는 침묵)로 미지의 말(그 죽음이 도래할 공동체에서 해석되는 의미)을 담고 있는 것"이라 말한다. 벤야민에게 소크라테스는 미래 공동체를 단지 정신적으로 지배하기 위해 성자로 자신을 연출하며 죽어가지만, 비극적 영웅은 미래 공동체와 소통하기 위해 역설적으로 일체의 영웅적 형상을 거부하고 죽어간다. 소크라테스는 은밀하게 수다스럽게 죽어가고, 비극적 영웅은 공개적으로 과묵하게 죽어간다. 동시에 소크라테스는 미래 공동체 위에 군림하고 추앙받기를 욕망하며 죽어가지만, 비극적 영웅은 미래 공동체 속에 녹아들어 사라지길 기원하며 죽어간다. 간단히 말해 두 인물의 차이는 다음과 같은 게 아닐까? 소크라테스의 자의식이 욕망으로 귀결된다면, 비극적 영웅의 자의식은 역사의식으로 승화된다는 것. 그래서 벤야민은 "충분히 발전된 공동체 의식이라면 한 인간의 오만함에 대해 더 이상 그 어떤 숨겨진 불가사의한 내포를 인정하지는 않을 것"이라고 적고 있다.

《독일 비애극의 원천*Ursprung des deutschen Trauerspiels*》에서 벤야민이 전하려는 역사철학적 메시지를 단순화하면 다음과 같은 요구로 압축할 수 있을 듯싶다. '비애극' 속에는 애도할 영웅이 없다. 동정받을 비루한 인간과 경계해야 할 가짜 영웅, 순교자만이 존재한다. 그러니 '비애극'으로 상연되는 역사적 현실을 신화적인 비극으로 각색해볼 것, 이를 위해 동정심에 매몰되거나 오만한 인간의 현란한 제스처에 속지 말고 침묵 속에 파묻혀 잘 보이지 않는 비극적 영웅의 희생을 찾아내볼 것. 그 영웅이 전하는 언어를 해독해볼 것. 그래야 도래할 미래 공동체를 위한 진정한 애도가 시작될 테니까.

그렇다면 지금 우리가 세월호 침몰 사건을 재현하고 애도하는 방식은 어떤 모습을 하고 있을까? 폭군처럼 난폭하고 기만적인 권력 작동의 톱니바퀴에 치인 무구한 희생자를 단지 감상적 동정으로 애도하는 '비애극'으로 소비하고 있을까? 아님 그 숱한 죽음 속에서 미래 공동체를 위한 언어를 찾기 위해 비극적 영웅들의 신화로 각색하고 있을까?

오랜 세월이 흐른 뒤 세월호 침몰은 어떻게 기억될까? 아마 그 결과는 지금 어떻게 언론이 재현하고, 국가 조직이 수습하고, 시민들이 애도하느냐에 달려 있지 않을까? 지금까지 진행 경과를 보면, 세월호 사건은 선원들의 무책임, 해운사의 탐욕, 관련 공무원들의 무능과 부패가 만들어낸 합작품으로 정리되고 있다. 언론의 최대 관심은 도피 중인 유병언의 행방과 선원들에 대한 재판이다. 시민들의 태도도 많이 변했다. 사건 초기 구조에 대한 간절한 기원과 희생자에게 보인 동정과 연민, 선원들을 향한 격렬한 분노는 도피 중인 유병언에 대한 호기심으로 바뀌어가고 있다. 상황이 이대로 흘러가면 세월호 관련자들의 처벌이 완료되는 시점에서 세월호 사건은 종결될지 모른다. 그리되면 희생자들은 단지 부도덕한 인간들에 의해 우연히 희생된, 동정받지만 애도되지 않는 죽음으로 삶을 마감할 터이다. 부도덕한 인간들이 사라진 그 자리는 더 교활한 인간들이 채울 수도 있다. '비애극'이 재상연되고, 애도될 수 없는 죽음에 관객은 다시 슬퍼하고 분노하고 잊어버리는 애도의 코스프레를 되풀이할 것이다.

이 무의미한 동어반복을 그만두려면 '세월호'를 '비애극'이 아닌 '비극'으로 각색해야 한다. 희생자들의 죽음을 우연이 아니라 운명으로 이해해야 한다. 세월호 침몰이 예정된 일이었고, 그 자리에 누군가가 있을 수밖에 없었다면 그것은 필연이다. 그 자리에 다른 학생들이 있었다고 우리는 슬퍼하지 않을 터인가. 마찬가지로 세월호 선원이 다른 누군가였다면 상황이 달라졌을까? 헌신적으로 자신을 희생한 몇몇 승무원이 있었지만, 그런 사람으로 선원의 자리를 다 채울 수 있다고 기대하는 것이야말로 우연한 요행을 바라는 일 아니겠는가.

희생자의 죽음을 비극적인 것으로 인식하면, 애도는 자연 생명의 소멸보다 희생자가 미래 공동체를 향해 남긴 언어에 주목하게 된다. 비극 주인공의 언어는 운명이라는 적과 싸우고자 한 저항 의지의 표명이다. 세월호 희생자들이 비극 주인공처럼 자신의 운명을 의식했다고 생각되지는 않는다. 하지만 그들은 자신의 '죽음을 통해' 그것이 우연이 아닌 운명이었음을 사후적으로 고지하고 있다. 그들은 우연히 그곳에 있은 것이 아니라 누군가를 대신했던 것이다. 사태를 이렇게 이해하면, 진정한 애도는 그들의 언어를 재현하고 공동체로 확산시키는 것이다. 그들이 살아나 죽음을 맞게 된 상황을 인식한다면 무슨 말을 할까? 다시는 나와 같은 억울한 죽음이 없도록 해달라 하지 않을까? 그래서 그들을 죽음으로 몰고 간 운명, 즉 세월호가 침몰될 수밖에 없었던 부도덕한 자본과 권력의 작동 방식에 저항하지 않을까? 과연 지금까지 세월호 희생자에 대한 애도가 그렇게 나아갔는가? 다만 희생자를 동정하고 선원들에게 분노를 집중하면서 정작 적대해야 할 그 무엇을 놓치고 있지는 않은가.

희생자를 비극의 주인공으로 이해하면, 애도의 방향은 주인공이 적으로 삼은 운명을 '나'의 적으로 삼는 길로 나아가야 하지 않겠는가.

이런 진정한 애도를 위해 넘어서야 할 것 중 하나가 언론의 도덕주의 프레임이다. 대중을 상대로 하는 언론은 두 가지 이유로 사회구조적 현상을 '사건화'해 보도하는 경향이 있다. 첫째는 사안을 구조적 문제로 접근하면 재현 자체가 어렵고 책임 소재를 분명히 하기도 어려워 독자들의 흥미가 떨어지기 때문이다. 그래서 두드러진 행위자들의 드라마로 사안을 극화한다. 둘째는 사회현상을 행위자의 도덕적 문제로 구성하면 책임 소재가 행위자 개인에게 전가되면서 구조적 문제가 드러나지 않기 때문이다. 대중을 상대로 하는 언론은 사회 지배 이데올로기에 준해 상황을 해석하는 것이 다수의 호응을 쉽게 얻을 수 있다는 점을 잘 안다. 그리하여 이에 반하는 관점을 취하는 데 거부감을 느낀다.

이런 도덕주의 프레임을 적용하면 물리적으로 사건과 가까이 있는 행위자가 더 많은 책임을 진다. 세월호 사건 경우, 대체로 선원(및 해경) → 해운사(및 관련 공무원) → 유병언(및 관리 책임을 맡은 고위 공무원) → 정부 순으로 책임의 하중이 실린다. 이렇게 되면 말단 행위자의 무능이 악덕으로 과장되고 이 상황에 권력을 행사하면서 배후에서 이득을 취하는 교활한 악덕은 잘 드러나지 않게 된다. 그래서 도덕주의 프레임은 결과적으로 구조적 수준에서 작동하는 강자의 악덕을 은폐하는 효율적 정치 담론이 된다. 그래서 일반적으로 기득권 강자의 이익을 옹호하는 보수의 정치학은 윤리학의 외양을 하고 등장한다. 그 결과 이 윤리학이 사실은 정치학임을 지적하는 진보의 윤리학은 정치학의 모습으로 나타날 수밖에 없다.

안티고네 신화는 이런 양상을 함축적으로 보여준다. 테바이의 왕 크레온은 안티고네의 오빠가 자신을 공격한 정치적 행동에 화가 나 장례식을 치르는 윤리적 행위를 금지한다. 자신의 정치적 의사를 윤리적 금지 형태로, 즉 정치학을 윤리학으로 표상한 것이다. 여기에 대한 안티고네의 대응은 정반대로 현상된다. 그는 순수하게 인륜에 따라 오빠의 장례식을 고집하지만, 바로 크레온의 금지 때문에 왕에 저항하는 정치적 행동을 취한 셈이 된다. 윤리학의 모습으로 나타나는 크레온의 정치학 때문에 안티고네의 윤리학은 정치학으로 표출될 수밖에 없는 것이다. 곧 좌파는 윤리적이기 위해 필연적으로 정치적 인간이 될 수밖에 없다. 도덕주의 프레임은 우파의 정치학이 윤리학의 모습으로 출현하는 전형적 경우이다.

그런데 도덕주의 프레임은 비단 세월호 경우뿐만 아니라 다양한 사건에서 지배적인 해석 틀로 등장한다. 이는 그만큼 도덕주의 프레임에 대중이 쉽게 호응한다는 얘기이다. 도덕주의 프레임에 쉽사리 감응하는 현상은 대중의 도덕 감정이 살아 있기 때문이라 볼 수 있다. 물론 이렇게 해석하려면, 사람들이 눈에 보이는 행위자의 악덕 너머를 모르고, 알고 싶어도 언론 보도만 보면 알 수 없어서

도덕주의 프레임을 현실 자체로 인식한다는 전제가 필요하다. 그러나 만약 대중이 행위자들의 악덕을 조장하는 구조적 맥락과 전체 상황을 조정하는 숨은 기득권 수혜자들의 존재를 감지하고도 외면한다면, 그것은 정치적 순응과 개인적 욕망의 결과일 터이다. 즉 세월호 사건은 사회구조적 문제이지만 나는 연루되지 않았고 이 상황에서 아무것도 할 수 없으니, 본디 기득권 수혜자의 위치를 욕망하던 내 갈 길을 가려면, 개별 행위자의 책임으로 종결되는 것이 바람직하다는 생각의 산물이라는 뜻이다. 이들에게 도덕주의 프레임은 사고에 대한 책임을 묻지 않고 수습 과정에서 노력을 요구하지 않기 때문에 심리적 안도감을 준다. 이런 '비애극'의 관객이 세상에 줄 수 있는 것은 희생자를 향한 요란한 동정의 제스처뿐이다. 얻을 수 있는 교훈도 '나는 어떻게든 저런 배에 타지 않겠다'는 보신주의와 '한국사회에서 믿을 건 나밖에 없다'는 앙상한 생존의지밖에 더 있겠는가.

지금 진행되는 세월호 사건의 수습 과정을 지켜보면서 얼마나 많은 사람이 '비애극'을 구경하고, 또 얼마나 많은 사람이 '비극'을 관람하고 있을까? 6.4 지방선거에서 진보 교육감이 대거 당선되는 상황을 보면 다수가 세월호를 비극으로 각색 중인 것처럼 읽힌다. 교육현장에서 경쟁과 효율이라는 신자유주의 논리를 저지하려는 진보 교육감을 지지한다는 것은 세월호 침몰 원인을 구조적 맥락에서 인식한다는 의미니까. 하지만 단체장 선거 결과만 보면 세월호 관객의 의중은 모호하다. 야당의 신승은 평소 지방선거 결과와 크게 다를 바 없다. 상당히 많은 사람이 야당을 지지하는 것이 세월호 침몰을 잉태한 사회적 조건을 개선하는 데 도움이 되지 않는다고 생각한 것일까? 아니면 여전히 세월호 침몰을 선원과 해운사의 문제로만 인식하는 '비애극'의 관객으로 남아 있기 때문일까? 만약 후자의 경우라면 교육감 선거 결과가 잘 설명되지 않는다. 그리고 세월호 사건에서 시민들이 받은 충격의 정도를 감안하면, 어떤 형태든 동일한 사고가 재연되지 않도록 해야 한다는 시민적 책임 확산은 분명한 사실로 가정할 수 있지 않을까? 그렇다면 교육감 선거 결과와 단체장 선거 결과의 간극은 다음처럼 설명이 가능하지 않을까? 세월호 사건 재발을 막기 위해 사회 전체가 변화해야 한다는 인식은 하지만, 아직 그 행동을 내가 해야 한다는 실천의지는 부족한 상태. 그래서 아이들의 세계는 누군가가 바꿔주기를 갈망하지만, 어른들의 세계를 내가 바꾸는 일에는 망설임이 많다는 것. 이런 상황은 나쁜 아버지가 아들에게 착한 사람이 되라고 말하는 것 같아 아쉽다. 아이들은 언젠가 나쁜 어른들의 세계로 나와야 할 테니까.

지금 우리 사회가 세월호 희생자들을 애도하는 방식은 절반의 진정성만 갖고 있는 듯하다. 온전한 애도가 되려면 세월호를 침몰시킨 어른들의 세계를 바꾸어나가야 한다. 이를 위한 애도 행위는 두 갈래의 실천을 요구할 듯싶다. 우선 세월호를 침몰시킨 나쁜 어른들의 세계에 내가 연루돼 있다는 사실을 인정하고 나부터 그 세계와 결별하는 윤리적 결단을 내려야 한다. 세월호 수사 과정에서 파면 팔수록 줄줄이 드러나는 편법과 협잡의 패거리 문화가 어디 해경과 해피아 그리고 유병언뿐이겠는가. 대한민국 어른 세계가 부패의 악취로 가득하다는 것은 누구나가 알고 있는 사실 아닌가. '우리'는 그렇지 않다고 감히 주장할 직업 집단이 과연 얼마나 될까? 이런 현실을 개선하려면 개인적인 윤리적 결단을 넘어 정치적 참여를 '업그레이드'해야 한다. 투표라는 양자택일형 객관식 문제를 통해 정치적 의사 표시를 하는 것만으로는 부족하다. 창의적이고 다양한 시민정치의 아이디어를 통해 사회 전 방위적으로 정치적 의사 표현을 논술해야 한다. 이렇게 하는 것이 세월호의 비극적 주인공들이 도래할 미래 공동체를 위해 죽음으로 발성한 마지막 유언에 생명을 부여하는 길이다. 그것만이 억울하게 죽어간 아이들에 대한 진정한 애도의 형식이며, 이 방향으로 나아갈 때에만 우리 사회는 떳떳하게 세월호의 아이들과 작별할 수 있다. 2014

은유의 뜻과 힘

시詩 읽기는 쉽지 않다. 은유적 표현이 많기 때문이다. 수사학에서 은유는 사물의 속성을 다른 사물을 통해 표현하는 비유법이다. 국어 시간에 자주 거론되던 정형화된 문장 '내 마음은 호수요'를 떠올려보자. 내 마음의 한 속성 '잔잔하다'를 다른 사물인 '호수'를 통해 비유한다. 한 가지 의문이 생긴다. 도대체 왜 시는 그냥 '내 마음은 잔잔하다'고 하지 않고 굳이 '내 마음은 호수요'라고 말해 독해를 어렵게 하나?

내가 아는 이유는 두 가지다. 첫째는 철학적 이유다. '내 마음은 잔잔하다'는 표현은 내 마음을 하나의 속성과 등치시켜 가둔다. 내 마음이 지닌 나머지 다양한 속성은 제외된다. 언어는 그 자체로 사물을 절단한다. '산'은 지표의 특정한 부분의 속성을 전체에서 분절해 독립된 사물로 명명한 것이다. '강'도 마찬가지다. 여기에 저항하는 언어가 '산은 산이요, 물은 물'이다. 존재하는 것들을 인간의 필요에 따라 재단하지 말고 그대로 내버려두라는 뜻이다.

시가 속성을 규정하지 않고 다른 사물을 통해 표현하는 것은 존재를 그 자체로 인정하고자 하는 의지이다. 모든 권력의 문법은 사물을 도구적 용도인 '속성'으로 재단하고 구별하고 줄 세운다. 언어는 그 최전방에 있다. 이 문법에 존재론 차원에서 저항하는 것이 은유다. 그래서 은유는 흔히 속성이 다르다고 생각하는 두 사물의 공통점을 찾아내 화해를 권한다. 그 어렴풋한 사랑의 힘으로 삶의 고통을 견디자는 것이다.

둘째는 정치적 이유다. 시는 철학적 차원에서도 연민과 저항의 언어이지만, 정치적 차원에서도 저항의 도구였다. 압제로 발언권을 박탈당한 시대에 시는 감시를 피해 소통하는 아늑한 채널이 됐다. 은유의 모호함은 대자보의 직설보다 더 강한 힘으로 사람들을 불러모으고 위무했다. 39세의 나이로 파시스트의 총에 맞아 죽은 스페인의 페데리코 가르시아 로르카Federico García Lorca, 군사독재에 시를 무기로 싸웠던 칠레의 파블로 네루다Pablo Neruda 그리고 일제강점기의 이육사와 윤동주. 이들은 비록 적과 싸워 이기지 못했지만, 거악과 싸우는 혁명가의 용기와 약한 것들에 대한 성자의 무한한 사랑을 동시에 갖고 있었다. 비록 미력하지만 온전한 저항의 형식이 시의 존재 양식이며, 우리가 시대를 넘어 시에 열광했던 이유이기도 하다.

한때 김지하도 이 반열에 올라 있었다. 1980년대 초반 대학가에서 김지하는 풍문이고 전설이었다. 그는 일상적 발설조차 통제되던 유신 치하에서 권력의 심장부를 다섯 유형의 도적으로 일갈하는 용기와 황톳길 위 민중의 고통에 공감하는 사랑을 지녔었다. 시위 때마다 울려 퍼지던 '내 이름은 너를 잊은 지 오래……'로 시작하는 민주주의에 대한 비가悲歌는 얼마나 많은 청춘들의 가슴을 울렸던가.

그런데 언제부턴가 김지하가 변했다. 아니 정확히 변했다고 세상이 생각했다. 1991년 민주화를 요구하며 운동권 학생들이 잇따라 분신하자 그는 "죽음의 굿판을 걷어치우라"는 글을 조선일보에 기고했다. 진보 진영에서 엄청난 비난이 쏟아졌다. 하지만 생명의 중요성을 강조한 글 자체는 그 정도로 비난받을 만하지 않았다. 저항 시인의 상징인 김지하니까 진보 진영에서 문제 삼은 것이다. 사실 이 글의 기고는 민주 투사의 투항 내지 전향으로 볼 수도 있지만, 죽어가는 생명에 대한 시인 본래의 연민이 작용한 결과일 수도 있다.

하지만 최근의 김지하는 확실히 변했다. 그가 쏟아내는 막말은 노선도 논리도 연민도 분노도 없다. 욕구불만과 짜증과 오만과 허세밖에 느낄 수 없다. 그의 말에 논리적으로 대응하기는 불가능하다. 나는 그럴 필요가 있다고 생각하지도 않는다. 다만 그가 왜 그렇게 변했는지 자못 궁금하다. 정치적 입장이야 바꿀 수 있다. 민주 투사라는 거추장스러운 월계관을 벗어던진 것도 오히려 시인의 실존적 결단으로 칭찬받을 수 있다. 하지만 그는 시인의 자리마저 내팽개쳐버린 듯하다. 그의 행보에서 약한 것들에 대한 존중과 애정은 도무지 느낄 수가 없다. 시인은 젊어서 열정으로 시를 쓰고, 나이 들면 역사의식으로 시를 쓴다는 말이 있다. 그는 둘 다 없어 보인다. 은유는 그에게서 떠났다. 이제는 청년 시절의 내 기억이 그를 떠날 차례인가. 2013

나쁜 명사

오래된 영화 〈늑대와 춤을Dances with Wolves〉에 나오는 인디언의 이름은 독특하다. 추장은 '머리 속의 바람', 제사장은 '새 걷어차기', 백인 남자와 결혼하는 여성은 '주먹 쥐고 일어서'이다. 이름에는 새로 태어난 생명의 미래에 대한 염원이 담겨 있게 마련이다. '머리 속의 바람'은 평원의 고단한 삶을 이끌어가는 부족장에게 요구되는 지혜, '새 걷어차기'는 날아가는 새도 이단옆차기로 떨어뜨리는 제사장의 신통력, '주먹 쥐고 일어서'는 남편이 죽으면 다른 남자에게 소속돼야 부족에 잔류할 수 있는 인디언 여자에게 요구되는 질긴 생명력을 염원하는 것 같다. 지금 생각하면 참 자연친화적이고 시적인 작명법인데, 영화를 볼 당시는 왜 반사적으로 웃음이 터져 나왔는지 모르겠다. 아마 이런 이유 아니었을까?

인디언의 이름은 사람의 동작이나 자연의 순간적 상태를 묘사한다. 이건 인간을 자연의 한 부분으로, 삶을 순간성의 사건으로 가정한다는 뜻이다. 이들의 이름은 기꺼이 자연의 한 순간을 스스로의 정체성으로 수용한다. 이런 작명법은 무엇이 되고자 기원하는 자동사형이다.

우리의 작명 관습은 무엇을 갖고자 하는 타동사형에 기초해 있다. 염원의 대상은 명사 형태로 제시된다. '정숙貞淑'이라는 이름은 단정하고 맑은 여자가 되게 해달라는 뜻으로, '정숙'이라는 추상명사를 목적어로 둔다. 그런데 정숙은 자연에 실재하는 사물이 아니라 인간의 머릿속에 있는 관념적 가치이다. 그래서 우리는 정숙을 욕망할 수는 있지만 정숙이라는 존재 자체가 될 수는 없다.

이러한 작명 관습은 가치라는 관념을 추상명사 형태로 축적해 온 문명사회의 일반적 행태다. 아예 추상명사가 부족한 원시부족한테 자동사형 작명이 일반적일 수밖에 없는 것처럼. 그러니 인디언 이름에 대해 터져 나오는 반사적 웃음은 사실 명사형을 욕망하는 현대인이 동사형으로 행동하는 고대인에게 보내는 야유일 터이다.

발달된 사회일수록 명사가 풍부하다. 삶의 모든 경험과 정신적 생산물들이 결국은 명사 형태로 축적되기 때문이다. 하지만 창고에 이런저런 물건을 쌓아놓다 보면 그중에 불량품도 있게 마련이다. 정신의 창고를 좀먹는 나쁜 명사 중에 사람의 정체성과 관련된 말만 꼽아봐도 '전과자', '미혼모', '이혼녀', '지방대 출신', '코시안'(한국인과 아시아인의 혼혈 자녀), '편모' 등 숱하다.

이 유형의 명사는 과거에 일어난 어떤 사건을 현재 속성으로 고정시켜 하나의 범주를 만든다. 범주화 동기도 처음부터 위계화에 있는 경우가 대부분이다. 즉 '이혼녀'라는 명사가 별도로 범주화되는 것은 노처녀나 유부녀와 구별하려는 위계화 욕망 때문이다. '지방대', '코시안', '편모' 등도 비주류로 총칭해 배제하려는 욕망에서 발생한 범주들이다. 소통의 효율을 위해 이런 말들이 불가피한 경우가 드물게 있지만, 사실 그 경우도 위계화 욕망이 없다면 얼마든지 다른 표현으로 대체 가능하다.

누군가를 배제하기 위한 나쁜 명사 안에는 포함되기를 다들 꺼린다. 하지만 누군가를 지배하고자 하는 사람들이 앞다투어 소유권을 주장하는 명사도 있다. 돈 좀 있고 자리 높고 발언권 있는 '사회지배층'을 언론은 종종 '사회지도층'이라는 작위로 부른다. 노사분규 현장에 경찰이 투입되면 언론은 '공권력 투입'이란 제목을 애용한다. 공권력은 행사되는 추상적 힘이지 투입되는 물리적 힘이 아니다. '경찰력 투입'을 '공권력 투입', '사회지배층'을 '사회지도층'으로 표현하는 것은 단순한 정치경제적 사실을 미학적 가치로 날치기 통과시키는 경우이다. 좋은 명사의 나쁜 사용, 사실을 당위로 돌려놓는 자연주의의 오류이다. 위계화 욕망은 좋은 명사에 무임승차하고 나쁜 명사를 남을 향해 돌리려는 지배의 기술일 뿐이다.

종종 파괴적인 것은 창의적이다. 불온한 욕망으로 가득 찬 나쁜 명사들을 파괴하는 것, 범주화와 위계화의 사슬을 끊어버리는 것은 명사로 규정하지 않고 인디언처럼 복합동사로 오래 움직임을 지켜보거나 움직임과 하나 됨을 의미한다. 이 창의성의 명명을 인디언식으로 하면, '나쁜 명사 깨고 복합동사와 춤을' 정도가 되리라. 이 시대가 요구하는 진정한 창의성은 수시로 포장지를 갈아치우는 기술이 아니라 포장지를 찢어발기는 파괴적인 계보학적 상상력이다. 2006

독설과 막말

독이 있는 동물은 체구가 작다. 덩치가 커서 적에게 밀릴 이유가 없다면 영양분으로 헛되이 독을 만들진 않았으리라. 어느 종이나 생존에 유리한 방식으로 진화해왔으니까. 그들에게 독은 약육강식의 치열한 생존경쟁에서 작은 체구로 살아남기 위해 자신의 육신을 축내 만든 무기다. 그래서 독은 절박한 생존의지의 농축된 표현이다. 그런데 그것이 상대에게는 다급한 위협으로 전달된다. 약함이 악함으로 표상되는 것. 독이 있는 것들의 진정한 비극성은 여기서 시작된다.

독설毒舌의 사전적 정의는 "남을 해치거나 비방하는 모질고 악독스러운 말"이다. 독설에 대한 독설이다. 독을 대하는 덩치 큰 동물들의 불안이 그대로 녹아 있다. 문자 그대로 풀면, '독이 있는 것들의 혀', 스스로 자신을 지키려고 발버둥치는 작은 것들의 모진 헛바닥일 뿐이다. 세상에는 이 정의를 더 선호하는 축도 있다. 진정성을 담아내는 그릇으로 독설을 선호했던 문필가들이 어디 한둘이었던가. 그중에서도 가장 지독하게 독설을 사랑한 작가는 루마니아 출신의 에밀 시오랑Emil M. Cioran이다. 그가 남긴 독설 한마디. "매일 존재해야 할 또 다른 이유를 만들어내야 하는 염세주의자는 '삶의 의미'가 만들어낸 희생자이다."

이런 독설로 가득한 책이《독설의 팡세Syllogismes de l'amertume》이다. 듣기 거북한 말들로 점철된 그의 수많은 저서가 문학의 이름으로 읽히는 이유가 무언가?《패자들의 애독서Bréviaire des vaincus》《절망의 끝에서Sur les cimes du désespoir》《해체의 개설Précis de décomposition》같은 저서 제목에 답이 있다. 그는 패자들의 절망을 빚어낸 강자의 의미 체계를 해체하는 용도로 독설을 사용한다. 절망의 뿌리에 대한 원인 치료를 제공하는 것이다. 한 누리꾼은《독설의 팡세》를 읽고 난 후 "긍정의 글보다 더 힘이 되고, 나의 슬픔을 온전히 이해받는 느낌이 든다"고 적고 있다. 독은 강자를 겨냥하기 이전에 약자의 처지를 내 것처럼 품어야 생성된다. 독설이 문학이 되고, 종종 진정성의 발현으로 큰 공감을 불러오는 것도 이 때문이다.

막말 혹은 상말의 외형은 독설을 닮았다. 하지만 누가 어떤 의

도로 하느냐에 따라 의미가 달라진다. 상말은 '상놈'이 하면 진정성의 표현일 수 있다. 억압받고 기만당한 울분이 거기에 녹아 있기 때문이다. 하지만 '양반'이 부지불식간에 하면 지도층의 교양 부족이고, 의도적으로 하면 상놈과의 친밀감을 연출하기 위한 정치적 제스처다. 어느 경우든 '양반'의 막말은 진정성이 없다. 독설에서 독을 빼버린 텅 빈 껍데기, 카페인 없는 커피 같은 것이다.

최근 정치인들의 막말 퍼레이드는 '양반'의 막말이다. 방송국 경비원에게 "네까짓 게" 운운한 새누리당 홍준표 의원의 막말과 동료 여성 시의원에게 "유통기한 지난 X" 운운한 김해시의원의 막말이 비의도적인 교양 부족의 산물이라고 치자. 그러나 "국민을 홍어 X으로 아나" 운운한 새누리당 김태호 의원의 막말과 "MB급사急死" 운운한 민주통합당 김광진 의원의 막말은 정치적 제스처에 가깝지 않을까? 후자의 이런 '막말 정치'는 자신이 얼마나 대중의 처지에 공감하는지 '진심 연기'를 해보임으로써 손쉽게 정치적 입지를 강화하려는 의도가 있다. 비록 자기 정파의 지지자들에게 제한되지만, 선명성을 부각해 대중의 지지를 얻으려는 속셈인 것이다.

그런데 진정한 독설가는 '국민'이라는 정체불명, 절대다수의 등 뒤에 숨어 가련한 어류의 생식기를 폄하하는 말 따위는 하지 않는다. 또 아무리 미워도 '급사'라는 독극물을 개별적 인격체의 얼굴에 직접 뿌리진 않는다. 이는 작은 것들의 생존을 염원하는 독이 아니다. 한마디로 '막말 정치'는 독설가의 진정성을 표절하고 대중의 좌절을 악용해서 손쉽게 정치적 이익을 편취하는 대가로 정치 공론장을 공허한 대립과 반목의 극한으로 몰아가는 '막장 정치'다.

그런데 이들의 막말에 박수치고 호응하는 시민이 있기에 막말 대세의 시류가 조성된 것은 아닌가. 이분들에게 던지고 싶은 한마디. 대개 막말은 강자에 감정이입해 어리석은 자들을 향한 진정성이라는 겉모양새를 취하며 나타나는 언어폭력일 뿐이다. 거친 껍데기밖에 없는 막말에 현혹되지 말고 자신들의 독액을 뿜으시라. 2012

거장의 조건

한동안 영화를 안 보다 일주일 새 페드로 알모도바르Pedro Almodovar 감독의 〈귀향Volver〉과 켄 로치Ken Loach 감독의 〈보리밭을 흔드는 바람The Wind that Shakes the Barley〉두 편을 연거푸 봤다. 평소 '거장'으로 알려진 감독들답게 두 영화 모두 '베리 굿'이었다. 지금까지 나는 두 감독을 동시에 떠올려본 적이 없다. 건조하고 진지한 켄 로치와 야하고 따뜻한 알모도바르는 착한 학교 선생과 유능한 바텐더만큼의 거리감이 있었다. 하지만 이번에는 두 영화를 나란히 본 탓인지 두 사람 사이에 공통점 같은 것을 느꼈다. 바로 말하는 방식의 유사성인데 나는 이것이 '거장의 화법'이 아닐까 싶다.

먼저 켄 로치의 화법. 그는 영화 포스터에 '세상의 왼편에서 진실을 외치는 시네아스트Cineaste'라고 소개돼 있다. 틀린 말은 아니지만 좀 더 정확하게 표현하면 그는 '왼쪽에 남아 사람을 응시하는 사람'이다. 차이는 이런 것이다. 처음에 로치는 한가운데 서 있었다. 그런데 바람이 불어 세상이 오른쪽으로 기울고, 기운 만큼 사람들은 오른쪽으로 몰려갔다. 그는 그 자리에 그대로 남아 왼쪽에 서게 됐다. 그곳에서 세상에 휘둘리는 인간을 계속 응시한다. 그의 시야에는 오른쪽으로 기운 세상이 그대로 포착되지만 시선의 초점은 여전히 인간에 맞춰져 있다. 바로 옆에서 총성과 욕설이 난무하지만 시선을 이동하지 않는다. 그는 세상을 공격하지 않고 인간을 오래 바라본다. 〈보리밭을 흔드는 바람〉에서 이 시선은 배신자로 낙인찍혀 처형당하는 무구한 소년, 그 소년을 처형한 청년, 다시 그 청년을 처형하는 청년의 형으로 이어지는 폭력의 전이 과정에 고정돼 있다. 대의명분에 의지해 저질러진 폭력의 사슬이 삶을 파괴하는 과정을 로치는 폭풍에 쓰러지는 보리를 지켜보는 농부의 마음으로 그린다.

알모도바르는 여자 편에 남은 남자다. 온 세상이 남자 쪽으로 몰려가 있을 때 반대편에서 지겹도록 자궁을 찬미한다. 그는 남자에게는 관심이 별로 없다. 남자들을 귀찮다는 듯이 영화에서 삭제해버린다. 〈귀향〉에서 남자들은 여자 손에 불타 죽거나 칼 맞아 죽는다. 이렇게 여자들만 남은 자리에서 알모도바르는 신체의 3분의 1이 지방인 여성의 육체가 발휘하는 놀라운 포용력과 생명력을 찬미한다. 멀리 있는 큰 적을 공격하지 않고 가까이 있는 인간을 찬양하는 알모도바르의 전략은 그 자체가 여성적이다. 그러니 이 두 감독의 화법에 내재된 확신은 이런 것 아닐까? 인간의 선의는 대의명분을 매개해 개인에게 배달되는 법이 절대로 없다!

벤야민은 험담과 뒷공론이 모든 현상 중 가장 소시민적이라 했다. 그리고 소시민이 험담과 뒷공론을 일삼는 이유는 오해받지 않기 위해서라고 했다. 뒷전에서 남을 선제공격하는 행위가 자기보존의 불안에 의해서라면, 대의명분에 기대어 공격하는 행위는 자기보존의 불안이 집단화된 것에 다름 아니다. 종종 거장의 화법을 가장하기도 하는 집단화된 소시민적 현상이란 이런 것 아닐까?

무엇을 하지 말아야 하는지 도덕은 있으나 무엇을 하고 싶은지 꿈이 없는 개인, 그들은 그것이 처음부터 미수에 그친 기회주의의 전략임을 모른다. 무엇을 반대해야 하는지 알지만 무엇을 해야 하는지 모르는 정치, 그들은 그것이 처음부터 보신주의에 영점 잡힌 권력임을 모른다. 누구를 비판해야 하는지 알지만 누구를 위해 비판해야 하는지 모르는 지식, 그들은 그것이 처음부터 다만 자신의 존재 증명을 위한 위선임을 모른다. 무엇을 표현해야 하는지 알지만 누구의 자리에서 표현해야 하는지 모르는 예술, 그들은 그것이 처음부터 자신의 조악한 의도를 숨기려는 사기임을 모른다. 가짜이면 안 된다는 것을 알지만 무엇이 가짜인지 모르는 것! 무지일까? 간지奸智일까? 양자택일하라면 아무래도 간지 같다. 무임승차라는 사태의 핵심을 끝까지 들키지 않으면서 목적지까지 가고야 말겠다는 지고지순한 잔머리 말이다. 소시민적 화법이 타인 혹은 자신에게 복잡하게 거짓말하는 것이라면 거장의 화법은 단순한 진실을 자기 자신에게 집요하게 들려주는 것에서부터 시작하는 것 같다. 2006

피해자의 상처를
관음하지 말라

거의 매일 성폭행 기사가 실린다. 성폭행이 갑자기 늘어난 것일까? 경찰청 통계를 찾아보니, 2011년 성폭행 발생 건수가 1만 9498건이다. 이 중 아동·청소년 대상 범죄는 2054건으로 전체 발생 건수의 10%를 웃돈다. 하루 52.5명꼴이다. 신고된 사건만 취합한 수치가 이렇다. 성폭행 범죄 신고율이 실제 발생 건수의 10% 미만인 점을 감안하면 상황은 훨씬 심각하다.

그런데 기사화되는 성폭행 사건은 극히 일부다. 신고율을 10%로 잡으면, 2011년에는 하루 525건 정도가 발생한 셈인데, 이 중 한두 건이 보도된다. 시민들은 이 한두 건의 보도를 보고 성폭행에 관한 현실을 상상한다. 성폭행은 일상적으로 체험하거나 대화로 경험을 공유하는 세계가 아니다. 이 때문에 현실 인식에서 언론에 대한 의존도가 매우 높다. 성폭행 보도가 각별히 '현실의 전체상'을 알 수 있는 방식으로 접근해야 하는 이유가 여기에 있다.

성희롱, 강제추행, 성폭행을 포함하는 성폭력은 범죄자 개인의 도덕적 일탈을 넘어 남성과 여성 사이에 존재하는 구조적 폭력의 성격이 강하다. 신고율이 낮은 까닭은 피해자에게 책임을 묻거나(행실이 단정치 못해 성폭행을 자초했다) 피해 사실을 오히려 약점으로 여기는 사후 배제(정조가 더럽혀졌다) 같은 이차적 폭력이 전제돼 있다는 방증이다. 따라서 '현실의 전체상'을 그리는 데 반드시 성폭행을 둘러싼 구조적 조건을 포함해야 한다. 그래야 남성일반의 잘못된 성의식이 성폭행과 깊이 관련 있다는 사회적 각성이 가능하고, 실질적 가해 집단인 그들이 예방책의 대상이자 주체로 정립되면서 근본적인 예방책 수립이 가능해지기 때문이다. 과연 언론은 성폭행 현실의 전체상을 드러내는 제 역할에 충실한가?

성폭행 보도는 사건 기사 형식이 주를 이룬다. 사건 기사는 가해자가 얼마나 나쁘고, 피해자가 무구한지를 드러내고, 감정적 공분을 불러오기 위해 범죄 과정을 자세히 묘사한다. 이 틀로 성폭행을 재현하면 기사 자체가 관음증을 자극하는 일종의 성애물이 된다. 중고등학교 교실에서 포르노를 틀어놓고 '이런 영상물은 보지 말라'고 하는 상황을 연출하는 것과 같다. 학자들은 이런 '성애화' 경향을 오래전부터 지적해왔지만 별로 개선되지 않고 있다. 어쨌거나 이런 보도에 독자가 성폭행범이 정말 나쁜 놈이라고 비분강개했다면 언론은 바람직한 공론을 제기한 것인가? 나는 아니라고 본다. 이런 보도는 성폭행을 가해자의 도덕적 일탈로만 재현해 구조적 현실을 덮어버린다. 구조적 연루자인 남성일반은 도덕적 공분의 제스처 뒤에 숨는다. 피해자에 대한 사회적 책임 역시 이 그늘에 가린다. 결과적으로 성폭행은 가해자와 처벌해야 할 사법기구의 문제로 정립된다. 이 지점에서 '형량 강화', '화학적 거세' 등 정책적 논의가 제기되기 때문에 얼핏 대안을 찾는 보도로 보이기 쉽다.

하지만 가해에 대한 과장된 조명과 처벌 중심 대책이 도출되는 일련의 과정에서는 두 가지 정치적 효과가 발생한다. 첫째는 현실에서 발생하는 남녀 간 구조적 폭력이 삭제되는 성정치적 효과다. 둘째는 성폭행이 성희롱, 성추행보다 상대적으로 소외계층에 만연한 까닭에 '성폭력−남성일반' 관계가 '성폭행−범인' 관계로 축소·대체되면서 파생되는 계급정치적 효과다. 결과적으로 정치적 대차대조표를 그리면 피해자에는 피해여성, 여성일반, 가해남성이 해당하고, 수혜자에는 가해남성을 제외한 남성일반이 해당한다. 사정이 이렇다면 성폭행 보도 자체가 역설적으로 성폭력의 구조적 성격을 고스란히 재현한다고 보아야 하지 않겠는가.

그렇다면 바람직한 성폭행 보도는? 내가 주문하고 싶은 것은 딱 한 가지이다. 피해자의 상처를 성애화하려는 상업적 유혹과 만만한 가해자를 공격해 값싸게 정의감을 얻으려는 얄팍한 정치적 계

산을 뿌리치고 피해여성의 처지에 진정으로 감정이입하라는 것이
다. 그러면 8년에 걸친 친부의 성폭행을 극복하고 책을 써낸 20대
여성의 내면 치유 과정에 주목하는 것이 가장 윤리적이고 정치적인
성폭행 보도의 시작이라는 자각이 들 수도 있을 것이다.[4] 2012

카파이즘과
뉴스타파

전설적 종군기자 로버트 카파Robert Capa의 사진전이 열린다고 한다. 카파는 총탄이 빗발치는 전장 한가운데서 죽어가는 병사들을 담아낸 것으로 유명하다. 세계 곳곳의 전장을 누비다 1954년 인도 차이나에서 지뢰를 밟고 숨진 그는 이런 말을 남겼다. "당신의 사진이 만족스럽지 않다면 충분히 다가가지 않아서이다."

누구에게, 얼마나 다가가야 하는지는 작품이 말한다. 1936년 스페인 내전에서 머리에 적탄을 맞은 병사의 모습을 담은 〈어느 공화파 병사의 죽음Death of a Loyalist Militiaman〉을 보자. 한 인생이 불과 1센티미터 쇠붙이와 등가가 되는 찰나의 순간만큼 전쟁의 잔혹함과 어리석음을 간결하게 표현할 수 있을까? 전장은 카파에게 적의 가득한 공간이지만, 모두가 피해자인 공간이 아니었을까? 셔터를 눌렀던 그곳은 진실을 보기 위해 충분히 다가선 자리, 현실의 이해타산을 내려놓아야 설 수 있는 자리, 목숨이 위태로운 자리가 아니었을까? 그러니 '카파이즘'은 특수한 이해관계를 내려놓고 보편적 피해자를 향해 실체가 보일 때까지 다가서라는 요구로 볼 수 있다.

이 요구에 충실한 언론은 드물다. 대개는 안 하고 못한다. 오히려 거꾸로 가는 축이 더 많다. 보편적 피해자와 거리를 두고, 특수한 이해 당사자와 밀착한다. 최근의 이라크 전쟁 보도를 보라. 기자들 대부분이 미군의 '임베딩 시스템'을 통해 그들과 동행하며 취재하지 않던가. 이를 두고 보편적 피해자에게 충분히 다가갔다고 할 수 있을까? 아마 카파라면 미군의 화력에 무참히 죽어갔을 이라크군 진영을 보편적 피해자의 장소로 설정하지 않았을까?

전쟁 당사자의 보도 통제가 어제오늘의 일은 아니다. 한국전 때도 더글러스 맥아더Douglas MacArthur의 보도 통제는 유명했다. 그래서 한 외신기자는 "전쟁으로 가장 먼저 잃어버린 것은 진실이다"라는 말까지 남겼다. 그 와중에도 외국기자 17명이 전선에서 취재하다 사망했다. 통제에 순응하지 않고, 더러 소속사의 규칙까지 어기면서 '충분히 다가가려 했던 기자들'일 것이다. 이윤 추구에 점점 몰두하는 현대의 상업적 언론기업이 그나마 저널리즘의 주체로 명맥을 유지하는 것도 이들 덕분이리라. 그런데 지금, 국정원 대선개

입 의제가 국정원의 깜짝쇼와 언론의 맞장구로 삽시간에 NLL 포기 논란으로 대체되는 한국사회에 이런 기자들이 도대체 있기나 한 것일까?

기자가 '카파이즘'을 실천하기 위해서는 정치권력의 통제에 영향 받지 않아야 하고, 광고주의 압력과 사주의 경제적 통제에 저항할 수 있어야 하며, 기자 스스로 고도의 전문성과 윤리의식으로 무장되어 있어야 한다. 이런 조건을 갖춘 언론사는 없지만, 기자 개개인은 적지 않다. 그래서 이런 상상이 가능하다. "세 가지 조건을 갖춘 기자들만 모여서 '공포의 외인구단' 같은 뉴스매체를 만들면 어떨까?"

최근 조세회피처에 회사를 설립한 한국인 명단을 발표한 뉴스타파는 이렇게 탄생했다. 소수의 전직 언론인이 뭉쳤고 시민이 후원자로 나섰다. 뉴스타파는 독립적 기자들이 사회 거악을 고발하는 저널리즘의 핵심적 활동을 한다는 점에서 부패하고 무기력한 제도언론에 '대항적'이며, 재정이 100% 시민후원이라는 점에서 '대안적'이다. 앞으로의 성패는 결국 시민참여의 지속성 여부에 달려 있다. 왜냐하면 기자들을 사건에 충분히 다가가게 하는 힘은 진실을 진정으로 알고 싶어 하는 '보편적 독자'에게서 나오기 때문이다.

'보편적 독자'는 현재 소수이지만, 긴 역사 흐름 속에서는 절대다수였다. 기자가 '보편적 독자'의 존재를 의식할 때, 다시 말해 누군가의 진정성과 맞닿아 있다는 느낌을 가질 때, 진실에 다가서기 위한 고단한 취재 노동은 연애 활동이 된다. 하지만 그 접속이 끊어지면, 곧바로 어리석은 다수의 꽁무니나 치근거리며 호들갑으로 세상을 속이는 위선자로 추락한다. 시민후원은 돈 문제를 넘어 진실을 알고 싶은 '보편적 독자'의 존재를 기자들에게 고지하는 의미가 있다. 그 어느 때보다 '보편적 독자'로서 언론에 대한 시민의 관심과 참여가 필요한 시점이다. 2013

언론의 독립,
시민의 독립

언론의 자율성을 판단하는 세 가지 기준이 있다. 첫째는 정치 권력의 통제에 영향 받지 않는 '정치적 독립'이다. 둘째는 광고주 와 소유주의 감시에서 자유로운 '경제적 독립'이다. 정치적 독립과 경제적 독립이 보장된다고 자동적으로 자율적 언론이 탄생하는 것 은 아니다. 기자 개개인이 자율성을 사적 이익 추구에 탕진해버리 면 말짱 허사이기 때문이다. 그래서 기자 개개인의 무능과 탐욕에 서 자유로운 개인적 독립이 세 번째 기준으로 요구된다. 기자가 개 인적 독립을 성취하려면 취재 보도의 전문기술과 윤리의식 및 사회 정의에 대한 헌신이 필요하다. 물론 쉬운 일이 아니다. 언론학자 레 온 야코보비츠Leon A. Jakobovits는 언론 독립의 과정이 정치적 독립,

경제적 독립, 개인적 독립 순으로 진행된다고 보았으며 개인적 독립을 가장 어렵지만 가장 중요하다고 강조했다.

그렇다면 한국 언론의 독립은 어느 정도일까? '1987년 민주화 이후 정치적 독립은 신장됐지만 자본의 통제는 심화되고, 개인적 독립은 답보 상태'라는 것이 언론학자들의 전반적 견해다. 물론 지금 KBS나 MBC를 보면 정치적 독립도 이루어지지 않은 것 같은 인상을 준다. 하지만 이는 일종의 착시일 뿐이다. 과거 군사정권 때 같은 강압적 통제가 없는데 낯 뜨거운 친정부적 논조로 일관하는 것은 방송사의 자발적 동조가 없으면 불가능하다. 권언유착을 통해 사익을 추구하는 일부 간부와 끌려가는 다수 기자의 미온적 태도가 사태의 본질일 터이다. 정치적 독립보다 개인적 독립이 더 직접적인 사태의 원인이라는 뜻이다.

이들을 비판하기는 쉽다. 하지만 정치적 독립과 경제적 독립이 미진한 상황에서 기자의 개인적 독립은 퍽 어렵다. 정치적 압력과 경제적 압박을 오롯이 기자 개인이 짊어져야 하기 때문이다. 그런데 전혀 사례가 없는 것도 아니다. 탐사 보도 전문 매체인 뉴스타파는 개인적 독립의 전형적인 예이다. 과거로 거슬러 올라가면, 한겨레신문 창간도 열악한 언론 현실에서 기자들이 집단적으로 개인적 독립을 추구한 결과로 볼 수 있다. 최근 JTBC에서 공정 보도로 주목을 끌고 있는 손석희는 판단이 쉽지 않다. '언론인 신뢰도 1위'라는 브랜드 가치를 언론인 개인적 독립의 결과로도, 스타 아나운

서가 누리는 대중적 인기의 효과로도 볼 수 있다. 만약 〈손석희의 JTBC 뉴스9〉의 공정 보도가 JTBC의 관행으로 정착한다면 손석희의 개인적 독립이 보도국 전체의 정치적 독립과 경제적 독립을 개선한 사례로 평가될 것이다. 그러나 이런저런 사유로 논조가 과거로 회귀한다면 시청률 올리기와 종편 재심사를 위한 한시적 스타 마케팅에 동조한 것으로 평가받을 수도 있다. 어찌됐건 현재까지 보도 내용만 보면, KBS나 MBC보다 결코 유리하지 않은 조건에서 훨씬 더 공정한 보도를 하고 있는 것은 분명하다.

손석희가 한때 삼성그룹의 계열사였던 중앙일보의 자회사 JTBC 사장 자리에서 삼성 무노조 경영을 보도할 수 있었던 힘은 자율성에서 나온다. 뉴스타파가 조세회피처에 회사를 차려 탈세한 인물들을 폭로할 수 있었던 것도 자율성 덕분이다. 물론 차이는 있다. 손석희의 자율성이 다수 대중이 보내는 신뢰와 인기를 조직 부흥 동력으로 삼으려는 JTBC의 보장에 기초한 것이라면, 뉴스타파의 자율성은 소속사 통제를 거부하고 뛰쳐나온 기자 개인들의 결기에 의한 것이다. 공통점도 있다. 어떤 형태든 시민들의 후원이 따랐다. 손석희는 다수 대중의 지지를 받았고, 뉴스타파는 후원금을 내는 열혈 시민들을 얻었다. 여기서 주목해야 할 것은 어떤 형태의 언론 자율성이든 시민의 관심과 후원을 자양분으로 성장한다는 점이다. 권력의 압력과 자본의 유혹을 물리치는 면역력은 거기서 비롯된다. 손석희를 주목하는 만큼의 사람 수가 뉴스타파를 후원하는 강도로 언론 현실에 관심 갖고 참여하는 상황을 가정해보라. 편향적인 매체에 항의 서한을 보내고, 용기 있는 기자들에게 격려 문자를 보내고, 구독과 절독을 통해 의사를 적극 표현하고, 경영난을 겪는 대안 매체에 후원하는 시민들이 많아진다면? 아마도 지금 힐난하는 나쁜 매체 속에 개인적 독립을 열망하는 좋은 기자들이 얼마나 많은지 발견하게 되지 않을까? 언론 독립의 네 번째 조건은 구독료가 공정 보도를 가져다주리라는 환상에서 탈피하는 '시민의 독립'이 되어야 할 듯싶다. 2013

주

1 국정원의 불법적 대선 개입에 대한 정당한 시민적 저항을 '대선 불복'이라 명명한 것
   이 보수주의 정치 담론의 대표적 프레임이다. 대선 절차가 정당했다면 '대선 불복'은
   유권자 전체의 의지를 거역하는 행위, 곧 민주주의를 거부하는 행위다. 부정한 대선
   에 관한 문제제기가 핵심이었지만, 보수주의자들은 '부정'을 삭제하고 엉뚱하게 '불
   복'을 전면화해 '대선 승복'이라는 공유가치를 선점하면서 이의를 제기하는 시민들을
   대선 불복 세력으로 각색해버렸다.

2 악어는 먹이를 먹을 때 눈물을 흘린다. 이는 눈물샘을 자극하는 신경과 입을 움직이
   는 신경이 같아서 나타나는 생리적 현상이다. 인간에게는 마치 먹이가 불쌍해 눈물
   흘리는 것 같은 착각을 불러일으키는 것이다. 그래서 '악어의 눈물'은 속으로 전혀 반
   성하지 않으면서 전략적으로 연기하는 눈물을 의미하는 관용구로 사용된다.

3 스토아학파의 사상은 자연주의와 금욕주의로 대표된다. 자연은 이성적이고 인간은
   자연의 일부를 이루는데 감정, 욕구, 정념을 억제함으로써 인간이 자연의 이성에 도
   달할 수 있다고 여겼다. 삶의 최고 목표는 행복이 아니라 실천적 덕이었으며, 이에 도
   달하려는 인간 의지가 금욕 형태로 나타났다. 속세적 쾌락에 관해 비관적이었기 때
   문에 명예를 지키기 위한 자살에 관대했고, 찬양하기까지 했다. 실제로 세네카Lucius
   Annaeus Seneca를 비롯한 스토아 철학자 상당수는 자살로 생을 마감했다.

4 은수연 씨의《눈물도 빛을 만나면 반짝인다》는 친부에게 장기간 성폭행당한 피해자
   가 상처를 치유하는 과정을 수기 형식으로 쓴 책이다. 상습적 성폭력이 성 문제뿐 아
   니라, 영혼에 대한 살인이라는 사실을 명료하게 보여준다.

참고문헌

• 강명구,《한국 언론전문직의 사회학》, 나남, 1993.

• 강영안,《타인의 얼굴: 레비나스의 철학》, 문학과지성사, 2005.

• 강준만,《한국 대중매체사》, 인물과사상사, 2007.

• 고병권,《니체의 위험한 책, 차라투스트라는 이렇게 말했다》, 그린비, 2003.

• 김상봉,《도덕교육의 파시즘: 노예도덕을 넘어서》, 길, 2005.

• 김홍중,《마음의 사회학》, 문학동네, 2009.

• 박형민,《자살, 차악의 선택: 자살의 성찰성과 소통 지향성》, 이학사, 2010.

• 이진경,《근대적 시·공간의 탄생》, 푸른숲, 1997.

• Agamben, Giorgio, *Homo sacer: Il potere sovrano e la nuda vita:* 1, Einaudi,
1995;《호모사케르: 주권 권력과 벌거벗은 생명》, 박진우 옮김, 새물결, 2008.

• Arrington, Robert, L., *Western Ethics: An Historical Introduction*, Wiley-
Blackwell, 1998;《서양 윤리학사》, 김성호 옮김, 서광사, 2003.

• Arendt, Hannah, *The Origins of Totalitarianism*, Harcourt, Brace and Co., 1951;
《전체주의의 기원 1, 2》, 이진우·박미애 옮김, 한길사, 2006.

• Badiou, Alain, *Eloge de l'amour,* Flammarion, 2009;《사랑예찬》, 조재룡 옮김, 길,
2010.

• _____, *L'éthique: essai sur la conscience du mal,* Hatier, 1993;《윤리학:
악에 대한 의식에 관한 에세이》, 이종영 옮김, 동문선, 2011.

• Balibar, Étienne, *La Cranite des Masses: Politique et philosophie avant et après
Marx,* Galilée, 1997;《대중들의 공포: 맑스 전과 후의 정치와 철학》, 최원·서관모 옮
김, 도서출판b, 2007.

• Baudrillard, Jean, *De la séduction*, Galilée, 1979;《유혹에 대하여》, 배영달 옮김, 백
의, 2002.

- _____, *L'esprit du terrorisme*, Galilée, 2002;《테러리즘의 정신》, 배영달 옮김, 동문선, 2003.

- _____, *La Société de Consommation: Ses Mythes Ses Structures*, Denoël, 1970;《소비의 사회: 그 신화와 구조》, 이상률 옮김, 문예출판사, 1991.

- Bauman, Zygmunt, *Liquid Modefnity*, Polity, 2000;《액체근대》, 이일수 옮김, 강, 2005.

- _____, *Liquid Fear*, Polity, 2006;《유동하는 공포》, 함규진 옮김, 산책자, 2009.

- _____, *Wasted Lives: Modernity and Its Outcasts*, Polity, 2003;《쓰레기가 되는 삶들: 모더니티와 그 추방자들》, 정일준 옮김, 새물결, 2008.

- Benjamin, Walter, *Ursprung Des Deutschen Trauerspiels*, E. Rowohlt, 1928;《독일 비애극의 원천》, 조만영 옮김, 새물결, 2008.

- Butler, Judith P., *Giving an Account of Oneself*, Fordham University Press, 2005;《윤리적 폭력 비판: 자기자신을 설명하기》, 양효실 옮김, 인간사랑, 2013.

- Foucault, Michel, *Naissance de la clinique: une archéologie du regard médical*, Presses Universitaires de France, 1963;《임상의학의 탄생: 의학적 시선에 대한 고고학》, 홍성민 옮김, 이매진, 2006.

- _____, *Surveiller et punir: Naissance de la prison*, Gallimard, 1975;《감시와 처벌: 감옥의 역사》, 오생근 옮김, 나남, 1994.

- Giddens, Anthony, *Modernity and Self-Identity: Self and Society in the Late Modern Age*, Stanford University Press, 1991;《현대성과 자아정체성-후기현대의 자아와 사회》, 권기돈 옮김, 새물결, 1997.

- Han, Byung-Chul, *Duft der Zeit: ein philosophischer Essay zur Kunst des Verweilens*, Transcript-Verlag, 2009;《시간의 향기: 머무름의 기술》, 김태환 옮김, 문학과지성사, 2013.

- _____, *Mudigkeitsgesellschaft*, Matthes & Seitz, 2010;《피로사회》, 김태환 옮김, 문학과지성사, 2012.

- Kovach, Bill & Rosenstiel, Tom, *The Elements of Journalism: What Newspeople Should Know and The Public Should Expect*, Three Rivers Press, 2001;《저널리즘의 기본요소: 기자가 알아야 할 것과 독자가 기대하는 것》,이종욱 옮김, 한국언론재단, 2008.

- Kristeva, Julia, *Histoires d'amour*, Denoël, 1983;《사랑의 역사》, 김영 옮김, 민음사, 1995.

- Myers, Tony, *Slavoj Žižek*, Routledge, 2003;《누가 슬라보예 지젝을 미워하는가》, 박정수 옮김, 앨피, 2005.

- Niebuhr, Reinhold, *Moral man and immoral society: a study in ethics and politics*, Scribner, 1960;《도덕적 인간과 비도덕적 사회》, 이한우 옮김, 문예출판사, 1996.

- Nietzsche, Friedrich, *Nietzsche Werke: kritische Gesamtausgabe Abt. VI. Bd. 2, Jenseits von Gut und Böse; Zur Genealogie der Moral 1886-1887*, Walter de Gruyter, 1968;《선악의 저편, 도덕의 계보》, 김정현 옮김, 책세상, 2002.

- Simmel, Georg,《짐멜의 모더니티 읽기》, 김덕영 · 윤미애 엮고 옮김, 새물결, 2005.

- Unger, Roberto M., *The Self Awakened: Pragmatism Unbound*, Harvard University Press, 2007;《주체의 각성》, 이재승 옮김, 앨피, 2012.

- Vranicki, Predrag, *Geschichte des Marxismus* I, II. Suhrkamp, 1972-1974;《맑스주의의 역사 I, II》, 이성백 · 정승훈 옮김, 중원문화, 2012.

- Ward, Stephen J. A., *The Invention of Journalism Ethics: The Path to Objectivity and Beyond*, McGill-Queen's University Press, 2006;《언론윤리의 재발견: 객관성에 대한 역사적 · 철학적 탐구》, 이은택 옮김, 에피스테메, 2007.

- Weeks, Jeffery, *Sexuality*, Routledge, 1986;《섹슈얼리티: 성의 정치》, 서동진 · 채규형 옮김, 현실문화연구, 1994.

- Žižek, Slavoj, *The Sublime Object of Ideology*, Verso, 1989;《이데올로기의 숭고한 대상》, 이수련 옮김, 새물결, 2013.

- _____, *The Ticklish Subject: The Absent Centre of Political Ontology*,

Verso, 1999; 《까다로운 주체: 정치적 존재론의 부재하는 중심》, 이성민 옮김, 도서출판b, 2005.

* _____, *Violence: Six Sideways Reflections*, Picador, 2008; 《폭력이란 무엇인가: 폭력에 대한 6가지 삐딱한 성찰》, 이현우·김희진·정일권 옮김, 난장이, 2011.

사람의 거짓말 말의 거짓말

지은이   남재일

※

2014년 9월 22일 초판 1쇄 발행
2014년 11월 10일 초판 2쇄 발행

※

책임편집   홍보람
편집자   선완규·안혜련·홍보람
디자인   민진기디자인
용지   화인페이퍼

※

펴낸이   선완규
펴낸곳   천년의상상
등록   2012년 2월 14일 제300-2012-27호
주소   (121-865) 서울시 마포구 동교로 45길 26 101호
전화   (02) 739-9377
팩스   (02) 739-9379
이메일   imagine1000@naver.com
블로그   blog.naver.com/imagine1000

※

※

ISBN   979-11-85811-02-4 03100

※

이 도서의 국립중앙도서관 출판시도서목록(CIP)은 서지정보유통지원시스템 홈페이지(http://seoji.nl.go.kr)
와 국가자료공동목록시스템(http://www.nl.go.kr/kolisnet)에서 이용하실 수 있습니다.
(CIP제어번호: CIP2014026276)